CORPVS CHRISTIANORVM

Continuatio Mediaeualis

XL E

CORPVS CHRISTIANORVM

Continuatio Mediaeualis

XL E

GRAMMATICI
HIBERNICI
CAROLINI AEVI

PARS V

TURNHOUT
BREPOLS ❧ PUBLISHERS
2018

LIBER DE VERBO

e codice Parisiensi 7491

studio et cura

Cécile CONDUCHÉ

TURNHOUT
BREPOLS ❧ PUBLISHERS

2018

CORPVS CHRISTIANORVM

Continuatio Mediaeualis

in ABBATIA SANCTI PETRI STEENBRVGENSI
a reuerendissimo Domino Eligio DEKKERS
fundata
nunc sub auspiciis Vniuersitatum
UNIVERSITEIT ANTWERPEN
VRIJE UNIVERSITEIT BRUSSEL   UNIVERSITEIT GENT
KATHOLIEKE UNIVERSITEIT LEUVEN
UNIVERSITÉ CATHOLIQUE DE LOUVAIN
edita

editionibus curandis praesunt
Rita BEYERS   Alexander ANDREE   Emanuela COLOMBI
Georges DECLERCQ   Jeroen DEPLOIGE
Paul-Augustin DEPROOST   Anthony DUPONT   Jacques ELFASSI
Guy GULDENTOPS   Hugh HOUGHTON   Mathijs LAMBERIGTS
Johan LEEMANS   Paul MATTEI   Gert PARTOENS   Marco PETOLETTI
Dominique POIREL   Kees SCHEPERS   Paul TOMBEUR
Marc VAN UYTFANGHE   Wim VERBAAL

uoluminibus parandis operam dant
Luc JOCQUÉ   Bart JANSSENS
Paolo SARTORI   Christine VANDE VEIRE

D/2018/0095/131
ISBN 978-2-503-57986-3
Printed in the EU on acid-free paper

© 2018, Brepols Publishers n.v., Turnhout, Belgium

All rights reserved. No part of this publication may be reproduced,
stored in a retrieval system, or transmitted, in any form or by any means,
electronic, mechanical, photocopying, recording, or otherwise,
without the prior permission of the publisher.

INTRODUCTION

Le présent volume constitue la première édition du traité anonyme *De uerbo* conservé dans le manuscrit Paris, Bibliothèque nationale de France, latin 7491, fol. 89-107v[1]. Bien que signalé depuis le XIXe siècle et régulièrement mentionné dans la littérature spécialisée, ce texte n'avait encore fait l'objet ni d'une édition ni d'une étude approfondie[2]. L'éditeur de la collection des *Grammatici Latini* de la grande époque de la philologie allemande, Keil, avait repéré dans l'opuscule des extraits de deux grammairiens tardo-antiques, Diomède (IVe-Ve siècles) et Consentius (Ve siècle). À la fin du XXe siècle, les articles de Taeger puis de Löfstedt ont mis en évidence des liens entre ce *De uerbo* et un groupe de grammaires pré-carolingiennes au moins partiellement liées à l'Irlande[3] : Malsachanus en premier lieu, mais aussi l'anonyme *Ad Cuimnanum* et l'*Ars Ambrosiana*.

La tradition philologique liée au *De uerbo*, toute réduite qu'elle soit, incite donc à privilégier l'étude des sources et des paralllèles textuels. Naturellement, nous avons voulu poursuivre cette étude et en donner une présentation aussi complète que possible dans les apparats qui accompagnent le texte du traité. La situation chronologique de l'opuscule a ainsi été confirmée. Le *De uerbo* en effet, comme les autres traités du haut Moyen-Âge, est fondé, directement ou indirectement, sur les grammaires tardo-antiques conservées, dans le texte que nous leur connaissons, y compris pour le livre 3 des *Noces de Philologie et Mercure*. S'agissant des grammaires médiévales, en revanche, le *De uerbo* s'avère une pièce essentielle pour reconstituer le tableau d'une doctrine qui circule entre les trois traités déjà édités, celui-ci, et les textes scolaires encore inédits apparentés à la grammaire de Malsachanus.

---

[1] Une reproduction du manuscrit ainsi qu'une notice succincte se trouvent sur le site gallica.bnf.fr à l'adresse ark :/12148/btv1b9078025j.

[2] KEIL, *GL* 4, p. XXII-XXIV et *GL* 5, p. 332 ; THUROT, *Extraits de divers manuscrits latins*, p. 5-6 ; 65 ; 79, n. 3 et 82 ; TAEGER, 'Multiplex' ; LÖFSTEDT, 'Zur Grammatik' ; MUNZI dans *Multiplex*, p. 47, n. 4 ; *Custos*, p. 67.

[3] C'est à ce titre que le traité apparaît dans la très récente *Clauis litterarum Hibernensium* – ed. D. Ó Corráin, Turnhout, 2017, p. 659, n° 512.

6INTRODUCTION

Ce travail nous a conduite à deux décisions. La première a été de distinguer un apparat des sources ultimes, antérieures à Isidore de Séville, d'un apparat des parallèles et sources putatives, postérieurs à cet auteur. La seconde a été de faire précéder l'édition d'une étude des sources et parallèles rédigée et suffisamment développée pour présenter nos hypothèses sur la composition du traité.

L'étude des sources et de la composition menait directement à l'analyse fonctionnelle du traité et de son projet didactique. Le recyclage massif de doctrines antérieures n'empêche pas, en effet, les doctrines de se modifier constamment en fonction des mouvements intellectuels et de la personnalité des maîtres qui rédigent les grammaires. C'est pourquoi nous avons fait précéder l'étude des sources d'une analyse du contenu du traité, qui le situe dans une typologie des ouvrages grammaticaux contemporains, et dans les évolutions de fond liées à l'adaptation de la grammaire à la culture chrétienne du haut Moyen-Âge. À cet égard, le *De uerbo*, apparemment indépendant de la grammaire d'Alcuin, et possiblement antérieur à cet auteur, a cherché à éclairer la notion grammaticale de personne à l'aide de l'analyse boécienne. Il témoigne ainsi de la constance, chez les grammairiens du haut Moyen Âge, du souci d'ajuster les notions de la grammaire au cadre conceptuel contemporain[4].

---

[4] Ce faisant, le *De uerbo* s'inscrit dans la continuité des grammaires tardo-antiques, qui ont progressivement amendé le cadre conceptuel stoïcien dont elles restent les héritières selon l'esprit philosophique de leur temps, ainsi que l'ont démontré les recherches récentes de LUHTALA, *Grammar and Philosophy*; GARCEA, 'Substance et accidents'; BRUMBERG-CHAUMONT, 'The logical and grammatical contribution'.

CHAPITRE PREMIER

DU MANUSCRIT AU TRAITÉ

Le traité est actuellement conservé dans un unique témoin, le manuscrit Paris, BnF, latin 7491, dont il occupe les feuillets 89-107v. Ce fait invite à poser la question du statut du témoin : original ou copie. La réponse n'est pas sans conséquence sur le statut du texte lui-même : texte local ou destiné à la circulation. Il faudra donc se demander s'il a pu exister plusieurs copies. Toutefois, avant d'aborder ces points, il est nécessaire de nous arrêter sur le manuscrit qui nous transmet le texte. Ce manuscrit n'a pas fait l'objet de descriptions récentes approfondies ; nous profitons donc ici de l'occasion de donner une notice codicologique complète[1].

A. Le manuscrit Paris, BnF, latin 7491

Nord (?) de la France (Bischoff), début du IXᵉ siècle. Minuscule caroline ; plusieurs mains ; notes tironiennes (fol. 91v, 103). Initiales en ekthesis rehaussées de rouge, jaune, pourpre. Parchemin, 137 fol. (3 fol. de garde en papier non paginés au début et à la fin), reliure 28 × 20,5 cm ; à longues lignes (fol. 1 et 118-132v), ou à deux colonnes (fol. 2-117v et 133-137). Reliure de parchemin semi-rigide des frères Dupuy (Delatour), titre au dos de la main de Pierre *Gramma//tici // antiqui*. Traces d'un ex-libris du XIIᵉ s. de Saint-Pierre de Beauvais au fol. 49v (Bischoff) ; notes de la main de Claude Dupuy aux fol. 1, 2, 88, 126, 128bis (Delatour) ; cotes de la BnF : Regius 5503, lat. 7491 (fol. 1).

Le volume, tel qu'il se présente aujourd'hui, est constitué de trois unités rassemblées avant le début du XVIIᵉ siècle : le fol. 1, isolé, dont seul le recto est écrit (unité A, 27 × 18 cm), les fol. 2-117 (unité B, 27 × 19,5 cm), et les fol. 118-137 (unité C, 27 × 18,5 cm). Les différences de format entre les trois éléments sont donc encore repérables à l'œil nu en dépit des efforts faits pour ajuster les parties : ainsi, le fol. 1 a été rogné au ras de la marge extérieure. Une

---

[1] La notice de la BnF repose sur le catalogue du XVIIIᵉ siècle et celles de BISCHOFF, *Katalog*, III, p. 123, n° 442, 443, 444, qui couvrent le volume, sont très sommaires.

8   INTRODUCTION

analyse de la composition par cahiers est utile à une meilleure compréhension de l'organisation du codex. L'unité B est constituée de 15 cahiers qui sont en majorité des quaternions (fol. 2-81 et 89-112). Y font exception les cahiers 82-88 (ternion auquel on a ajouté le fol. 82), 105-113 (quaternion auquel on a ajouté le fol. 113) et 114-117 (binion). Une première série de signatures apparaît à la fin du sixième cahier (fol. 49v) avec le numéro «IIII». Cette série se poursuit de façon discontinue mais cohérente jusqu'au numéro «VIII» (fol. 81v). Une nouvelle série, très brève, reprend à «I» (fol. 96v) et s'interrompt à «II» (fol. 104v). Il paraît donc légitime de distinguer sur cette base au moins deux sous-unités: B1 = fol. 2-88, et B2 = fol. 89-117. On verra plus bas que la répartition des textes confirme une telle césure[2]. L'unité C, plus brève, est aussi plus perturbée. Il en ressort d'abord un sous-ensemble C1 = fol. 118-132 de deux quaternions (une erreur de foliotation a obligé à insérer un fol. 128bis), signés suivant trois numérotations concurrentes, écrits à longues lignes; le fol. 132 a été coupé au tiers de sa hauteur. Enfin, C2 = fol. 133-137, en deux colonnes, semble le reste d'un quaternion dont les trois feuillets initiaux, dont on voit encore les trois talons, auraient été coupés; la colonne extérieure du fol. 133 a subi le même sort. Ici encore, la répartition des textes confirme ces grandes frontières codicologiques. Les différents éléments constitutifs du volume ont donc sans doute connu une histoire séparée avant d'être réunis à des dates et suivant une chronologie difficiles à établir.

Les éléments d'histoire du manuscrit en notre possession, en effet, ne concernent à coup sûr que l'unité B1. Celle-ci porte au fol. 49v une marque de possession du chapitre de la cathédrale Saint-Pierre de Beauvais, grattée mais déchiffrée par Bernhard Bischoff, qui la datait du XIIe siècle. Il faut confronter cette découverte à ce qu'écrivait Henri Omont il y a un siècle du «premier classement» de la bibliothèque médiévale du chapitre de Beauvais, à la fin du XIIe siècle[3]. Il trouvait, dans les manuscrits qui se prêtaient le mieux à l'identification, trois traces de ce classement: un ex-libris en bas du premier feuillet, répété dans l'ouvrage avec

---

[2] Dans l'unité B1, on pourrait encore, d'après la numérotation des cahiers, distinguer un groupe B1a (fol. 2-17) et un groupe B1b (fol. 18-88) formant une série cohérente de 1 à 9. Toutefois, ce découpage se heurte à la parfaite continuité du texte et de la copie entre les feuillets 17 et 18.

[3] OMONT, 'Recherches', p. 11.

INNOMDSV

PARIS, Bibliothèque nationale de France, latin 7491, fol. 89r

le décompte des cahiers, le titre accompagné des premiers mots du texte, également sur le premier feuillet, enfin une cote alphabétique. Il est probable qu'on retrouverait tout cela sur notre manuscrit au recto du fol. 2. Celui-ci, en effet, est resté vide lors de la copie, le texte ne commençant, suivant l'usage, que sur le verso ; la couleur et la rigidité du parchemin laissent même penser que ce recto a longtemps constitué l'unique couverture du volume. Or il porte des traces évidentes de grattages ; malgré cela, on peut encore déchiffrer au tiers de la page le titre « Grammatica pompei », recopié immédiatement au-dessus de la main de Claude Dupuy. Ces indices laissent supposer que le manuscrit, dans son état de la fin du XIIᵉ siècle, ne comprenait pas encore l'unité A ; si le titre est fidèle au contenu, il était également encore séparé de l'unité C, qui renferme des traités de métrique (voir ci-dessous). Le catalogue de la bibliothèque du chapitre de Beauvais datant du XVᵉ siècle confirme l'hypothèse. Un exemplaire de la grammaire de Pompée y apparaît sous la description suivante[4] : « *Item grammatica Pompei, in uno uolumine antiquo et uno assere, in duabus marginibus, signatus: 't t'; incipit in secundo folio: 'late esse minima', et in penultimo: 'brachia et reliqua'; precii iiij. solidorum.* » Les indices concordants nous semblent suffisants pour identifier ce volume avec au moins une partie du manuscrit Paris, BnF, lat. 7491 : la présence à Beauvais au XIIᵉ siècle, l'ancienneté, la disposition en deux colonnes et les premiers mots du deuxième feuillet, que l'on trouve bien en haut de l'actuel fol. 3r. Néanmoins, l'incipit de l'avant-dernier feuillet pose problème : les mots « *brachia et reliqua* » appartiennent bien au texte de Pompée (*GL* 5, 305, 29) et se trouvent dans le manuscrit, mais au fol. 78vb, vers le milieu de la colonne. Cette curiosité, pour troublante qu'elle soit, ne paraît pas de nature à invalider l'ensemble des autres éléments d'identification[5]. Nous en restons donc à l'idée que l'unité B1 a séjourné dans la bibliothèque du chapitre de la cathédrale de Beauvais au moins entre le XIIᵉ et le XVᵉ siècle. Il est presque certain qu'à cette époque l'unité A ne lui était pas encore rattachée, et la chose est probable également pour l'unité C.

---

[4] OMONT, 'Recherches', p. 32, n° 121.

[5] François Dolbeau me suggère que le volume, à l'époque où il se trouvait encore à Beauvais, comportait certainement des feuillets de garde, peut-être remployés du modèle du manuscrit même, dont l'avant-dernier a pu commencer par les mots « brachia et reliqua ».

10 INTRODUCTION

Le volume a quitté la bibliothèque du chapitre de Beauvais à une époque indéterminée[6] pour reparaître dans le dernier quart du XVIe siècle parmi les livres de Claude Dupuy[7].

Toutes les descriptions anciennes que nous avons évoquées mentionnent un seul texte dans ce manuscrit : la grammaire de Pompée. De fait, l'examen du contenu du manuscrit montre que la majeure partie du volume est occupée par ce texte, mais suivant une disposition qui mérite une présentation détaillée.

Unité A :

fol. 1r : Pomp. gramm., *Commentum Artis Donati*, Prol. (*GL* 5, 95, app.) « *incipit prologus. Donatus scripsit artem duplicem... querunt quid est ars et ita definiunt Ars est uni\us/cuiusque rei scientia. Incipit tractatus pompei grammatici quo donati artem mirifice commentatus est* ». Ce prologue n'a pas été retenu par le dernier éditeur, Heinrich Keil, dans le recueil des *Grammatici Latini*, mais Louis Holtz en a défendu l'authenticité[8].

Unité B1 :

fol. 2v-82va : POMP. gramm., *Commentum Artis Donati* (*GL* 5, 95-312) « *Incipit ars pompei grammatici de grammatica arte. Diximus ergo quoniam benefecit donatus artem illam priorem scribere infantibus posteriorem omnibus... id est causam ait et non dicit cuius* ». La fin du texte, 'De schematibus' et 'De tropis', est un montage du commentaire de Pompée avec Isidorus iunior (Schindel 1975), source identifiée dans la marge du manuscrit par les lettres « IS ».

fol. 82vb : PS. AVG., *Sermo* (n° 128 Étaix) « *Sic namque fratres olim per prophetam predictum est... Nunc dimmit* [sic] *domine seruum tuum in pace quia uiderunt oculi mei salutare tuum* ».

fol. 83r-85rb : POMP. gramm., *Commentum Artis Donati* (*GL* 5, 226, 19-231, 36) « *HICRE PRIN DE ut futurum tempus in bo mittit ; Ideo quoniam similitudinem trahit secunde coiugationis... Sunt uerba aliqua quae uerba naturali ratione defectiua sunt et perdunt uires omni ratione amabo* ». L'extrait est encadré par des croix cantonnées de globules, signes de ren-

---

[6] L'évolution de la bibliothèque décrite par OMONT, 'Recherches', en particulier p. 8 et 15, suggèrerait la seconde moitié du XVIe siècle.

[7] Notre manuscrit est selon toute vraisemblance celui qu'a consulté Louis Carrion dans la bibliothèque Dupuy, ainsi qu'il l'a relaté dans son édition des fragments de Salluste publiée à Anvers en 1579 (p. 233, cité par Keil dans la préface de l'édition de Pompée en *GL* 5, 88). L'identification avec le n° 596 de l'inventaire dressé après le décès de Claude Dupuy par le libraire Denis Duval ne fait aucun doute pour DELATOUR, *Les livres de Claude Dupuy*, p. 204.

[8] HOLTZ, 'Tradition et diffusion', p. 366.

I – DU MANUSCRIT AU TRAITÉ

voi qui s'ajoutent à la mention initiale (*hic rep(pe)r(itur) inde?*). Le passage couvre bien une lacune dans la copie principale du commentaire, mais celle-ci n'a pas été signalée au niveau où elle apparaît (fol. 47ra l. 15).

fol. 85va-88ra : Ps. Caper, *De orthographia* (*GL* 7, 92-107, 2) «*incipit ars capri de ortographia. hae\c/ uia quo ducit dicemus non ubi... stellonem dicito sine i littera a similitudinem* [sic] *stellarum. explicit ars capri*».

fol. 88ra-88vb : Agroec., *De orthographia* (incomplet : *GL* 7, 113-116, 13 = 31, 7 Pugliarello 1978) «*incipit prologus agroecii. Domino eucherio episcopo, agroecius. Libellum capri de orthographia misisti mihi... explicit prologus. Incipit ars agroecii de orthographia. Agroeciis cum latinae scribas per diptongon scribendum... positiuum habet multi superlatiuum plurimi*»[9].

Unité B2 :

fol. 89ra-107va : *De uerbo* (texte inédit) «*in nomine dei summi. De uerbo nomen huius artis... contingere continguisse mihi tibi illi nobis uobis illis. finit. Amen. Finit*», texte répertorié par Thurot, *Extraits*, p. 5 (manuscrit D)[10].

fol. 107vb-114va : Pomp. gramm., *Commentum Artis Donati*, '*de casibus*', '*de analogia*' (*GL* 5, 181, 30–199, 19) «*de casibus. Greci casus habent u tantum nominatiuum genitiuum datiuum accusatiuum uocatiuum... faceret his et ab his peripetasmatibus. de analogia. Dicit plane quotienscumque uis nomina declinare sequere analogiam... et remansit illa consuetudo. Finit amen*». Ces deux chapitres, dans l'édition Keil, se trouvent à la fin du livre '*de nomine*' de Pompée. Cela remplirait une lacune de notre manuscrit située entre les deux colonnes du fol. 35r, encore une fois sans signalement.

fol. 114va-115ra : texte anonyme sur la déclinaison et la dérivation des numéraux «*Nomina numeri ab uno usque ad tres declinatur* [sic] *in singulari numero... Īmus DCCCCmus a um et reliqua. finit.*» Ce texte est répertorié, mais non édité, par Thurot, *Extraits*, p. 6 (manuscrit D).

fol. 115ra-va : Bonifativs, *Poemata* 'Veritas', 'Fides catholica', 'Spes fatur', 'Misericordia', 'Caritas' (p. 4-6 Dümmler = *Virtutes* n° 1-5 Glorie).

fol. 115va-116vb : Isid., *Etym.*, I, 39 «*de metris. Metra uocata quia certis pedum mensuris atque spatiis terminantur... otia titirem in christi honorem conposuit similiter et eneidos*».

---

[9] Sur l'association des deux textes du pseudo Caper et d'Agroecius, voir De Paolis, 'Un manuale'.

[10] La formule *in nomine dei summi*, fréquente dans les textes de tradition hiberno-latine (McNally, '*In nomine*'), va dans le sens d'une influence irlandaise et conforte ce que l'étude des sources nous apprend de la composition du traité. F. Cinato me signale qu'il retrouve cette formule d'*incipit* en tête de glossaires, comme la copie d'Abstrusa contaminée du manuscrit Vaticano, BAV, Vat. lat. 3321 (Italie, s. VIII ex.) ou de celle d'un abrégé du *Liber glossarum*, manuscrit Leiden, BRU, BPL 67D (France, s. IX ¾), mais aussi sur de très nombreuses copies de l'épitome de Végèce, etc.

12 INTRODUCTION

Le recto du fol. 117 est resté blanc; au verso, en revanche, on a copié diverses notes peut-être à apprendre par cœur : une interrogation sur la déclinaison, une glose biblique et un petit glossaire de termes de métrique d'origine grecque, transcrits.

Unité C1 :

fol. 118r-123v : SERG. gramm., *De littera de syllaba de pedibus* (*GL* 4, 475-485) «*incipit comentarium ΣΕΡΗΓΙΙ ΔΕ ΛΙΤ(ΤΝΡΙΣ.) Littera dicta est quasi legitera... item arma uirumque troie. Finit*».
fol. 123v-124r : BEDA, *De arte metrica* VIII (*GL* 7, 240, 21–241, 13 = p. 106-107, 8 Kendall) «*De ultimis syllabis coniunctionis prepositionis atque interiectionis... coniunctionis* [sic] *fere omnes corripiuntur... similiter uel in circumflexum in ultimo sumum* [sic] *accentum. finit*».
fol. 124r-128bisr : [MAX. VICTORIN.], *De ratione metrorum* (*GL* 6, 216-228 = p. 5-30 Corazza) «*incipit comentarium maximi uictorini de racione metorum* [sic] *I. Primo de litteris et de syllabis... Idem totam reth\o/ricam nosse seque cotidie exerceat.*»
fol. 128bisr-132r : FIN. METR. (*GL* 6, 229-239 = p. 31-64 Corazza) «*incipit metrorius de metri ratione. Quamquam de litteris et syllabis multiplex sit \c/ opiosusque tractatus... bolico licepto men ornatus causa addita ubi duo uersus inueniunt ut est illud dic mihi damoeta cuius pecus moeliboei. finiunt epistole philosophorum* [ces trois derniers mots rayés]».

Unité C2 :

fol. 133ra : ISID., *Etym.* 8, 7 «*siue a loco que circumpagus agebant quos greci comes uocant... cum decore aliquo conuersa transducant. Haec de his que ad metrum dactilicum pertinent*». Le texte, qui est un fragment pris au milieu d'une phrase et dont la conclusion est exogène, a été barré.
fol. 133vb-137rb : SERV., *Centimeter* (*GL* 4, 456-467 = p. 5-52 Elice, *Q*) «*incipit Marii Seruii grammatici de centum metris. Clarissimo albino seruus grammaticus. tibi hunc libellum pretextatorum decus albine... quem magis probabis si tibi usus scribendi pretium uoluntatis exsoluat. Marii Seruii grammatici explicit de centi metris feliciter*».
fol. 137rb-vb : PRVD., *C. Symm.*, v. 1-77 «*incipit prefatio. Paulus praeco dei qui fera gentium... Oris rethorici depulit halitus*». Le texte a été barré.

Il apparaît nettement que l'unité C, recueil de textes d'argument prosodique, métrique ou poétique, est distincte du reste. Ce reste s'avère organisé autour de la copie du commentaire de Pompée sur Donat, qui occupe les fol. 2-82. Le premier feuillet a sans conteste été ajouté au codex pour fournir le prologue de ce commentaire, copié sur une page, si bien que, dans son état moderne, le livre présente deux versions de l'incipit du commentaire proprement dit, l'un sur le recto du premier feuillet, l'autre en haut

I – DU MANUSCRIT AU TRAITÉ 13

du fol. 2v[11]. L'histoire du volume esquissée ci-dessus conduit à penser que ce feuillet hétérogène n'a pas été associé à l'unité B avant le XVe siècle ; il pourrait même s'agir de l'initiative d'un possesseur humaniste lié aux entreprises d'édition des grammairiens anciens, comme l'était Claude Dupuy[12]. En revanche, le passage concernant le verbe copié aux fol. 83-85 correspond trop bien à la lacune du fol. 47 pour ne pas avoir été ajouté en fonction de la copie du texte dans notre manuscrit. Au demeurant, les deux textes appartiennent à la même unité codicologique ; il ne fait donc guère de doute qu'ils ont été associés dès l'origine. La question est un peu plus complexe pour les chapitres '*de casibus*' et '*de analogia*' qui se trouvent à la suite du *De uerbo* inédit. Ceux-ci, en effet, viennent combler avec précision un manque de la copie principale du commentaire de Pompée, mais il s'agit de deux chapitres complets, qui sont absents d'une bonne partie de la tradition manuscrite de ce grammairien. Il est possible que les deux chapitres aient connu une transmission autonome dont notre unité B2 serait un témoin, mais il faudra pour en avoir la certitude attendre une étude complète de la tradition du commentaire de Pompée.

Clarifier la question de l'association entre B1 et B2 est important pour le texte objet de la présente édition. Pour cela, une analyse plus approfondie de B2 est nécessaire. Ci-dessus, nous avons isolé cette partie du manuscrit en nous fondant sur la signature des cahiers, qui suggère une association avec B1 postérieure au XIIe siècle. La césure entre les feuillets 88 et 89 apparaît renforcée lorsqu'on prend en compte la fabrication des deux ensembles. B1 est constitué de dix quaternions, suivis d'un ternion lui-même augmenté d'un feuillet simple, 82. En termes de contenu : après utilisation des dix cahiers, il restait trois colonnes à copier, ce qui a été fait sur le feuillet 82, plus le complément d'une lacune, pour lequel on a entamé un ternion, qui a accueilli en outre les traités d'orthographe. Cette configuration est celle d'une unité codicologique fermée et complète. Il en va de même pour B2 : quatre textes couvrent les deux quaternions complets, le feuillet supplémentaire (113) et le début du binion final, type de cahier adapté à l'achèvement d'un programme de copie. Il s'agit du *De uerbo*, des

---

[11] HOLTZ, 'Tradition et diffusion', p. 56 et 59-60.
[12] Voir plus haut la citation de Carrion. Malgré tout, on n'oubliera pas que Pompée est resté sans édition imprimée jusqu'au XIXe siècle.

deux chapitres extraits du commentaire de Pompée sur Donat et de la déclinaison des numéraux. Les quatre textes peuvent constituer un livret sur le nom et le verbe, les deux parties du discours reconnues comme principales de toute antiquité. La couverture parcellaire des sujets abordés ainsi que le choix des textes placent le programme à un niveau avancé : plutôt 'livre du maître', pour reprendre l'expression de Louis Holtz, que manuel scolaire. Sur les feuillets restés libres, on a copié cinq poèmes de Boniface, dont nous avons ici l'un des premiers témoins, et l'extrait d'Isidore de Séville, enrichissant le recueil d'une thématique poétique et métrique qui appartient aussi au domaine du grammairien. Enfin, le dos du livret a servi pour des notes grammaticales. Thématiquement, B2 peut bien être un livret autonome, propriété d'une classe ou d'un groupe de grammairiens, formant un petit recueil de textes grammaticaux d'approfondissement.

Savoir s'il provient du même *scriptorium* que B1 est une question distincte et plus délicate à trancher. Bernhard Bischoff attribuait la copie à plusieurs mains, sans donner de répartition. Franck Cinato propose d'identifier trois mains : l'une responsable des feuillets 2v-18ra, 76r-87vb et 89ra-117v, une deuxième pour 18rb-75v et une troisième pour 87vb-88v. Selon cette analyse, le copiste du *De uerbo* aurait donc copié également le début et la fin du commentaire de Pompée, ce qui implique une provenance commune de B1 et B2. Il est de fait que le nombre de lignes par colonne (34) est identique dans les deux unités et que la forme des lettres, certaines ligatures et une partie des abréviations sont très similaires dans l'ensemble de l'unité B. Il est néanmoins remarquable que l'unité B2 présente beaucoup plus de symptômes insulaires que l'unité B1 : dans cette dernière, on ne relève, sauf omission de notre part, que le ⟨A⟩ majuscule anguleux (fol. 11vb et 12va) et une occurrence de l'abréviation h' pour *autem* (fol. 15vb) ; les abréviations de *per, enim* et *hoc*, en revanche, si fréquentes dans B2, semblent absentes. Inversement, la ligature ⟨sp⟩ qui apparaît au fol. 12v est absente de B2. Il nous paraît donc assuré que B1 et B2 ont en commun une écriture caroline encore marquée de traits archaïques, qui remonte au moins au début du IXe siècle. Il n'est pas exclu que les deux ensembles proviennent d'un même atelier de copie et du travail d'une même équipe, et que leurs divergences ne trahissent que celles des modèles utilisés. Toutefois, B1 et B2 apparaissent comme des unités codicologiques distinctes dont l'association sous une même re-

I – DU MANUSCRIT AU TRAITÉ 15

liure a pu être postérieure à la période d'utilisation des textes qui y sont copiés.

Du point de vue du contenu, B2 est un recueil de textes divers mais organisés autour de quelques thèmes importants : le verbe, la flexion nominale, la lecture de poésie. Le *De uerbo* se présente comme une synthèse complète comportant, dans des proportions presque égales, une présentation des caractéristiques générales de la partie du discours et le développement des modèles de conjugaison. La section consacrée à la flexion nominale, quoique plus lacunaire, répond au même plan : les deux chapitres extraits du commentaire de Pompée sur Donat relèvent d'une présentation générale des principes de la flexion nominale tandis que les déclinaisons des numéraux sont développées avec plus de détails que dans les grammaires usuelles[13].

B. L'ÉCRITURE DU TEXTE

Le texte même du *De uerbo* est copié dans une minuscule caroline encore assez riche en traits archaïques et en ligatures[14]. Le titre courant LIB DEUERB qu'on lit en partie rogné dans la marge supérieure de certains feuillets est en onciale, de même que les titres de chapitres ; les initiales internes aux chapitres sont pour certaines en lettres capitales anguleuses qui rappellent les écritures insulaires[15].

Les abréviations sont abondamment utilisées. Les abréviations usuelles sont utilisées, avec souvent concurrence de plusieurs systèmes : ꝑ et p' pour *per* ; ul et ł pour *uel* ; q et qd pour *quod*, etc. On notera la présence des symboles insulaires les plus fréquents : ÷ pour *est* ; # pour *enim* ; h' pour *autem* ; q pour *quia* ; ɔ pour *con-* ; ꝛ pour *contra*. En revanche, ʃ pour secundum, plus carac-

---

[13] Parmi les sources anciennes possibles, le texte le plus proche, tant par les détails qu'il donne que par l'importance qu'il accorde aux questions du genre des cardinaux et de la formation des ordinaux, est celui de Priscien dans le *De figuris numerorum* (6, 16–8, 7 Passalacqua = *GL* 3, 412, 19–413, 23).

[14] Le ⟨d⟩ droit coexiste avec le ⟨d⟩ oncial, le ⟨a⟩ ouvert est présent, quoique résiduel. On rencontre très usuellement *ae, ec, et, ex, st, rt, ct, ri* et *-or* ; plus exceptionnellement, *rro* (fol. 99ra) et *rod* (fol. 101rb), de façon occasionnelle *tra* (fol. 95va) et *ti* plongeante (fol. 94va).

[15] Voir par exemple ⟨A⟩ aux fol. 96ra, 102va, 106vb, ⟨D⟩ aux fol. 89va, 90rb, 97vb, 102ra, 105va, ⟨Q⟩ aux fol. 90rb, 91va, 98va, ⟨PA⟩ au fol. 101ra, ⟨RA⟩ au fol. 101ra et ⟨PAR⟩ au fol. 107ra.

INTRODUCTION

téristique de l'Irlande, est limité aux fol. 104 et 105. On relève que l'abréviation de *tamen* a été souvent résolue en *tantum*, erreur généralement corrigé lors de la révision (fol. 89vb, l. 8 ; 93rb, l. 7 ; 93va, l. 6 ; 93vb, l. 24 ; l. 29 ; 94rb, l. 33 ; 95rb, l. 2 ; 99ra, l. 10 ; 100va, l. 5 ; 105rb, l. 1 ; 106va, l. 21). Le vocabulaire technique propre à la grammaire est lourdement abrégé, en particulier dans la présentation des conjugaisons, au point que notre restitution est souvent hypothétique lorsque deux cas sont possibles[16]. Les abréviations en ce domaine procèdent par suspension aussi bien que par contraction et font un large usage des abréviations usuelles pour les constituants tels que *per, pro, prae, -m, -er-* (nous laissons de côté les abréviations limitées à la combinaison d'éléments de ce type, qui ne sont pas à proprement parler des abréviations élaborées pour le vocabulaire technique). Les formes employées varient largement d'une page à l'autre et d'une phrase à l'autre, ce qui laisse supposer un degré d'improvisation de la part du copiste. Nous avons relevé les abréviations techniques suivantes, que nous organisons par lemme (nous omettons les tildes pour des raisons de lisibilité, mais ils sont évidemment présents) :

- actiuus : acti
- accusatiuus : accs, accto, accus
- analogia : anolo [sic]
- communis : commo, comm, com
- coniugatio : coiu, coiug, coiuga, coiugat
- coniunc(ta)tiuus : c(on)iunct, coniunc
- correptus : corrept, cor
- declinatio : declina, decli
- declino : decli
- deficio : defec
- deponens : depti, depo, deponen
- figura : figur, figu, fig
- futurum : fut, futo, futur
- genus : gene, gen
- imperatiuus : imp'at, imp'ati, imp'ea, imp', imp'a
- imperfectum : imp, imp', inp'
- impersonalis : imp, imp', inp'sonl, imp'e, imp'a, inp'so
- indicatiuus : indict, indicat, indica, indicati, indic

---

[16] Lorsque tous les termes grammaticaux utilisés pour introduire la récitation des formes sont abrégés, il est difficile de savoir s'il s'agit d'un verbe « à » l'indicatif présent première personne singulière (ablatif) ou « de » l'indicatif présent etc. (génitif).

I – DU MANUSCRIT AU TRAITÉ 17

- infinitiuus : infiniti, infinit, infint
- modus : mod, mo
- neuter : neutm, neut
- nomen : nom, noe, noae [*nominae* pour *nomine*], noa
- nominatiuus : nom, noma
- numerus : numr', num, nu
- optatiuus : op, opt, opta, optat, optati
- oratio : oratis, orat
- participium : part, para
- passiuus : passi, pass, pas
- perfectum : pf, p'fect, p'fec, p'
- persona : p'so
- pluralis : pl, pls, plu, plur
- plus quam perfectum : plusqpf, plusqp', plusq, plusqua pf, plusq p'
- praepositio : p(re)possi
- praesens : psenti, psen, ps, pres, praes, pr
- praeteritum : ptitum, ptitu, ptiti, ptito, pti, pta, preteo, pret, praet, ptio, pt, pto
- productus : p(ro)duc
- pronomen : p(ro)nom, p(ro)noa
- simplex : simpl, simp
- singularis : singul, singl, sing
- syllaba : sylla, silla, sill
- tempus : tempo, temp, tempr, tem
- uerbum : uerb
- ulterior : ult, ulteri, ultio.

Dans le corps du texte et dans les gloses interlinéaires, on trouve des confusions qui semblent dues à une mélecture de l'écriture du modèle de notre manuscrit, sans qu'il soit possible d'en tirer de conclusion sur la nature de cette écriture.

- Entre l et s : au fol. 97v (*lepelio*).
- Entre c et t : aux fol. 94vb (cernitatem pour ternitatem[17]) et 98ra (glose *tolero* pour *celero*) ; cette confusion s'explique par la présence dans le modèle d'une graphie de ⟨c⟩ qui en prolonge la boucle en diagonale vers le haut jusqu'au dessus de la lettre suivante[18].

---

[17] La forme *ternitas*, variante de *trinitas*, est défendue par Prisc., *Fig.* 11, 7 Passalacqua (= *GL* 3, 415, 28) : *inueniuntur et aliae deriuationes uel compositiones multae a nominibus numerorum, ut unicus, ullus, unitas, unio, uniuersus et uno uerbum unas unat ; ternitas uel trinitas, septimana, senio.* La rareté de ses attestations tient probablement à l'effet conjoint des abréviations dans les manuscrits et des normalisations dans les éditions imprimées.

[18] On observe un exemple de ⟨c⟩ de ce type au fol. 109vb, l. 26. Les confusions entre ⟨c⟩ et ⟨t⟩ sont relevées par Havet, *Manuel*, par. 643 et West, *Textual Criticism*, p. 25-26.

18 INTRODUCTION

C. Un texte qui a circulé

Le *De uerbo*, tel qu'il se présente dans le manuscrit Paris, BnF, lat. 7491, n'est certainement pas une copie autographe (il semble possible qu'il y ait un changement de main entre les lignes 12 et 13 du fol. 106ra). Il est même possible de démontrer que le traité avait déjà circulé avant d'être inséré dans ce manuscrit. Deux éléments vont, à notre avis, dans ce sens : les ajouts marginaux et les gloses interlinéaires.

Les ajouts marginaux comblent des omissions de la copie principale. Ils correspondent très vraisemblablement à une relecture effectuée sur le modèle immédiat de notre copie plutôt qu'à la confrontation d'un exemplaire différent mais, en l'absence de tradition textuelle diversifiée, ce point semble difficile à prouver[19]. Voici la liste des passages concernés, avec les compléments marginaux soulignés en caractères espacés.

– 98-102 : Haec uerba neutralia sunt et tertiae t a n t u m c o i u g a t i o - ⟨n i s⟩ e t i n s c o solam d e s i n u n t e t p r e t e r i t u m t e m - p u s n o n h a b e n t, quia que inchoantur preteritum non habent, et plus quam perfectum et unum futurum, modi coniun⟨c⟩tatiui, et participium futurum et duo uerba posteriora gerendi.

Cet ajout est indispensable à la syntaxe de la phrase et pourrait aisément correspondre à l'omission d'une ligne de l'antigraphe.

– 198-201 : Dicunt hunc modum pressens non habere, nisi nuntiatione tantum, quia imperat antequam fiat q u o d i m p e r a t u r – u t a i t C e l s u s : q u i d i c i t f a c, h i c p r o p e r a t ; i l l e e t i a m m o r a m s i n i t q u i d i c i t f a c i t o.

Ici, la syntaxe est troublée, avec ou sans l'ajout : il faut de toute manière suppléer un sujet pour '*imperat*', vraisemblablement *hic modus*. Cela dit, '*quod imperatur*' ajoute au moins un sujet à '*fiat*', ce qui n'est pas inutile. Aussi bien le début que la partie suppléée en marge avec la citation de Celse sont des récritures d'un passage de Consentius exploité par tous les textes parallèles. Il est donc peu probable qu'il s'agisse d'une glose postérieure à la rédaction du texte.

– 815-820 : Vnde errauerunt qui impersonalia ab omni genere ueluti pro alio modo uel genere seorsum possuerunt, cum in omni genere nihil distat impersonale suum a tert⟨i⟩is singularibus personali⟨s⟩, et cum nihilominus intert⟨i⟩is personis actiui uel neutri illud impersonale

---

[19] Franck Cinato me signale *per litteras* que la main qui intègre les omissions est à son avis celle du copiste, ce qui va dans le sens d'une relecture sur l'antigraphe mais ne l'implique pas absolument.

I – DU MANUSCRIT AU TRAITÉ   19

repperitur nec tam⟨en⟩ aliud seorsum declinetur (aliter: d e c l i n e n t
c u m   s i m i l e   i n   h i s   r   t e r m i n a t i s   d e c l i n e n t).
– 878-879: Beo boo – unde reboo – bello breuio balo bailo bucino
b a p t i z o   b u l l o   b l a t e r o   b a s s i o.
Ce dernier exemple est spécialement intéressant car il semble introduit de seconde main (les hastes des l et des b ne sont pas en forme
de massue), en tout cas dans un très net second temps.
– 1200-1202: Prima species haec est: peto petiui repeto expeto, quero
|101rb| quaesiui requiro exquiro conquero, t e r o   t r i u i   c o n t e r o,
a p p e t o   c o n p e t o.

On peut aussi noter que quelques compléments marginaux paraissent postérieurs à la copie du texte et des gloses, ce qui laisse
penser que cet antigraphe a séjourné quelque temps en compa-
gnie de sa copie, ou qu'une collation a été faite sur un second
exemplaire. Quoi qu'il en soit, les restitutions marginales qui font
sens nous ont paru devoir être intégrées dans le texte et les corrections mineures, en particulier orthographiques, doivent être
prises en compte comme des reflets de la tradition du texte et intégrées à l'apparat critique.

Les gloses interlinéaires sont plus révélatrices encore car certaines véhiculent des erreurs qui ne peuvent venir que de plusieurs étapes de copie du texte déjà glosé. Ainsi, au fol. 97rb, on
lit une séquence qui ne s'explique que par un décalage des gloses
par rapport aux termes glosés. Le texte est celui de 54, 832-835: «*In
go: actiua, frigo fricui, plico plicui; neutra, emico emicui,
claudico claudicaui, pecco peccaui. In do: actiua, sedo sedaui,
nudo, tardo, lapido, emendo, commendo, circumdo; neutra,
laudo, exeredo, cordo, do dedi, circumdo, pessumdo.*» Deux
gloses posent problème en haut de la colonne b: au-dessus de
«*claudico*», «*i(d est) eneruo*»; au-dessus de «*sedo*», «*i(d est) lanio*». Evidemment, *eneruo* correspond à *sedo*, avec un décalage
d'une ligne exactement dans notre manuscrit, et *lanio* à *lapido* à
la ligne suivante. Etant donné que l'écart en nombre de lettres est
très différent dans les deux exemples, il faut peut-être supposer
que le modèle présentait les listes de verbes en colonnes, avec
les gloses dans l'interligne. Au verso du même feuillet, on lit
«*humo i(d est) lepelio*». Il s'agit d'une erreur de lecture pour *sepelio*, mais elle indique aussi que la glose vient d'un modèle et
non directement du lecteur du manuscrit. Le même raisonnement
vaut pour la glose «*tollero*» sur «*propero*» au fol. 98ra: il faut sans
doute y voir une mélecture de *celero*. Ces pages, au demeurant,

20 INTRODUCTION

sont chargées de gloses interlinéaires grattées (l'une d'elles est même remplacée de seconde main), comme si un lecteur avait pris conscience des aberrations sémantiques qu'elles comportaient.

Il est donc très probable que le *De uerbo* ait circulé avant sa copie dans le manuscrit Paris, BnF, lat. 7491. Durant cette première période, il a aussi été lu et utilisé puisque certaines gloses interlinéaires sur le texte remontent au plus tard à l'antigraphe du manuscrit subsistant. En revanche, il n'est pas exclu que le *De uerbo* soit un témoin d'un projet inachevé de grammaire complète, au moins en ce qui concerne le nom et le verbe. Dans le livret que nous avons nommé «unité B2», en effet, le *De uerbo* est entièrement rédigé et apparemment complet, sauf pour l'absence, dans le détail des conjugaisons, d'une partie des formes, la partie la plus facile à suppléer. Si le traité est resté dans un état intermédiaire, il a pu circuler auprès de quelques maîtres, qui n'ont pas ressenti le besoin de mettre par écrit extensivement toute la conjugaison avant une étape de finition qui n'est jamais advenue[20]. L'opuscule est ainsi resté déséquilibré, avec une part d'enseignements plutôt avancés mais sans l'ensemble des bases. Une analyse des contenus du traité le mettra en évidence.

---

[20] Dans une telle perspective, les trois chapitres sur les cas, l'analogie et les numéraux pourraient être des éléments destinés à la confection d'un *De nomine* parallèle, dont on prévoyait de prendre la trame dans les sources grammaticales antiques usuelles.

CHAPITRE II

ANALYSE DU TRAITÉ

Le *De uerbo* se présente comme un traité autonome et complet sur le verbe, l'une des deux principales parties du discours dans la tradition latine.

Il est autonome au sens où, à la réserve de l'hypothèse formulée ci-dessus d'un projet inabouti de grammaire complète, le traité présente des définitions des notions communes aux classes du nom et du verbe et qui, dans une grammaire complète, auraient déjà été définies dans un *de nomine*. Il est possible de lire ainsi la justification de l'emploi du terme *genus* pour désigner la voix verbale (28, 475-484), alors même que le texte en rappelle l'étymologie par *gigno*. Le phénomène est encore plus net pour *numerus* (34, 547-548) et *figura*, la composition (35, 560). Il semble que seule l'*Ars Ambrosiana* (114, 748-753), parmi les ouvrages proches du *De uerbo*, ait partagé l'idée de donner une définition générale du nombre dans le cadre de l'étude du verbe. Les autres grammaires le font à l'occasion de l'étude du nom. Pour *figura*, le *De uerbo* donne la définition morphologique la plus générale possible, remontant au niveau des formes (*sonorum*), qui correspond à celle que l'on trouve dans le *de nomine* de Diomède (301, 24) : «*Figura est discrimen simplicium dictionum et conpositarum*».

Le *De uerbo* est complet au sens où il offre un panorama complet des questions que soulève le verbe dans la culture grammaticale latine du haut Moyen Âge. C'est ce que fait apparaître le plan de l'ouvrage. Nous chercherons, dans les pages qui suivent, à mettre en évidence ce souci d'exhaustivité, tant au niveau doctrinal qu'au niveau pédagogique, qui est étroitement lié à la composition du traité par compilation d'ouvrages antérieurs. Une telle clarification permettra de dégager la contribution du *De uerbo* à l'effort collectif d'élaboration théorique de la grammaire latine.

A. Les parties

Voici le plan que nous proposons pour le *De uerbo* en nous fondant sur les intertitres du manuscrit ainsi que sur le parallèle des traités grammaticaux les plus ressemblants. Les renvois sont

22 INTRODUCTION

donnés aux paragraphes de l'édition, qui permet de retrouver rapidement le feuillet.

1. Généralités (par. 1-3)
    – justification du nom de la partie du discours (par. 1)
    – définition du verbe (par. 2)
    – liste et définition des accidents (par. 3)
2. Accidents considérés successivement (par. 4-44)
2.1. *qualitas formae* (par. 4-9)
    – désidératif (par. 5)
    – inchoatif (par. 6)
    – *perfecta* (par. 7)
    – fréquentatif (par. 8)
2.2. *qualitas modi* (par. 10-25)
    – définitions (par. 10)
    – nombre et identité des modes (par. 11)
    – impératif (par. 12)
    – optatif (par. 13)
    – subjonctif (par. 14)
    – infinitif (par. 15)
    – impersonnel (par. 16-18)
    – gérondif (par. 19-24)
2.3. *coiugatio* (par. 26-27)
2.4. *genus* (par. 28-33)
    – actif (par. 29)
    – neutre (par. 30)
    – commun (par. 31)
    – déponent (par. 32)
    – particularités en matière de transitivité (par. 33)
2.5. *numerus* (par. 34)
2.6. *figura* (par. 35)
2.7. *tempus* (par. 36-40)
    – définition générale (par. 36)
    – caractéristiques grammaticales (par. 37-39)
2.8. *persona* (par. 41-42)
    – définitions (par. 41)
    – cas associés aux différentes personnes (par. 42)
2.9. *idiomata casuum* (par. 43-44)
3. Traitement extensif des conjugaisons (par. 45-104)
3.1. première conjugaison (par. 45-58)
    – signes distinctifs (par. 45)

II – ANALYSE DU TRAITÉ

- verbes en *-eo* (par. 46-49)
- verbes en *-uo* (par. 50-52)
- verbes actifs en *-io* (par. 53)
- verbes en *-bo* (par. 54)
- verbes en *-ior* (par. 55)
- listes de verbes de la première conjugaison par ordre alphabétique (par. 56-57)
- remarques morpho-phonétiques (par. 58)

3.2. deuxième conjugaison (par. 59-64)
- signes distinctifs (par. 59)
- formation du perfectum (par. 60-61)
- conjugaison de *doceo* et liste de verbes de même modèle (par. 62-63)
- remarques morpho-phonétiques (par. 64)

3.3. troisième conjugaison (par. 65-75)
- description : liste des phonèmes pré-désinentiels (par. 65)
- formation du perfectum (par. 66-68)
- liste alphabétique de verbes de la troisième conjugaison (par. 69)
- conjugaison de *rapio* (par. 70)
- listes de verbes par formation de *perfectum* (par. 71)
- formations de *perfectum* par consonne pré-désinentielle (par. 72)
- remarques morpho-phonétiques (par. 73)
- conjugaison des inchoatifs (par. 74)
- conjugaison passive et verbes inchoatifs (par. 75)

3.4. quatrième conjugaison (par. 76-83)
- caractéristiques générales, avec insistance sur le double futur (par. 76)
- formation du *perfectum* (par. 77)
- conjugaison des verbes en *-eo*, *queo* et *eo* (par. 78-79)
- conjugaison et liste des verbes en *-io* (par. 80-82)
- formation de l'imparfait (par. 83)
- *fio* et composés (par. 83)

3.5. verbes irréguliers (par. 84-94)
- verbes anomaux et leurs composés (par. 84-89)
- verbes sans infectum (par. 90)
- verbes très défectifs (par. 91)
- verbes (quasi) homophones à la première personne (par. 92)

24 INTRODUCTION

- défectivité en personne ou participe (par. 93)
- irrégularités dans la formation des temps (par. 94)
3.6. distinction des conjugaisons (par. 95-96)
    - voyelle pré-désinentielle (par. 95)
    - consonne pré-désinentielle (par. 96)
3.7. questions annexes (par. 97-98)
    - verbes homophones de noms (par. 97)
    - verbes polysémiques (par. 98)
4. Participe (par. 99-103)
    - présent (par. 100)
    - passé (par. 101)
    - futur (par. 102)
    - noms (adjectifs) de forme participale (par. 103)
5. Impersonnels actifs des conjugaisons 1, 2, 3 (par. 104)

La première partie constitue une introduction, relativement succincte mais fondamentale pour la mise en place du discours grammatical, sur laquelle nous reviendrons plus bas. La quatrième
partie couvre le traitement du participe *per se*, réduit à un strict
minimum. En principe, la tradition grammaticale gréco-latine en
fait une partie du discours distincte. En fait, les grammairiens ont
tendance à intégrer les règles de formation des participes à l'étude
du verbe, ce qui ne laisse plus grand-chose à traiter dans la partie
dévolue au participe lui-même. On voit très bien le phénomène à
l'œuvre dans le *De uerbo*. Le participe y est évoqué régulièrement
dans la deuxième partie et systématiquement dans la troisième.
La quatrième, en revanche, se contente d'une définition rapide
suivie de règles de formation puis d'une revue superficielle des
exceptions et cas-limites. Si la quatrième partie est un passage
obligé réduit ici à l'état d'appendice, la cinquième est plus
surprenante car un tel ajout des impersonnels à la fin de l'étude
du verbe n'est pas ordinaire dans les grammaires latines. En effet,
les impersonnels ont été abondamment étudiés auparavant et
le paragraphe ne connaît que trois conjugaisons sur les quatre
que le reste du *De uerbo* envisage systématiquement. La cinquième partie pourrait être une trace de fabrication, le reste d'une
source copiée lors de la phase de collecte du matériel destiné
au traité, qui serait passée par erreur dans la copie de l'ouvrage
fini.

Les parties 2 et 3 constituent donc le cœur du traité. Elles correspondent aux deux approches des parties du discours soumises

à flexion que connaissent les grammaires latines, au moins depuis l'Antiquité tardive. La première, l'étude des *accidentia*, passe en revue les caractéristiques les plus remarquable de la partie du discours. La seconde, faisant de ces caractéristiques des principes de variation, organise les formes singulières en séries flexionnelles. Suivant un phénomène que nous retrouverons à tous les niveaux, chacune des questions soulevées dans les deuxième et troisième parties du *De uerbo* a des antécédents tardo-antiques et des parallèles médiévaux.

Dans l'Antiquité tardive, la présentation des *accidentia* est très généralement séparée de celle des paradigmes[1]. Ainsi, les manuels les plus célèbres, l'*Ars* de Donat et le *De nomine et uerbo* de Consentius, coïncident avec la seule partie 2 de notre *De uerbo*. Les *Instituta artium* et les *Catholica* attribués à Probus ainsi que le *De nomine et uerbo* de Phocas, en revanche, ne présentent que des règles de flexion, soit conjugaisons complètes, soit formations du parfait. Dans la grammaire de Charisius, les données sont réparties entre deux livres : le premier pour l'exposé des *accidentia*, les règles de formation de la flexion et les modèles de conjugaison ; le troisième pour les formations de *perfectum* et les verbes irréguliers de tous types. C'est Diomède qui présente la synthèse la plus proche des plans médiévaux avec, dans son livre sur les parties du discours, un « *de uerbo* » en deux parties, la première consacrée aux *accidentia*, la seconde aux modèles de conjugaison, aux formations de parfait et aux irrégularités.

B. Caractéristiques du verbe

1. Prolégomènes

Les premiers chapitres du traité constituent une introduction théorique et notionnelle au traitement technique de la partie du discours par *accidentia* et flexions. Le compilateur y révèle sa méthode tant dans la sélection de sources qu'il opère que dans la disposition qu'il leur donne.

Le mouvement des chapitres 1 à 3 consiste en une focalisation progressive du discours du grammairien sur le traitement des caractéristiques techniques du verbe. Le chapitre premier analyse et

---

[1] Il s'agit de l'opposition entre 'Schulgrammatik' et '*regulae* type' sur laquelle, voir Law, *Grammar and grammarians*, p. 54-55 et 58.

26   INTRODUCTION

justifie le nom de la partie du discours; le chapitre 2 expose la
définition du verbe et les questions qu'elle soulève; le chapitre 3
est une présentation succincte des *accidentia*, avec une amorce
d'analyse du premier d'entre eux. Il y a donc un fil directeur assez
net dans ces trois premiers chapitres. Cela n'ôte rien à l'impression de collage que suscite leur lecture. Ainsi, le premier chapitre
aborde-t-il successivement trois points relatifs au mot *uerbum*. La
première question est celle de l'origine du nom, résolue par une
étymologie, la deuxième concerne la spécialisation de *uerbum*,
nom du mot, dans le domaine grammatical pour désigner le
verbe, la troisième porte sur les autres désignations de la même
partie du discours. L'objet de ce chapitre est, comme on le voit,
de circonscrire *uerbum* à son acception grammaticale; il n'en
reste pas moins que ces questions sont examinées l'une après
l'autre sans transitions. Le chapitre 2 manifeste un autre type de
composition: il a pris pour canevas un commentaire par lemmes
sur Donat de type exégétique[2]. Cela apparaît dans les verbes à la
troisième personne des lignes 34-39 et 45-56, qui ne peuvent avoir
comme sujet que le *Donatus* de la ligne 28[3]. La progression linéaire du lecteur dans le texte est entravée par la présence d'informations supplémentaires insérées entre les points successifs du
commentaire (lignes 30-34 puis 39-44). Le chapitre trois, squelet-
tique, ne présente pas ce type de problème. Cela dit, les deux
premiers chapitres ne sont pas exempts d'un certain soin dans la
présentation. Le grammairien a manifeste le souci de contrôler ses
sources. En témoigne la série de noms propres qui apparaît dans
ces deux chapitres: deux fois Consentius (sur cinq mentions en
tout dans le *De uerbo*), une fois Pompée (sur trois), Donat (sur
cinq) et Flacus (unique mention). Les deux chapitres concentrent
donc cinq des vingt-quatre mentions explicites de sources grammaticales présentes dans le traité. Outre le souci de précision et
de finition propre aux préfaces, un tel étalage d'autorités révèle

---

[2] Je reprends la distinction posée par LAW, *Grammar and grammarians*,
p. 79-81 et 144-146 entre 'elementary Latin grammar' et 'exegetical commentary', qui désigne un commentaire d'une grammaire (majoritairement, Donat)
influencé par les méthodes de l'exégèse biblique telle qu'on la pratiquait en
particulier en Irlande au haut Moyen Âge.

[3] On retrouve le même type de phénomène dans la grammaire de Malsachanus. LÖFSTEDT, *Der Hibernolateinische*, p. 128-129 propose d'y voir des
formes impersonnelles de *uerba dicendi* telles qu'on en trouve chez les
auteurs chrétiens.

II – ANALYSE DU TRAITÉ

les références qui forment la culture grammaticale du compilateur. Le même souci de contrôler et de fonder les assertions perce à travers le rappel des principes de l'étymologie (1, 3-6) et de la définition (2, 30-34). Plusieurs de ces questions méritent des éclaircissements que nous présenterons dans un ordre du général au particulier sans doute plus familier au lecteur moderne.

2. Définitions

Le *De uerbo* remonte jusqu'à la question de la définition à appliquer en grammaire. Il s'agit d'une approche caractéristique des grammairiens carolingiens, soucieux de colorer d'encyclopédisme leur cours et d'éclairer les notions employées en grammaire à l'aide de définition trouvées dans leurs livres de dialectique[4]. Le grammairien responsable de la rédaction du *De uerbo* a adopté une doctrine sur la définition qui circule depuis la fin de l'Antiquité et l'a répartie entre les deux chapitres introductifs. Pour en donner les termes complets, il s'agit d'opposer 15 types de définitions qui appartiennent à la rhétorique à trois seulement qui seraient pertinents en grammaire (2, 30-32). Parmi ces trois aspects de la définition grammaticale, deux sont traités ici: la *definitio soni* au chapitre premier et la *definitio substantiae* au chapitre deux. C'est pourquoi le premier chapitre offre une présentation de la *definitio soni* (1, 4-6), immédiatement appliquée à la forme *uerbum* (1, 6-11), tandis que le deuxième chapitre donne les éléments de la *definitio substantialis* (2, 33-34), pour y confronter immédiatement la définition de Donat (2, 34-37). Autant dire que la conception de la définition ici exposée par morceaux est en réalité le principe d'organisation des chapitres d'introduction.

La liste des quinze définitions de la rhétorique est le fruit d'une longue histoire qu'il ne s'agit pas de retracer ici. Pour les lettrés de l'Antiquité tardive et du haut Moyen Âge, la référence ultime reste le traité des définitions de Marius Victorinus, qui peut aussi bien être consulté directement que connu à travers des inter-

---

[4] LAW, *Grammar and grammarians*, p. 138-140 et surtout 154-163 (réimpression d'un article de 1992). Cette approche, appliquée en particulier à la définition du verbe, se retrouve dans les commentaires sur Priscien, qu'ils prennent la forme de textes continus comme le commentaire attribué à Jean Scot Erigène par LUHTALA, 'Grammar and dialectic' puis 'Early Medieval Commentary', ou de gloses. Sur ce dernier point, voir l'analyse détaillée de la méthode des maîtres carolingiens par CINATO, *Priscien glosé*, p. 345-370.

28 INTRODUCTION

médiaires[5]. La liste elle-même semble prendre une forme dogmatique et scolaire entre Cassiodore et Isidore de Séville. Une liste de 15 types de définitions apparaît chez ces deux auteurs dans la présentation de la dialectique, à la suite de l'exposé sur les syllogismes hypothétiques et avant celui qui porte sur les topiques[6]. C'est sans doute à cette liste, qui a circulé largement grâce à Isidore et au *Liber glossarum* qui la reprend (en DE 372[7]), que fait allusion notre traité. Comme il arrive souvent lorsque les savoirs passent par plusieurs intermédiaires, chaque étape met en avant le niveau de transmission qui lui semble le plus approprié. C'est ce qui explique que les quinze définitions, dans les traités de grammaire, soient présentées tantôt comme propres à la rhétorique[8], ce qui correspond à l'origine de la liste chez Marius Victorinus, tantôt comme propres à la philosophie et en particulier à la dialectique[9], domaine auquel les associent Cassiodore et Isidore.

En dépit de l'opposition établie entre orateurs et grammairiens par le *De uerbo*, les trois types de définition des grammairiens ne sont pas hétérogènes mais forment un sous-ensemble de la liste de quinze. Les deux premières, définition substantielle et définition qualitative, ne posent pas problème. Il s'agit respectivement de la première et de la troisième dans la liste de Cassiodore et d'Isidore. La *definitio soni*, en revanche, est d'identification moins immédiate. Elle est selon toute vraisemblance héritière de la définition κατ' ἀ[ντι]λέξιν ou, en latin, *ad uerbum* que retient la liste de quinze. L'exemple retenu est *contiscere est tacere*, soit l'explication d'un composé par le simple sur lequel il est formé. Il s'agit d'une définition qui porte sur le mot comme forme, λέξις, ce qui en latin est rendu par *uerbum* dans son sens le plus général de «mot» ou, en grammaire, par *uox* dans son sens technique de

---

[5] Pour l'importance du *Liber de definitionibus* de Marius Victorinus, voir l'étude de Pronay dans son édition.

[6] Il s'agit, respectivement, de Cassiod., *Inst.* 2, 3, 14 et d'Isid., *Etym.* 2, 29. Marshall dans Isid., *Etym.*, II, n. 296 voit dans le premier la source principale du second.

[7] Que l'on peut consulter dans l'édition électronique dirigée par Anne Grondeux http://liber-glossarum.huma-num.fr.

[8] '*Apud rhetores*' dans les commentaires de Murethach (47, 30) et Rémi d'Auxerre (*GL suppl.* 219, 4) sur l'*Ars maior* de Donat ; '*apud rhetores id est apud oratores*' dans celui de Sedulius Scotus (58, 4).

[9] *Apud dialecticos* dans la glose sur la définition du verbe de Priscien éditée par Cinato, *Priscien glosé*, p. 351-352.

II – ANALYSE DU TRAITÉ

«forme», lexicale ou fléchie. Dans la tradition alto-médiévale à laquelle appartient notre traité, ces termes ont été remplacés par *sonus*, désignant le mot comme forme phonétique[10].

L'idée d'attribuer un sous-ensemble de ces types de définitions au grammairien n'est pas non plus sans écho dans la grammaire contemporaine. Celle-ci, en effet, consiste largement en des commentaires sur les manuels de Donat. L'approche critique inhérente au genre du commentaire s'est appliquée aux définitions à l'aide des analyses d'inspiration dialectique et rhétorique que nous venons de rappeler. Ainsi, la très ancienne *Ars ambrosiana*, à l'occasion de la définition du nom, mentionne-t-elle succinctement l'analyse théorique de la définition (8, 65-68):

> Haec dictio difinitio nominatur, cuius genera sunt [sint *cod.*] XV; de quibus in hac difinitione [difinitur *cod.*] II continentur [-netur *cod.*]: uocis et substantiae. Et ab eo quod est "nomen" usque dicit "cum casu" soni est difinitio, sequens uero substantiae est.

L'opposition entre *definitio soni* et *definitio substantiae* recouvre ici l'opposition entre la catactérisation morphologique du nom et celle de ses significations. Au siècle suivant (si l'on suit les datations communément admises), on lit une opposition légèrement différente dans l'*Ars Bernensis* (*GL suppl.* 64, 2-12):

> Vbicumque enim inuenitur 'dictus' uel 'dicta' uel 'dictum', definitio soni esse ostenditur, ut 'littera dicta est quasi legitera, eo quod quasi legentibus iter ad legendum ostendit'; item 'pes dictus est, quo quasi metrorum cursus incedat'. Sic etiam nomen definitur: 'nomen dictum est, quasi notamen, eo quod nobis uocabulo suo res notas efficiat'. Vbicumque autem inuenitur in definitione 'est', definitio sensus, idest qualitatis esse demonstratur, ut 'littera est pars minima uocis articulatae'; item 'pes est syllabarum et temporum certa dinumeratio'. Sic etiam secundum qualitatem substantiae nomen definitur: 'nomen est

---

[10] Les traités concernés sont l'*Ars Bernensis* (*GL suppl.*, 64, 2) et les trois commentaires sur Donat d'origine irlandaise commune, l'anonyme de Lorsch, Murethach et Sedulius Scotus (dans la discussion préliminaire sur le discours et les parties du discours, puis à propos du participe). Le terme *sonus*, au sens de 'mot comme forme', par opposition au mot comme sens, apparaît dans les grammaires de l'Antiquité tardive, voir SCHAD, *Lexicon*, *s.u. sonus*. LAMBERT, 'Deux notes', p. 310, n. 4 propose d'expliquer le succès et l'extension du terme au Moyen Âge par l'influence du vieil irlandais *son, suin* «mot». Pour les emplois de *sonus* dans le *De uerbo*, voir CONDUCHÉ, 'La terminologie', p. 71-72.

30 INTRODUCTION

pars orationis cum casu corpus aut rem proprie communiterue significans'.

La *definitio soni* ici décrite, qui recouvre l'étymologie et
consiste à justifier un terme technique, correspond à ce que le *De
uerbo* annonce par la question de 1, 3-4, précise par la réponse
1, 4-6 et applique au terme *uerbum* en 1, 6-12. L'*Ars Bernensis*, en
revanche, est assez confuse sur l'autre type de définition, qui est
mieux explicité dans le *De uerbo*. Quoi qu'il en soit des flotte-
ments dans la formulation, l'organisation des deux premiers chapitres répond au cadre théorique posé en 2, 30-32: une discussion
terminologique au chapitre premier suivie d'une analyse de la
définition de la partie du discours au chapitre suivant.

3. Le nom du verbe

Le premier chapitre s'organise autour de trois points: l'analyse
formelle du mot *uerbum*, sa polysémie et ses synonymes.

L'analyse formelle du terme *uerbum* offre un exemple spectaculaire de concurrence non résolue entre des approches
d'époques différentes. Certains éléments remontent à une très ancienne analyse morpho-sémantique en quatre modes. En revanche, les notions de *deriuatio* et de *clausula* employées en
1, 6-11 sont issus d'une théorie de la dérivation formalisée par les
grammairiens de la fin de l'Antiquité.

Les quatre modes d'exploration sémantique que connaît le
De uerbo ont circulé à l'époque carolingienne puisqu'on les retrouve dans la tradition de Murethach et Sedulius Scotus en ces
termes: *Definitio* (uero *add. Mur.*) *soni quattuor modis constat,
deriuatione compositione cognatione* (et *add. Sed.*) *interpretatione*[11]. Deux différences marquantes apparaissent avec le
De uerbo: cette tradition n'a pas *etymologia* et elle a *cognatio*
plutôt que *cognitio*. Or *etymologia* est une notion et une pratique
antique de l'enquête sémantique[12]. Elle était certainement présente dans la version la plus ancienne du schéma. En revanche,
cognitio est certainement une déformation phonétique ou gra-
phique de *cognatio*. Le terme de *cognatio*, «parenté», apparaît

---

[11] MVR., *Mai.* 47, 34-36 = SEDVL. SCOT., *Mai.* 58, 10-11.
[12] Voir, pour les sources primaires, VARRO, *Ling.* 8, 14; 8, 18 et 8, 52; AVG.,
Dialect. 6 et ISID., *Etym.* 1, 29, 3.

II – ANALYSE DU TRAITÉ

en effet comme l'ancêtre de la notion de dérivation[13]. La tradition Murethach-Sedulius et le *De uerbo* représentent donc deux variantes d'une grille d'analyse antique qui peut être reconstituée comme suit : *etymologia, cognatio, compositio, interpretatio.* La tradition Murethach-Sedulius a modernisé en substituant *deriuatio* à *etymologia* et en transférant sur la *cognatio* la glose syntagmatique et la figure étymologique, pratiques typiques de l'étymologie du haut Moyen Âge. C'est ce qui ressort des éclaircissements donnés par Sedulius Scotus :

> deriuatione fit definitio soni sicut a uerbo quod est duco uenit dux nomen compositione fit ut uerbi gratia participium dicitur quasi partes capiens municeps dicitur quasi munia capiens cognatione fit sicut terra dicitur a terendo homo dicitur ab humo humus ab humore interpretatione fit sicut ars dicitur ἀπὸ τοys ἀρετῆς id est a uirtute χριστός dicitur grece latine dicitur unctus.

L'auteur du *De uerbo* manifeste au fond la même incompréhension des paramètres originels de cette grille d'analyse en partie périmée. Dans un premier temps, il réserve *ethimologia* aux primaires, une catégorie aux composés et *interpretatio* aux mots étrangers mais ne dit rien de l'aire de pertinence de la *cognitio.* Sans transition, il rapporte une analyse de *uerbum* par la dérivation sur *uerbero*, dont il note la difficulté morphologique en des termes, – *oriendi locus in clausulis non tam apercius habetur* – qui révèlent sa familiarité avec les conceptions de la dérivation des grammairiens du VIe siècle Priscien et Eutychès[14]. Il en vient donc à l'hypothèse que *uerbum* est un primaire mais, au lieu de se tourner vers l'*ethimologia* comme annoncé trois lignes plus haut, il en rend compte par la *cognitio* d'un mot de même sens, *uerber*, le «coup». On peut, certes, y reconnaître l'idée d'une vague parenté antérieure à la formalisation grammaticale des procédés de dérivation, mais l'auteur du *De uerbo* semble appliquer cette *cognitio* au plan sémantique : *uerber*, pour le dire en termes

---

[13] Tel est son usage chez Varro, *Ling.* 5, 1, 13 et 6, 1, 1. Pour l'histoire du terme dans la grammaire antique, on consultera Schad, *Lexicon, s.u. cognatio.* Sur l'analyse sémantique de l'époque classique, l'étude de référence reste celle de Taylor, *Declinatio.*

[14] L'emploi de *clausula* au sens de «terminaison, suffixe» est caractéristique d'Eutychès, qui a été l'un des relais de la morphologie de Priscien auprès des grammairiens du haut Moyen Âge. L'auteur du *De uerbo* s'est approprié le terme, qu'il emploie ici pour son compte hors de toute citation d'Eutychès, voir Conduché, 'La terminologie', p. 69.

32   INTRODUCTION

anachroniques, est l'hyperonyme, n'importe quel coup frappé, tandis que *uerbum* est l'hyponyme, le coup porté sur de l'air (1, 11-12)[15].

Le *De uerbo* pourrait bien fournir, au moins au plan doctrinal, le chaînon qui lie les quatre modes d'analyse sémantique sous leur forme antique à la version modernisée que donne la tradition de Sedulius Scotus et Murethach. Cette dernière, en effet, a fait un pas supplémentaire en supprimant la catégorie désormais redondante de l'étymologie, dont les procédés se retrouvent sous la rubrique *cognatio*, et en introduisant la catégorie de la dérivation.

Quelle que soit la justification morphologique adoptée, le rapprochement entre *uerbum* et la famille de *uerber* et *uerbero* favorise la définition la plus large de *uerbum*, «mot», et pose le problème de la polysémie du terme. Il faut en effet justifier la restriction d'emploi qu'il a subie pour aboutir à son sens technique grammatical.

Le problème rencontré par le grammairien auteur du *De uerbo* tient à la langue latine, bien entendu, dans laquelle *uerbum* peut prendre le sens de «parole», «mot» ou, en grammaire, «verbe», mais il tient encore plus aux représentations héritées de la langue et à la tradition grammaticale qui les transmet. La question se noue en effet autour de l'étymologie de *uerbum*, *aer uerberatum*, «de l'air fouetté». Cette étymologie a des arguments en sa faveur dans le cadre d'un traité grammatical : elle rattache le nom de la partie du discours à la description phonétique et acoustique du langage, préoccupation centrale des grammairiens, et elle a pour elle l'autorité des Anciens, rappelée par saint Augustin[16]. Néanmoins, elle présente le défaut de justifier le sens de «mot» de *uerbum* et non celui, principal en grammaire, de «verbe». Cette étymologie circule dans les traités grammaticaux accompagnée d'une question sur la raison qui a mené à spécialiser le terme en grammaire au sens de «verbe». L'étymologie et la question qui l'accompagne constituent donc un passage obligé des grammai-

---

[15] Il nous a donc paru nécessaire de conserver *cognitio*, intégré à l'argumentation du traité, plutôt que de rétablir un *cognatio* sans doute déjà corrompu dans les sources.
[16] Respectivement, QUINT., *Inst.* I, 6, 34 et AVG., *Dialect.* 6, 9. Pour les très nombreuses attestations de cette étymologie, on se reportera à MALTBY, *A lexicon, s.u. uerbum*.

riens du haut Moyen Âge lorsqu'ils étudient le verbe. La seconde question (1, 12-14), qui découle de l'étymologie très générale de *uerbum* retenue ici, reçoit trois réponses (1, 14-20): le grand nombre des formes conjuguées, la fréquence d'emploi des verbes dans le discours et l'éminence du verbe parmi les parties du discours. Ces trois arguments remontent à l'Antiquité. Le premier se situe sur le plan morphologique. La classe la plus importante, dans cette perspective, ou du moins celle qu'il convient de nommer et décrire en premier lieu est celle dont la flexion rassemble le plus de formes. Le deuxième argument est quantitatif lui aussi, mais orienté vers l'autre exercice propre au grammairien, le commentaire de textes. Le troisième argument renvoie à la tradition de mise en ordre sémantique et fonctionnelle des éléments de l'analyse linguistique: des listes de notions sont présentées selon une hiérarchie justifiée en détail. La pratique remonte au moins à l'époque hellénistique mais, plus près de notre texte, la grammaire de Priscien, à la suite de ses modèles grecs, multiplie les listes hiérarchisées d'objets grammaticaux: parties du discours, cas nominaux, modes verbaux.

La question du nom de la partie du discours ne serait pas épuisée sans la liste des désignations alternatives (1, 20-23), à laquelle s'ajoute une ébauche de hiérarchie générale des parties du discours (1, 23-25), présentée elle aussi comme un ajout terminologique. Il s'agit d'un procédé qui revient dans le *De uerbo* à propos des noms de la conjugaison (27, 466-468). Cette liste, probablement compilée à partir de sources diverses, ne se retrouve exactement que dans un traité encore inédit, l'*Adbreuiatio* grammaticale d'Ursus de Bénévent[17]. Il est remarquable que ces termes ne se situent pas tous sur le même plan, ni sur le même plan que *uerbum*, bien qu'ils puissent tous être employés pour désigner, définir ou caractériser le verbe. Pour les classer rapidement, *pars orationis* désigne bien entendu l'ensemble auquel appartient le verbe; une série de périphrases (*pars precipua*, *membrum maximum*, *principalis pars*) tourne autour de l'idée que le verbe est un élément fondamental de l'énoncé, idée que rejoignent les métaphores de la tête (*caput*) et de la base (*fundago*, *crepido*); quant aux deux noms en -*trix*, *ministratrix* et *significatrix*, ils désignent des caractéristiques du verbes qui entrent, dans la gram-

---

[17] Morelli, 'I trattati', p. 290, n. 3.

34   INTRODUCTION

maire ancienne, dans la catégorie des accidents et présentent le verbe respectivement comme élément recteur et comme porteur d'une diathèse. Aucun de ces termes n'est donc au sens moderne un synonyme de *uerbum*[18].

4. La nature du verbe

L'objet du second chapitre est la *definitio substantiae* du verbe, comme le souligne la phrase 2, 33. La structure du chapitre est extrêmement révélatrice de la méthode de travail du compilateur. Celui-ci a en effet pris comme support un commentaire de type exégétique sur la définition de Donat donnée en 2, 28-30. Ce commentaire, s'il n'est pas à coup sûr directement l'*Expossitio latinitatis* (chapitre 12) de l'anonyme *ad Cuimnanum*, en est du moins très proche. À cette base, le compilateur a ajouté en premier lieu la définition de Consentius, très différente de celle de Donat puisqu'elle n'est pas descriptive mais oppose verbes d'action et verbes d'état. Il a également inséré le nom de *Flacus* (ligne 39). Enfin, il a complété l'exposé avec les exemples de 2, 48-51. Cette façon de procéder rappelle le «travail de marqueterie» dont on a parlé à propos du grammairien tardo-antique Diomède[19].

La définition substantielle est d'un abord plus immédiat que la *definitio soni*. Elle est en effet considérée comme la forme la plus pure de définition et, par conséquent, détaillée même dans le résumé très sec que fait Isidore (*Étymologies* 2, 29, 2) des quinze types de définitions, que nous citons car il s'agit probablement de la version que connaissait le grammairien auteur du *De uerbo*.

> Prima species definitionis est usiodes, id est substantialis, quae proprie et uere dicitur definitio, ut est: «Homo animal rationale, mortale, sensus disciplinaeque capax». Haec enim definitio per species et differentias descendens uenit ad proprium, et designat plenissime quid sit homo.

On y reconnaît une présentation dynamique de ce que le *De uerbo* présente comme trois critères de la définition substantielle. À *per differentias* correspond *discernit*, action qui présente deux facettes. *Discernit in semet ipso* consiste à retenir l'ensemble des traits caractéristiques (*differentiae*) tandis que l'exclusion des

---

[18] Voir CONDUCHÉ, 'La terminologie'.
[19] HOLTZ, *Donat*, p. 84.

II – ANALYSE DU TRAITÉ

alternatives est constitutive de *discernit in paribus*. Au bout du compte, on parvient à isoler un *proprium*[20]. Il s'agit, en principe, de vérifier la conformité de la définition du verbe par Donat au schéma de la définition philosophique. Si les grammairiens voulaient vraiment juger en ces termes, il leur faudrait une série d'inclusions strictes. Or, dans leur conception grammaticale, le verbe est immédiatement une espèce de *pars orationis* et il n'existe pas de partie du discours pourvue de temps qui engloberait une classe exprimant aussi la personne, à l'intérieur de laquelle on pourrait distinguer le verbe comme le groupe des formes sans cas. Il faut donc faire des ajustements pour ménager à la fois la définition grammaticale reçue et le mode d'exposition choisi. Le résultat de ces ajustements est visible dans le deuxième chapitre.

Du côté de la définition substantielle, la dynamique de la diérèse est effacée pour échapper au système d'inclusions successives. De ce fait, le mouvement de double différenciation, en soi et par rapport aux semblables, se trouve ramené à l'idée que la liste des traits du verbe le caractérise d'une part et, d'autre part, le différencie des autres parties du discours (2, 34-37). De son côté, le *proprium* ne peut plus résider dans la dernière diérèse mais reste néanmoins assigné au dernier membre de la formule de définition. Or Donat organise ses définitions des parties du discours suivant un schéma binaire : d'abord des attributs, ensuite la signification[21]. Le *proprium* se trouve alors coïncider avec la signification de la partie du discours (ligne 37). On assiste donc à un aplatissement de la définition par diérèses dont l'aboutissement est une description en deux parties, l'une par points communs et différences, l'autre par la signification propre[22].

Du côté de la définition grammaticale, chacun des traits évoqués dans la première partie est soumis au critère des points communs et des différences. Ainsi, classiquement, on rappelle que le participe exprime le temps mais pas la personne tandis que le pronom exprime la personne et non le temps et que le verbe ex-

---

[20] Pour un exposé très efficace de l'héritage stoïcien dans le lien établi chez Marius Victorinus entre la définition du propre et la diérèse que l'on reconnaît ici, voir GOURINAT, *La dialectique des stoïciens*, p. 51-58.

[21] Voir LUHTALA, *Grammar and Philosophy*, p. 38-41.

[22] Telle est l'opinion exprimée déjà par le premier commentateur de Donat, Servius (Ve siècle) 406, 23-25.

prime les deux indissolublement liés[23]. Le *De uerbo* s'est dispensé de la majeure partie de ces développements, mais il l'a remplacée par celui qui touche à la différence entre verbe et nom autour du cas (2, 45-51), que l'on trouve dans les textes parallèles lié à la présentation de l'infinitif, du gérondif et du supin[24]. La signification propre, identifiée aux diathèses énumérées par Donat dans la seconde partie de sa définition, est rapprochée des genres du verbe. Il s'agit d'un classement des verbes suivant un croisement de critères sémantiques (le statut du sujet) et morphologiques (la voix) qui se résume dans le tableau suivant.

		voix	
		active	passive
rôle du sujet	sujet agent	*actiuum*	*deponens*
	sujet patient		*passiuum*
	sujet agent et/ou patient	*neutrum/neutrale*	*commune*

La définition du *proprium* aboutit donc à isoler une signification qui est un principe de classement lexical des verbes. Par la même occasion, elle introduit l'un des *accidentia* de la partie du discours et fait donc office de transition vers le dernier point de l'introduction du traité, la présentation des accidents.

5. Annonce du plan

En dépit du caractère manifestement philosophique de la terminologie employée, les *accidentia* ne sont pas l'objet d'une motivation, ni comme ensemble ni, à ce stade, individuellement. La formule héritée dat. + *accidunt* est reprise sans observation pour introduire les caractéristiques de la partie du discours. Ces caractéristiques sont énumérées dans l'ordre où elles sont traitées par la suite dans la deuxième partie de l'opuscule. La liste des points à traiter (3, 58-59) fait donc également office d'annonce de plan.

---

[23] L'idée est exprimée en termes succincts par SERV., *Comm.* 411, 15-18 et reprise constamment par la suite. Sur le rôle fondamental de Servius dans la diffusion de l'*Ars Donati*, qui conduit les grammairiens du haut Moyen Âge à lire Donat avec le commentaire de Servius, voir HOLTZ, *Donat*, en particulier p. 223-230.

[24] VIRG. GRAMM., *Epit.* VII, 95 ; *Ambr.* 92, 32-93, MALS. 195, 15-17 ; 47 ; CLEM. SCOT. 102, 7 ; SMAR., *In part.* 112, 66.

II – ANALYSE DU TRAITÉ

L'amorce de caractérisation des *accidentia* (3, 59-64), en revanche, reste très succincte et se limite de fait à un squelette taxinomique.

C'est encore une question de plan qui suscite l'unique véritable argument du chapitre 3 (65-68). Il s'agit de s'éloigner du plan de Donat dans le traitement du premier des *accidentia*, la qualité. Celle-ci est divisée en deux sous-catégories, mode et forme, qui sont en pratique traitées sur le même plan que les autres accidents. Donat présente les modes en premier lieu et les *formae* ensuite tandis que l'auteur du *De uerbo* suit une tradition qui place l'exposé sur les *formae* avant celui sur les modes[25]. En principe, l'ordre de l'exposé grammatical doit reproduire la hiérarchie des phénomènes à traiter. Il faut donc justifier tout écart à l'ordre reçu, ce que notre compilateur fait rapidement par une formule empruntée à Isidore de Séville qui rappelle la primauté du sens sur la flexion (67-68).

C. Accidentia

Les *accidentia*, ici comme ailleurs dans la grammaire latine d'inspiration tardo-antique, recouvrent plusieurs principes de variation morphologique des parties du discours. Derrière les désignations très génériques, on distingue deux types d'*accidentia*. Les uns relèvent de la flexion dont ils sont le versant sémantique : mode, nombre, temps, personne. Les autres dessinent des regroupements lexicaux : les *formae* isolent trois dérivations de valeur aspectuelle[26] ; la *coiugatio* définit les modèles de conjugaison suivant lesquels les verbes sont répartis en groupes (les quatre conjugaisons de la grammaire scolaire) ; la *figura* correspond à la composition. Le *genus* également trace des frontières plutôt dans le lexique. En effet, seuls l'actif et le passif correspondent au deux diathèses et aux deux séries de formes d'un même verbe ; neutre,

---

[25] Il s'agit de la tradition d'Isidore de Séville (*Etym.* 1, 9, 3), suivie par Malsachanus (196-204). Les commentaires sur Donat, en revanche, sont contraints par le plan de Donat.

[26] Dans l'ordre adopté par le *De uerbo*, ces aspects sont : *meditatiua* (désidératif), *inchoatiua* (inchoatif) et *frequentatiua* (fréquentatif). La tradition grammaticale latine use principalement de deux termes techniques pour désigner ces groupes : *formae* (formes), comme le *De uerbo*, et *species* (espèces ou aspects), traduction du grec εἶδος. Il s'agit de lier un ou plusieurs suffixes de dérivation verbale à un contenu sémantique qui constitue la vision antique de l'aspect lexical (*Aktionsart*).

38   INTRODUCTION

commun et déponent en revanche, bien qu'établis sur les critères
de la voix et de la diathèse, sont des groupes d'unités lexicales.

De façon cruciale dans une grammaire qui ne développe pas
le traitement de la syntaxe, les *accidentia* établissent un lien entre
les marques repérées comme pertinentes et le sens des formes en
emploi. Ils permettent de répartir les formes en séries elles-mêmes
modulables et d'assigner une signification collective à ces séries.
Ils constituent donc le versant sémantique de l'étude détaillée de
la morphologie que présente la grammaire latine. À cet égard le
compilateur du *De uerbo* a visiblement cherché à être aussi complet que possible. Il explore en effet dans les détails les modalités
possibles de réalisation des *accidentia* en rapportant une terminologie variée qu'il prend généralement soin de motiver. En
conséquence, la deuxième partie du traité prend souvent l'allure
d'une juxtaposition de définitions et de synthèses des débats antérieurs qui réduit la part des règles proprement morphologiques
et des exemples. Il en résulte un texte souvent impersonnel et in-
temporel sur lequel tranchent quelques réflexions dans lesquelles
affleure la culture chrétienne du grammairien.

1. Taxinomie

L'un des objectifs majeurs de la grammaire scolaire depuis l'Antiquité est de fournir au lecteur un classement des phénomènes
linguistiques accompagné d'une terminologie précise[27]. Les manuels de Donat sont justement célèbres pour avoir poussé cette
tendance à sa limite extrême. Le compilateur du *De uerbo* ne fait
pas exception. Pour présenter les concepts grammaticaux, il
adopte deux procédés constants de Donat, la définition et l'énumération des instances, et en ajoute un, la liste de synonymes.

Ce dernier procédé est le plus original, bien qu'il ne soit pas
tout à fait isolé dans la grammaire médiévale[28]. La grammaire la-

---

[27] Sur la terminologie grammaticale latine du Moyen Âge, voir ROSIER,
'La terminologie'; LAW, *Grammar and grammarians*, p. 260-269.

[28] LAW, *Grammar and grammarians*, p. 43 énumère les grammaires où
l'on a repéré de telles listes. Leur présence pourrait trahir une influence irlandaise ou du moins l'utilisation de sources elles-mêmes influencées par
l'Irlande. En l'occurrence, elles paraissent liées à l'exploitation de l'*Ars
ambrosiana* et d'*ad Cuimnanum* (voir ci-dessous l'étude des sources) et à
l'inspiration qu'en tire le grammairien responsable du *De uerbo*. Il faut y ajouter, dans un espace culturel assez différent, l'*Adbreuatio* inédite d'Ursus de
Bénévent, si l'on en croit MORELLI, 'I trattati', p. 290, n. 3.

II – ANALYSE DU TRAITÉ

tine possède une terminologie foisonnante héritée de siècles de réflexion d'orientations divergentes. Cette richesse doctrinale est souvent réduite, dans les présentations scolaires que nous possédons, au signalement de désignations alternatives des faits linguistiques au fil du texte. En revanche, il est plus rare que les grammairiens récapitulent ce matériel sans ordre évident en début ou en fin de chapitre comme le fait l'auteur du *De uerbo* pour certaines des notions les plus importantes de son ouvrage[29] :

> – le verbe : *pars orationis, pars precipua, membrum maximum, caput, fundago, crepido, ministratrix, significatrix, principalis pars* ;
> – le mode : *species, metessin* [*scil. metathesis*]*, conuersio, transfiguratio syllabae* ;
> – l'infinitif : *perpetuum, impersonatiuum, significatiuum* ;
> – les *uerba gerendi* : *tipici, sopina, participalia* ;
> – la conjugaison : *distinctio, ordo, species, qualitas, modus, deferentia, declinatio, siscima* [*scil. syskêma*]*, collectio, sinsugia* [*scil. syzygia*]*, conclusio.*

Tous ces termes ne se situent pas sur le même plan que celui qu'ils expliquent. On reconnaît aisément des hyperonymes dans *pars orationis* (le verbe est l'une des parties du discours), *species* (le mode est l'une des deux espèces du verbe), *participale* (supins et gérondifs forment un sous-ensemble des mots ressemblant aux participes), *declinatio* (terme général spécialisé dans un second temps pour la flexion nominale[30]). C'est moins une inclusion qu'une forme de métonymie qu'évoque *tipicus*, dérivé sur un nom de la « marque ». À l'inverse, les trois termes retenus pour l'infinitif semblent plutôt désigner ses caractéristiques : indéfinition en temps et en personne mais définition en voix ou diathèse. De façon plus dynamique mais dans le même ordre d'idées, *supinum* signifie un retournement qui n'est qu'une des propriétés des *uerba gerendi*, propriété qu'ils partagent avec les passifs. Le mode et la conjugaison reçoivent des équivalents qui prennent leur sens non pas dans le système des parties du discours mais dans celui de l'organisation des formes fléchies en listes, qu'il s'agisse de désigner les mécanismes morphologiques et phoné-

---

[29] Nous reprenons ici, en poursuivant la réflexion, des observations publiées dans CONDUCHÉ, 'La terminologie'.

[30] En dépit de la spécialisation dans les textes grammaticaux, on le trouve jusque chez Augustin avec le sens général dont BERMON, *La signification et l'enseignement*, p. 270, rappelle qu'il faut le traduire par « flexion ».

40 INTRODUCTION

tiques permettant de générer les formes : *metathesis* et sa traduction *conuersio, transfiguratio syllabae, deferentia* et *distinctio*, ou les séries elles-mêmes : *ordo, siscima* traduit par *collectio, sinsugia* traduit par *conclusio*. Enfin, les équivalents proposés sont parfois moins techniques, comme *modus* et *qualitas* appliqués dans leur sens le plus vague à la conjugaison.

Cela dit, la présentation usuelle des notions linguistiques est hiérarchisée et arborescente, dans le *De uerbo* comme dans les grammaires antiques : chaque partie du discours a des accidents, chacun de ces accidents à son tour peut être divisé en sous-catégories, qui ont chacune une ou plusieurs instances. Telle est la représentation des catégories linguistiques qui génère le plus de listes dans la grammaire latine en général et dans l'opuscule qui nous intéresse en particulier. Le plan que nous avons proposé ci-dessus donne une idée de cette arborescence, sur laquelle nous ne reviendrons pas plus longuement. Notons simplement que les conjugaisons reçoivent des numéros d'ordre, que les nombres sont singulier et pluriel, que la figure est simple ou composée, que les temps sont au nombre de cinq et que les personnes sont trois (celles du singulier). C'est généralement au niveau des dernières instanciations qu'apparaissent les synonymes proprement dits. Il arrive qu'une terminologie soit évoquée pour être aussitôt rejetée sans être au préalable expliquée. Il en va ainsi d'une série de noms de modalités (par. 25), dont il sera question ci-dessous, et du duel[31]. À l'inverse, le grammairien retient la division la plus riche pour les conjugaison, avec quatre modèles comme on le verra plus bas p. 61, et fait allusion à un regroupement des catégories de neutre et de déponent sous l'étiquette de neutre (32, 518)[32].

Dans le schéma de présentation dont le modèle parfait est réalisé par l'*Ars maior* de Donat, chaque notion grammaticale doit être accompagnée d'une définition et d'un exemple. Les définitions données par le *De uerbo* ne sont pas normalement originales et sont puisées à une variété de sources. Plusieurs sont parfois convoquées pour la définition d'une même notion, comme nous l'avons déjà observé dans la définition du verbe lui-même :

---

[31] Pour un point sur le duel chez Servius et, plus largement, les grammairiens latins, voir NICOLAS, 'Traces du duel'. Sur la mode, voir p. 50-54.

[32] FLOBERT, *Les verbes déponents*, p. 16-17.

II – ANALYSE DU TRAITÉ

– trois ou quatre définitions : mode, conjugaison, temps, personne, indicatif, gerondif
– deux définitions : genre, nombre, optatif, actif, neutre, déponent, présent, passé, futur.

On voit que le grammairien a pris soin de recueillir des formules exprimant des points de vue divers et qu'il a rassemblé d'autant plus de définitions différentes que les caractéristiques envisagées étaient importantes. Un tel procédé conduit assez facilement à juxtaposer des définitions contradictoires, qui ouvrent la voie au rappel de débat plus ou moins anciens et hérités.

La définition des concepts de la grammaire ne se distingue pas de la motivation des termes. Très souvent, lorsque la définition est unique, elle se limite à une étymologie qui tend vers la simple figure étymologique : *meditatiua-meditatus-meditatio*; *inchoatiua ab inchoando*; *perfecta a perficiendo*; *frequentatiua a frequentando*; *iteratiua-iteratum opus*; *indicatiuus-indicare*; *pronuntiatiuus-pronuntiare*; *finitiuus-difinire*; *promissiuus-promittere*; *imperatiuus-imperare-imperium*; *optatiuus-optandum*; *subiunctatiuus-subiungere*; *infinitiua qualitas non difinita*; *impersonalis non personae*; *gerendi quia gerunt*; *participalia participiis similia*; *coiugatio-coniugere*; *genus-gignere*; *actiuum-agere*; *deponens-deponere*; *inperfectum-non perfectum*. Pour les notions les plus importantes, les *accidentia* eux-mêmes, qui font l'objet de confrontation entre plusieurs définitions, l'une d'elle prend généralement la forme d'une étymologie pleinement rédigée. Tel est le traitement des termes *forma*, expliqué par *informare*, *modus*, expliqué par *admodum*, *coniugatio*, par *coniungere*, *genus*, par *gignere*, *numerus*, par *numbus* (pour *nummus*), *tempus*, par *temperamentum* et *persona*, expliqué par *sonare*[33]. Il y a là un indice du caractère compilatoire du traité. En effet, les généralités sur la définition rappelées dans l'introduction n'ont pas de conséquence sur la présentation des définitions dans le cours de l'exposé, qui mêle étymologies des termes techniques et définitions substantielles.

---

[33] À l'exception de l'étymologie de *persona*, dont l'origine ultime se trouve chez Boèce, toutes ces étymologies sont isidoriennes.

42 INTRODUCTION

2. Règles de formation

Le *De uerbo* n'est pas un traité qui reprend le type antique des *Regulae*. Il ne donne presque pas de règles précises de création des formes verbales, même dans sa troisième partie. Dans l'étude des *accidentia*, les règles de formation sont abordées de manière très inégale. Il n'en est pas question dans les chapitres consacrés aux modes, au nombre et à la personne. Des règles très succinctes apparaissent pour l'impersonnel, le gérondif et le supin, les groupes de conjugaison, le genre et la composition. Elles sont systématiquement présentes dans l'étude des *formae*, ce qui correspond bien à l'orientation lexicologique que l'auteur du *De uerbo* a donnée à son ouvrage. Dans une tradition qui néglige largement la syntaxe, les règles de construction (par. 43-44) sont traitées comme une extension des règles de formation.

Sur la question de l'impersonnel, le *De uerbo* adopte la position la plus large (16, 266). Contrairement à Donat (632, 12) qui ignore les impersonnels en *-a-*, mais à la suite de Consentius (371, 9–372, 7) qui les admet, le *De uerbo* retient des impersonnels pour les trois conjugaisons traditionnelles. Quant aux rapports entre formes personnelles et impersonnelles des verbes, il envisage deux configurations. Dans la première, celle des formes en *-at*, *-it* et *-tur*, les formes employées comme impersonnels coexistent à côté d'une conjugaison personnelle et l'impersonnel constitue un sens particulier du verbe : *iuuat* (c'est un plaisir) à côté de *iuuo* (j'aide), *contingit* (il arrive) à côté de *contingo* (je touche) et *legitur* (on lit) à côté de *lego* (je lis). Dans la seconde configuration, celle des formes en *-et*, il existe des verbes purement impersonnels et d'autres qui possèdent également une conjugaison personnelle. Enfin, le cas particulier de *miseret* est abordé.

Le gérondif est décrit (19, 332) comme dérivé du participe présent (nominatif singulier) par substitution de *-d-* à *-s* et ajout des trois désinences. Le supin, traité en même temps, est présenté comme une troncature d'un infinitif futur périphrastique avec *ire*[34].

---

[34] Les grammairiens latins présentent deux formations symétriques d'infinitif futur : l'une passive, en supin + *iri*, attestée à l'époque classique, principalement chez Cicéron, et l'autre active, en supin + *ire*, qui peut se comprendre comme une interprétation temporelle du sens prospectif inhérent à

II – ANALYSE DU TRAITÉ

Sur les groupes de conjugaison, il est dit en deux étapes (27, 456 et 469-473) qu'on les distingue en fonction de la voyelle désinentielle de la deuxième personne du singulier du présent de l'indicatif, qui peut être *a, e, ĭ* ou *ī*. Les autres informations se trouvent réparties entre les chapitres de la troisième partie.

Les *genera* des verbes sont d'emblée définis par leur finale : *-o* pour les actifs et les neutres, *-r* pour les communs et déponents, ce qui est traditionnel dans la grammaire latine mais rare dans ce traité. Le *De uerbo* se singularise en mettant en relation formation des voix active et passive et étymologie du terme technique (28, 475-476) : l'ajout ou la suppression du *-r* à une voix engendre l'autre[35].

En matière de composition, le *De uerbo* connaît, très classiquement, quatre configurations possibles (35, 562-564) : soit les deux éléments du composé sont des mots attestés séparément, soit aucun des deux ne l'est, soit l'un des deux l'est et l'autre non (ce qui fait deux possibilités en tenant compte de l'ordre). En outre, il signale la possibilité de composés de plus de deux termes.

Pour les *formae*, la description des formations est plus précise et suffisamment systématique pour qu'on puisse la résumer sous forme de tableau.

	Désidératif	Inchoatif	Parfait	Fréquentatif
origine (lexicale)	toutes conjugaisons (1, 2, 3, 4 et anomaux)	1ère conjugaison : actif, neutre 2ème conjugaison : neutre, commun, déponent 3ème conjugaison : neutre, déponent 4ème conjugaison nom : commun, propre verbe neutre	aucune (primaire), nom, adverbe ou verbe	– quatre conjugaisons et cinq genres – aucune (primaire), verbe perfectif, nom

---

cette construction. L'idée déroutante d'Eutychès (452, 7), désigner l'infinitif futur, forme analytique, comme base de dérivation des dérivés sur thème de supin s'éclaire si l'on tient compte de la forme contractée en *-turе*, attestée très marginalement, par exemple *nuptuire* chez Martial 3, 93, 18.

[35] Pour une présentation générale des voix et diathèses verbales chez les grammairiens latins, avec le larges citations des textes pertinents, voir HOVDHAUGEN, 'Genera verborum'.

	Désidératif	Inchoatif	Parfait	Fréquentatif
base de dérivation (morpho-logique)	infinitif futur ou participe	2ème personne du singulier de l'indicatif présent		(suffixation récursive jusqu'à n=4)
suffixe	-urio	-sco		-tito, consonne + -to, -so, -exo, -lo, -zo
pénultième			voyelles e, i, u (o) toutes consonnes sauf f, k, q	
modèle du dérivé	4ème conjugaison	3ème conjugaison	tous modèles	1ère conjugaison (exceptions 3ème) actif
flexion du dérivé	tous les temps	défectif aux parfait, plus-que-parfait, participes passé et futur, supin		

Les constructions verbales sont traitées comme des règles de formation. On le voit à la position que leur traitement occupe, à la fin de la deuxième partie du traité. Elles apparaissent comme un développement du chapitre consacré à la personne. En effet, après la définition des personnes (par. 41), le texte passe à un exposé (par. 42) qui superpose chaque personne, prise en fonction de sujet, à un emploi d'un cas. Deux paramètres sont pertinents, le cas concerné et la contrainte sur sa présence, cette dernière exprimée par une terminologie imagée en partie empruntée au domaine des rapports sociaux :

– première personne : nominatif, non contraint (*admittere, admisio, libertas*)
– deuxième personne : vocatif, contraint (*trahere*)
– troisième personne : nominatif, contraint (*trahere, necessitas, uis, seruitus*).

À ce stade, il s'agit encore du traitement de la personne, mais ce thème a conduit à celui des constructions des verbes avec les cas, et le texte poursuit sur cette lancée en insérant à ce point une étude complète de la question cas par cas (par. 43-44) :

– génitif : obliuiscor, memor sum, misereor, pudet, piget, paenitet, reminiscor, taedet, memini, indigeo ;

II – ANALYSE DU TRAITÉ

– datif : maledico, suadeo, mando, cedo, ministro, largior, dono, obsequor, aduersor, gratificor, subscribo, adsum, pareo, mando, maledico, suadeo, inputo, parco, noceo ;
– accusatif : decet, paenitet, piget, iubeo, calumnior, concedo, tous les verbes transitifs actifs, odi, noui ;
– vocatif : deuxième personne
  • parenthèse sur la première personne qui reçoit le nominatif à condition qu'il y ait un paradoxe exprimé
– ablatif :
  • sans préposition : fruor, potior, utor ;
  • avec préposition : abhorreo ab, discedo ab, discrepo ab, absum ab, disentio ab, maledicor ab.

On y reconnaît les chapitres présents dans les grammaires antiques souvent sous le titre d'*idiomata casuum*. Le compilateur a utilisé plusieurs sources sans les harmoniser, comme le montre la répétition d'exemples légèrement différents avec *maledico, suadeo* et *mando*. L'ensemble est très descriptif et les règles proprement dites applicables à plusieurs situations sont très rares. On peut y compter la remarque portant sur l'emploi d'un nominatif avec les verbes à la première personne à condition qu'ils expriment des *res contrariae*. De plus grande portée est ce qui concerne les verbes transitifs actifs : qu'ils se joignent à l'accusatif (43, 674-675) et que les verbes construits avec l'accusatif se mettent au passif (44, 689-690).

3. Exemples

Le *De uerbo* n'a pas fait preuve d'originalité dans le choix de ses exemples. Au contraire, ceux-ci sont de bons guides classiques dans la recherche des sources. Selon les chapitres, la faveur est donnée aux formes isolées (*facio*), aux séries de formes illustrant les mécanismes morphologiques (*cano canto cantito* ; *doceo edoceo*) ou aux phrases minimales (*cum dixero uenies* ; *adsum clienti*).

Au niveau des unités lexicales, conformément à la tradition, apparaissent en premier lieu les verbes liés aux activités des grammairiens et de leur classe (*lego, scribo, sedeo*). Le vocabulaire tardif et les usages patristiques sont pleinement intégrés au latin de la description grammaticale :

– *lecturio* (l. 78), exemple de grammairien présent en emploi chez Sidoine Apollinaire (epist. 2, 10, 5 ; 7, 18, 4 et 9, 7, 1)[36] ;

---

[36] *Thesaurus* 7, 2, col. 1096, 17-25.

46 INTRODUCTION

– *gemesco* (l. 95), qui a une modeste présence littéraire à partir de Claudien (18, 178 et rapt. Pros. 3, 130)[37] ;
– *uescito* (l. 135), employé par saint Jérôme[38] ;
– *imnizo* (l. 141), création latine, apparue dans des contextes de traduction (vieilles-latines, Irénée) et employée à l'occasion par saint Augustin (in psalm. 33 serm. 2, 22)[39] ;
– *habet* et *latet* impersonnels (l. 272), s'il faut penser à des constructions de ces verbes sans nominatif mais avec un accusatif, repérables respectivement chez saint Jérôme et Tertullien[40] ;
– *resipio*, attribué à la quatrième conjugaison (578), se trouve effectivement à l'infinitif *resipire* chez Juvencus (Evangelia 3, 181) et nulle part ailleurs apparemment ;
– *typicus* (en mention l. 350).

En revanche, on ne relève rien de spécifiquement médiéval. Il est certain que tous les termes archaïques sortis de l'usage présents dans le *De uerbo* lui ont été transmis par des traités grammaticaux antérieurs. Notre traité en effet a une unique citation de Térence, faite de seconde main (par. 17). Il ne copie jamais les attestations données par ses sources pour les mots et formes rares et généralement archaïques comme *amasco*, *amatio*, *grecizo* (dans les éditions de Plaute *graecisso*[41]), *cedo*, *cedite*, *ai*, *uenor* et *aucupor* passifs, *liceor*. À ces listes s'ajoutent des formes d'attestation exclusivement grammaticale : *amaturio* (l. 77), *crassesco* (91), *dormesco* (96, pour *dormisco* ailleurs), *antonesco* (98), *uolito* (133), *algito* (134), *inito* (136), *uagillo* (138)[42], *lapsito* (144), *dormiturio* (145), *piscor a te* (505). Le dernier exemple est sans doute amené par la mise en série avec *aucupor* et *uenor*, qui ont des passivations attestées[43]. Tous les autres sont concentrés dans le chapitre consacré aux *formae*. Dans la mesure où il s'agit de dérivations selon des modèles productifs, il est très vraisemblable que les grammairiens aient créé des formes non attestées par

---

[37] *Thesaurus* 6, 2, col. 1749, 21-32.
[38] *Commentarius in Ecclesiasten* 4, 5 : « *carnis operibus uescitans* », qui est cité dans la grammaire de Clément Scot en 66, 27.
[39] *Thesaurus* 6, 3, col. 3143, 13-27.
[40] *Thesaurus* 6, 3, col. 2461, 78–2462, 11 et 7, 2, col. 997, 36. En outre, *habet* impersonnel évoque la construction correspondante de l'espagnol et du français.
[41] BIVILLE, *Les emprunts*, p. 113-114.
[42] Donat et Malsachanus ont *uacillo*, mais la forme *uagillo* est défendue par Cledonius (55, 2) et à sa suite l'anonyme *ad Cuimnanum* (13, 423-431), donc nous la conservons.
[43] FLOBERT, *Les verbes déponents*, en particulier p. 350 et 360.

II – ANALYSE DU TRAITÉ

47

ailleurs pour compléter leurs séries d'exemples. Dans cette hypothèse, le grammairien auteur du *De uerbo* a très bien pu apporter sa pierre à l'entreprise en ajoutant *docturio, minuturio, zetizo*, non attestés par ailleurs pour l'instant. Il a également créé des monstres en alignant la base de dérivation sur l'*infectum*: *algito* (au lieu de *alsito*[44]) sur *algeo, currito* (au lieu de *cursito*) sur *curro*. Certaines créations portent la marque de la culture scolaire au sens le plus étroit du terme, en particulier *antonesco* qui, dans la source ultime (Consentius 376, 33 et 377, 6), fait couple avec *lentulizo*, peut-être une allusion à des exercices de rhétorique dans lesquels un élève adoptait le rôle et composait le discours d'Antoine ou de Lentulus.

On retrouve cette même culture scolaire dans les *exempla ficta* que le compilateur du *De uerbo* a empruntés à ses sources. Certains décrivent des situations typiques de l'école: certainement *ad scolam ibo deinde lecturio* (5, 78), peut-être *uerberor innocens* (42, 656), qui peut aussi venir de la comédie. Le texte des grammaires classiques devient exemple d'usage: ainsi, la définition de la grammaire par Scaurus, *scientia interpretandi poetas*, est-elle donnée comme exemple d'emploi du gérondif (l. 327)[45]. Les grands hommes de l'Antiquité apparaissent dans leur attitude propre: *loquitur Cato* et ce qui suit (661-663), *Virgili scribe* et *Cicero responde* (677). Il s'agit de vestiges car les auteurs classiques ne sont présents que par l'intermédiaire des sources grammaticales exploitées par le *De uerbo*. Même en tenant compte de ce fait, la conservation des citations littéraires profanes dans le *De uerbo* paraît un peu aléatoire. On les trouve concentrées dans les chapitres consacrés aux impersonnels et aux *uerba gerendi*. Le total est très limité: une citation de Térence (l. 290 = *Phormion*, prologue, v. 28), une attribuée à Cicéron suite à une erreur de Consentius (304 = Caton, *Fragm. incertarum orationum* 2 (Jordan) cité par Quintilien, *Institution oratoire* 9, 2, 21), cinq de Virgile (304 = *Énéide* 5, 638; 324-325 = *Énéide* 4, 117-118; 367-368 = *Bucoliques* 8, 69; 369 = *Bucoliques* 3, 25; 1613-1614 = *Énéide* 12, 316-317), une attribuée à Perse (247 = Ioh., 4, 7) et une autre authentique

---

[44] Verbe lui-même d'attestation uniquement grammaticale, en particulier chez Malsachanus 198, 28.

[45] On la lit de nos jours dans la grammaire d'Audax (*GL* 7, 321, 6) et dans l'*Epitome Scauri* (*GL* 6, 188, 1), texte attribué avec vraisemblance à Marius Victorinus, selon HERZOG-SCHMIDT, V, par. 522.2.

48 INTRODUCTION

mais approximative (49-50 = *Satire* I, 9). La Bible ne fournit guère plus de citations, mais l'auteur du *De uerbo* les connaissait mieux, semble-t-il. C'est en ce domaine seulement qu'il a complété ses sources avec deux exemples de son choix et en remaniant un troisième dont il héritait. Un tableau synoptique permettra de voir rapidement que le *De uerbo* ne vérifiait pas le texte de ses citations sur celui de la Vulgate : il gardait celui de ses prédécesseurs grammairiens ou, lorsqu'il a pris des initiatives, éventuellement citait de mémoire, peut-être même des formules apprises à travers la prédication.

De uerbo	Citation	Intermédiaire possible	Intervention propre au *De uerbo*
17 : *recurre, festina, suscita amicum tuum*	Prov. 6, 3 : *discurre festina suscita amicum tuum*	groupe Malsachanus-Clemens Scot	aucune
48 ; 247 *da m(ih)i bibere*	Ioh. 4, 7 : *da mihi bibere*	multiples	aucune
326-327 : *potestatem habeo ponendi animam meam pro ouibus meis*	Ioh. 10, 18 : *potestatem habeo ponendi eam* + Ioh. 10, 15 : *et animam meam pono pro ouibus meis*	Malsachanus (avec la variante assez répandue *animam meam*)	ajout de Jean 10, 15
327-328 : *principium loquendi deum*	Os. I, 2 : *principium loquendi Domino*	Malsachanus (avec la variante *dominum*)	*deum*
391-392 : *potestatem habeo ponendi animam meam*	Ioh. 10, 18 : *potestatem habeo ponendi eam*	Malsachanus	aucune
394-395 : *primum omnium deum timendum et diligendum*	cfr PROSP., *Expos. Ps.* 145, 53 : *Et timendum deum commendauit et amandum*	aucun	texte isolé
436 : *non adorabis deos alienos*	Ex. 23, 24 : *non adorabis deos eorum*	Malsachanus (avec la variante *alienos*)	aucune
637-639 : *non sunt condigne passiones huius temporis ad superuenturam gloriam quae reuelabitur nobis*	Rom. 8, 18 : *non sunt condignae passiones huius temporis ad futuram gloriam, quae reuelabitur in nobis*	Anonymus ad Cuimnanum (jusqu'à *temporis*)	*superuenturam* attesté dans plusieurs témoins des vieilles-latines et chez les pères de l'Eglise

II – ANALYSE DU TRAITÉ

49

De uerbo	Citation	Intermédiaire possible	Intervention propre au De uerbo
666: *miserior huic turbae*	Marc. 8, 2: *misereor super turbam*	Malsachanus (avec le datif)	variante attestée dans plusieurs témoins des vieilles-latines et chez les pères de l'Eglise
1766-1767: *arcessito centorione*	Marc. 15, 44: *arcessito centurione*	[cité par Smaragde, *Liber in partibus Donati*, «*de uerbo*», l. 1242, avec une attribution aux *Actes*]	*arcessito* attesté dans deux témoins de l'*Itala*.

Dans leur grande majorité les exemples du *De uerbo* sont illustratifs et entrent dans une présentation en trois temps: dénomination/définition, règle de formation, exemple. La fonction de l'exemple est sans doute plutôt de fixer le nom et la description abstraite sur une forme connue. Dans ses deux premières parties, le traité est économe d'exemples et ne vise donc pas à enrichir le vocabulaire de son lecteur. Une exception massive est celle des deux derniers paragraphes (43-43, et dans une certaine mesure déjà 42), qui présentent une collection de constructions verbales. Bien que ces dernières soient présentées comme des exemples illustratifs d'une série de règles (construction du verbe avec le génitif, le datif, l'un ou l'autre, etc), leur visée réelle ne peut être que de faire retenir les tournures présentées, dans une perspective phraséologique. Les constructions qui s'écartent de la norme majoritaire sont privilégiées (verbes transitifs avec un complément à un autre cas que l'accusatif), sans qu'il s'agisse pour autant de verbes rares. Une troisième configuration se présente dans laquelle l'exemple est glosé (*facito legito, id est semper fac semper lege* l. 193-194) ou, plus généralement, commenté et éventuellement reformulé (voir la discussion sur *per quem res geritur* au paragraphe 17). La relation entre l'exemple et la théorisation s'inverse alors et l'exemple devient le point autour duquel se construit la nomenclature ou la définition. L'adoption d'une telle perspective, que l'on pourrait dire philologique, est l'un des aspects de la présence occasionnelle dans le *De uerbo* de discussions sur le fond de la doctrine grammaticale. Il convient par conséquent d'étudier ces discussions dans leur ensemble en tenant compte à la fois de leur histoire, de leur dimension théo-

50   INTRODUCTION

rique et des faits de langue qu'elles instituent comme problématiques.

4. Présence des débats de fond

En dépit de la tendance de l'ouvrage à une certaine sécheresse, il arrive que, dans le *De uerbo*, s'élève le débat grammatical et que le grammairien développe le traitement des points qui ont suscité des débats théoriques. Ce phénomène concerne les notions centrales de mode (avec un développement particulier pour les gérondifs et supins), de temps et de conjugaison.

Les contours du chapitre sur les modes sont flottants. Au paragraphe 10, on trouve dans le manuscrit un intertitre «*de modis*», qui ouvre une séquence dont le paragraphe 25 forme la conclusion. Mais à l'intérieur de cette séquence, on lit un second intertitre «*de uerbis gerendi*», dont le développement couvre les paragraphes 19 à 24. Ces *uerba gerendi* n'apparaissent pas dans les listes récapitulatives des modes (11, 167-168 et 25, 432-434). Il semble donc que le développement consacré aux modes (par. 10-18 + 25) a reçu, lors de la dernière phase de composition du traité, l'insertion d'un sous-chapitre (par. 19-24) sur une catégorie, les *uerba gerendi*, dont le statut modal est incertain. Nous pouvons donc considérer que nous sommes en présence de deux chapitres distincts, l'un sur les modes proprement dits et l'autre sur les *uerba gerendi*. L'inclusion de l'impersonnel parmi les modes ne va pas non plus de soi. Sur ce point en effet, les deux traités tardo-antiques qui constituent la référence élémentaire du *De uerbo* divergent. Donat l'inclut dans la liste des modes tout en signalant que cette analyse n'est pas universellement admise (632, 12). Consentius en revanche a une liste de cinq modes, sans l'impersonnel (374, 14-18). Le *De uerbo*, héritant de ce débat, prend le parti de Donat en plaçant l'impersonnel dans la liste des modes, mais dans le développement qu'il lui consacre, rapporte les arguments de Consentius (370, 24-28) pour faire de l'impersonnel non pas un mode, mais un *genus* de verbe.

La définition du mode verbal pose problème. Le *De uerbo* y consacre un paragraphe entier (10), dans lequel sont accumulées les citations, souvent référencées, des prédécesseurs. Trois formules sont présentées comme des définitions du mode (10, 153-157). Le mode bénéficie en outre d'une bipartition, elle-même expliquée de deux manières (10, 158-165). Curieusement, au milieu de toutes ces hésitations, il apparaît une définition (10, 157) qui reste à notre connaissance sans parallèle et qui semble fonctionner en tandem avec l'une des définitions de l'indicatif (11, 169)[46]. La justification du nom *modus* est tirée d'Isidore de Séville, mais le compilateur en a déformé le texte d'une façon qui en fait une étymologie alors que ce n'en était peut-être pas une. Isidore (*Etym.* 1, 9, 4) notait que les modes reçoivent leur nom de leur signification : «*Modi dicti ab eo, quemadmodum sint in suis significationibus*». Il s'agit d'un commentaire sur le choix des termes : l'indicatif indique, l'impératif ordonne, etc : toutes ces désignations sont sémantiques. Pourtant, le *De uerbo* a déformé la phrase d'Isidore dans le sens d'une définition sémantique de la notion de mode verbal elle-même (10, 153-154) : «*modi sunt dicti eo quod admodum nos docent suis significationibus*». *Quod admodum* vient probablement d'une erreur mécanique de résolution d'abréviation. *Nos docent*, en revanche, est une innovation purement interprétative, ou un contresens fructueux si l'on veut. Le responsable de cette déformation a tiré la phrase d'Isidore vers une définition sémantique de l'ensemble des modes verbaux, probablement parce qu'il cherchait à caractériser les modes verbaux dans leur ensemble comme porteurs de sens. Les sources antiques conservées qu'exploite le *De uerbo* (Donat, Consentius, Diomède) ne donnent que des schémas arborescents (10, 157-165) ou des caractérisations morphologiques (10, 154-156). En conséquence, soit qu'il l'ait trouvée dans une source pour nous perdue, soit qu'il l'ait élaborée lui-même, l'auteur du *De uerbo* donne des modes verbaux une définition, *capacitates diuersae nuntiationis actuum in uerbis*, que nous proposons de traduire «les aptitudes qu'ont les verbes de notifier les actes avec des nuances»[47]. Deux arguments sont en mesure de justifier cette traduction, l'un d'ordre terminologique, l'autre plus idéologique. La difficulté de la phrase, au premier abord tient à la présence de deux termes rares, *capacitas* qui semble bien une innovation du *De uerbo* mais se comprend facilement, et *nuntiatio*, qui remonte à Servius commentateur de la grammaire de Donat (*GL* 4, 431, 26) mais n'appa-

---

[46] L'inspiration et la terminologie rare sont peut-être à rechercher dans l'*Ars Ambrosiana* (104, 426-431).

[47] Nous reprenons ici les arguments développés dans CONDUCHÉ, 'La terminologie', p. 73-74. Je remercie G. Bonnet pour sa brillante traduction de *capacitates*, que j'adopte.

52 INTRODUCTION

raît que de façon sporadique chez les grammairiens. Traditionnel-
lement, on analyse *nuntiatio* comme l'un des noms de la forme,
équivalent voire déformation du composé *pronuntiatio*[48]. L'*Ars
ambrosiana* est le seul texte publié à ce jour qui fasse un usage
massif du terme *nuntiatio*. Au terme d'une analyse détaillée des
apports de ce traité, Louise Visser a montré que le terme pouvait
se charger d'une désignation des éléments du sens qui sont fac-
teurs de variation dans les formes[49]. Compte tenu de ce résultat,
et des emplois de *nuntiatio* au sens d'«annonce» hors du champ
grammatical, nous avons fait l'hypothèse d'un croisement entre
un sens technique purement morphologique et un sens général
plus sémantique. L'étude terminologique de *nuntiatio* nous ouvre
donc la possibilité de paraphraser la formule du *De uerbo* comme
suit: les modes sont des variations dans la forme des verbes qui
recouvrent des variations dans la notification des procès. Cette
solution intéressante au problème de la définition du mode verbal ne paraît pas avoir fait école.

L'inventaire des modes verbaux reste instable. Le traité en énumère six réguliers: indicatif, impératif, optatif, subjonctif, infinitif
et impersonnel. Ce sont les six que l'on trouve chez Donat (632, 6-
11). Cela dit, outre l'insertion du chapitre sur les *uerba gerendi*,
deux points restent ouverts à la discussion s'agissant des modes
dits «réguliers». Le premier est très théorique. Il s'agit de présenter une subdivision des modes personnels sur une base sémantique: chaque valeur reconnue à un mode deviendrait un mode à
part entière ou, si on veut, chaque modalité constituerait un
mode. Dans les faits, la grammaire de l'Antiquité tardive a résolu
la question en limitant les modes personnels à quatre (indicatif,
impératif, optatif, subjonctif), ce qui conduit déjà à reconnaître
deux modes, optatif et subjonctif, pour une seule série de formes
(13, 211-212)[50]. Mais les grammaires du haut Moyen-Âge, à la suite
des traités les plus complets de l'Antiquité tardive, mentionnent
encore les noms des *modi* supplémentaires. Le *De uerbo* en réfute
certaines au fil du chapitre et donne au paragraphe 25 une liste
récapitulative qui ne correspond pas exactement.

---

[48] HOLTZ, *Donat*, p. 294, n. 63.

[49] VISSER, 'Heritage and Innovation', p. 26-30.

[50] Un début de remise en cause, encore très implicite, de cette répartition
pourrait se trouver dans Ps. AVG., *Ars breuiata*, par. 51, à lire avec les notes
de commentaire de BONNET, p. 69-70.

Nom du mode	Mention(s)	Histoire[51]	Description	Réfutation
promissiuus	176-183 ; 433	Tous les grammairiens latins le mentionnent et en discutent.	futur de l'indicatif	Un mode ne peut avoir un seul temps ; limité aux verbes de sens plaisant ; absent du grec.
exortatiuus	190-191 ; 433	Diomède (397, 5-6) pour l'exhortation à la deuxième personne ; *exhortatiuum sensum* chez Macrobe (107, 8-11) pour la première personne du pluriel.	«impératif» première personne	C'est un *sermo*.
mandatiuus	194-196	Définition chez Diomède (339, 17-18).	impératif troisième personne	C'est un *sermo*.
reuelatiua species ou relatiuus modus	230-231 ; 433-434	Définition chez Diomède (395, 13-28).	subjonctif d'interrogation indirecte	
adfirmatiua species ≈ concessiuus modus?	232-235 ; 434	Définitions chez Diomède (396, 14– 397, 10).	subjonctif parfait (affirmation atténuée)	
percunctatiuus	434	Sans définition chez Diomède (338, 9); avec chez Victorinus (*GL* 6, 201, 25).	interrogation par -*ne*	

En définitive, seul le *promissiuus* reçoit une réfutation en forme. Les deux suivants sont directement considérés comme des tournures plutôt que des modes et la légitimité des trois derniers n'est pas discutée. Une telle inconstance dans l'exposé convient bien à un chapitre formé de sources hétérogènes sans

---

[51] D'après SCHAD, *Lexicon, s.uu.*

54   INTRODUCTION

travail d'harmonisation. On le voit aux doublets terminologiques qui restent: *modus* comme le veut l'usage le plus répandu ou *species* à la suite de Diomède, *relatiua* (anaphorique) avec Diomède ou *reuelatiua* (explicitante) d'après Virgile le grammairien[52].

Quels que soient les modes personnels retenus, ces derniers sont strictement distincts des modes non personnels. La division des modes en définis et indéfinis est rappelée à plusieurs reprises (10, 158-159; 15, 236-237), ainsi que les points sur lesquels porte l'(in)définition: temps, personne, nombre. Au sens strict, une telle opposition ne convient bien qu'à l'indicatif et à l'infinitif, mais la tendance est de ranger tous les modes personnels du côté de l'indicatif et de rapprocher l'impersonnel de l'infinitif. Ces deux modes en effet partagent l'absence de flexion personnelle. Comme souvent, la question est posée par l'intermédiaire de la terminologie: il existe un nom alternatif, *impersonatiuum*, pour l'infinitif, que l'on ne retient pas, de même que l'on n'emploie pas *impersonalis*. Le choix est justifié par une distinction entre l'absence de personne, caractéristique de l'impersonnel, et qui rend nécessaire l'adjonction de pronoms, et la présence confuse de la personne dans l'infinitif (par l'intermédiaire du verbe recteur dans les phrases comprenant des propositions infinitives). Même avec les modes non personnels, il faut à tout prix retrouver la personne[53]. Tel est en particulier le fil directeur de l'exposé sur l'impersonnel: les deux questions majeures sont la présence d'une morphologie personnelle dans les verbes impersonnels (16, 266-274) et la *discriminatio personarum*, c'est-à-dire des agents du procès, dans les phrases dont le verbe se trouve à une forme impersonnelle (16, 276-286 et 17, 287-293).

---

[52] Sur *species* désignant les modes chez Diomède, voir SCHAD, *Lexicon*, *s.u.* '*modus*'. La déformation de *relatiuus* en *reuelatiuus* commence peut-être avec VIRG. GRAMM. (310, 11.18 et 314, 77 Polara) qui l'emploie pour qualifier les pronoms anaphoriques (*is, ea, id*) et des conjonctions (*scilicet*). *Ad Cuimnanum* reprend l'expression *pronomen reuelatiuum* pour les anaphoriques (11, 149) et étend (13, 230) le terme au subjonctif de discours indirect, *reuelatiua species uerbi*, dans une paraphrase du développement de Diomède (393-395) que le *De uerbo* résume en 14, 223-231. Il y a donc une présomption assez forte d'utilisation de l'anonyme *Ad Cuimnanum*, ou de l'exemplaire de Diomède que ce dernier a utilisé, par l'auteur du *De uerbo*.

[53] Comme le faisait remarquer avec humour DESBORDES, *Idées grecques et romaines*, p. 253.

Si la question de la nature modale de l'impersonnel reste, en termes de doctrine, suspendue, le chapitre sur les *uerba gerendi* fait figure d'ajout hors-plan. Le *De uerbo* en donne une explication historique (19, 330-331) : c'est parce que Donat ne traite pas la question que le chapitre, compilé à partir d'autres sources, est greffé à la fin du traitement des modes sans avoir été annoncé. De fait, le chapitre *de uerbo* de l'*Ars maior* n'envisage pas les formes de gérondif ni de supin et, si le *De uerbo* n'est pas directement un commentaire sur Donat, il suit néanmoins le plan de Donat amendé par Isidore de Séville. En revanche, les grammairiens qui envisagent ces formes placent bien le développement à la fin de la série des modes, ainsi Diomède (342, 3-27) et Priscien (*GL* 2, 425, 20–427, 9). Néanmoins, le chapitre du *De uerbo* est centré sur le problème du classement de ces formes parmi les verbes (par. 21), les tournures (*sermonis species* par. 22) ou les noms (par. 23). À cette question centrale s'ajoutent les questions liées de la terminologie (par. 20) et des voix verbales qui fournissent les bases de dérivation aux gérondifs et aux supins (par. 24). Quoique le *De uerbo* rappelle les règles de formation (19, 332-337), l'ensemble de la discussion se situe sur le plan syntaxique et sémantique. Cela ne va pas sans poser problème car l'impression qui se dégage du discours passablement confus du *De uerbo*, et que confirme la lecture des traités parallèles, est que ces formes sont envisagées avant tout par rapport aux formes homophones ou quasi-homophones d'adjectif verbal et de participe passé.

C'est de telles comparaisons que les formes envisagées tirent leurs multiples noms, si l'on en croit les témoignages anciens. Le plus évident est *participiale* (20, 353), dérivé de *participium* choisi pour désigner par métonymie les formes ressemblant aux participes passés (nos supins) et futurs passifs (nos gérondifs). Dans la grammaire latine antique, en effet, l'adjectif verbal est considéré comme un participe futur passif. L'entrée de *typicus*, adjectif initialement spécialisé dans le domaine théologique chrétien, dans la terminologie grammaticale est généralement motivée de la même manière. À côté du témoignage du *De uerbo* (20, 347-350), on peut citer celui de Virgile le grammairien (*Epitomae* 9, 71, 10 : «*typici autem uerba ideo dicuntur, quia ex praedicto participio typicata sunt*») et, plus proche de notre traité, celui de Malsachanus (201, 26–202, 2 : «*et hic modus tipici dicitur uel participalis, quoniam similiter participiorum futurum et praeteritum tempus*

56   INTRODUCTION

*habere uidetur, ut legendi do dum lectum tu, sed tamen partici-
pia non sunt sed aliud genus modi eloquutionis*»)[54]. Il est plus
délicat de motiver *gerendi* et *supinum* et le *De uerbo* en est réduit à accumuler les hypothèses jusqu'à la contradiction (20, 338-
344 puis 20, 350-353). Il serait tentant, à notre avis, d'y voir le même
principe de nomination en fonction des participes, transposé sur
le plan de la diathèse : il n'y a d'intérêt à noter que les gérondifs
et supins *agunt* (20, 339) que si l'on s'attend à les trouver du côté
de la diathèse passive comme leurs formes le laisseraient penser.
La chose est plus nette pour les *supina*. Priscien en effet donnait
une motivation du nom (*Ars* 8, *GL* 2, 412, 16-18) : ils viennent
des participes passifs, que certains ont nommés «retournés»
(*supina*)[55]. À première vue, cela ne fait que déplacer le problème
et, surtout, on voit mal pourquoi un nom du participe passif, ou
même du passif, serait spécialisé dans la désignation des supins
et gérondifs, qui n'ont pas la diathèse passive. Le *De uerbo* a pris
le parti de transposer la notion vers la transcatégorisation (20,
350-353) : les *sopina*, dans son interprétation, se renversent de la
classe du nom à celle du verbe, et réciproquement. Mais la présence de *significatio*, un nom de la diathèse, invite à rester dans
le cercle de ces notions. L'explication la plus plausible est que les
supina présentent une inversion de diathèse par rapport aux participes passifs dont ils partagent le thème de formation.

La question de la diathèse est centrale dans la discussion des
uerba gerendi, et pas seulement à cause de la ressemblance formelle avec des formes de passif. Deux questions se croisent : celle
d'une possible indifférence à la diathèse des gérondifs des verbes
transitifs et celle des verbes qui offrent une base à la formation de
gérondifs. Les supins, largement sortis de l'usage, ne sont mentionnés que pour mémoire. La diathèse des gérondifs des verbes
actifs est avant tout une question philologique née de l'interprétation de deux vers des *Bucoliques* : 3, 25 (*Cantando tu illum?*) et
8, 69 (*frigidus in pratis cantando rumpitur anguis*). Dans le pre-

---

[54] On trouve une liste plus développée déjà chez THUROT, *Extraits de divers manuscrits'*, p. 79, n. 3, mais aucun texte n'apporte d'éclairage décisif
sur la motivation du terme.

[55] Cette interprétation, bien sûr, suppose que l'on pose une équivalence
entre *sopina* et ὕπτια, désignation du passif dans la terminologie stoïcienne,
comme le fait SCHAD, *Lexicon, s.u. supinus*, en s'appuyant sur la bibliographie antérieure. Voir aussi FLOBERT, *Les verbes déponents*, p. 18 et 451.

mier exemple, on suppose normalement une ellipse de *uicisti* ou d'un verbe équivalent; en tout état de cause, le sujet exprimé, *tu*, est bien l'agent du gérondif *cantando*. Dans le second exemple, tout l'effet stylistique tient au fait que, s'il y a bien coréférence de l'agent du verbe conjugué et de celui du gérondif (la magicienne qui brise est bien celle qui chante), en revanche, celui-ci n'a pas de fonction syntaxique dans la proposition. L'effet est alors, pour une analyse stylistique moderne, plus proche de la construction impersonnelle : une force occulte chante et brise le serpent. Le réflexe des grammairiens anciens, en revanche, est de ramener le gérondif au sujet syntaxique de la phrase et d'analyser les deux formes verbales comme des passifs : le serpent, pour ainsi dire, «est chanté». La généralisation de la double diathèse des gérondifs des verbe transitifs repose sur cet unique exemple que se transmettent les grammairiens[56]. Le second point de débat porte sur les *genera* de verbes qui possèdent des gérondifs. Il s'agit de savoir si l'absence de formes de la voix passive (les *neutra*) ou, au contraire, de la voix active (les déponents) entrave la formation des gérondifs. En effet, il existe un courant chez les grammairiens latins qui exclut la possibilité de telles formations sur les verbes déponents[57]. Ce courant est représenté plus loin dans le *De uerbo* (103, 1798-1800), mais ici (24) la doctrine qui prévaut est la plus inclusive : seuls les verbes défectifs et anomaux sont écartés de la possibilité de produire des gérondifs.

Gérondifs et supins présentent un problème de classement parmi les catégories de mots. Nous parlons encore de formes nominales du verbe et, comme le faisait Priscien, de déclinaison de l'infinitif. Pour le compilateur du *De uerbo*, la question est celle de l'appartenance à la catégorie des verbes, des participes ou des noms. La réponse passe par l'observation des caractéristiques : un mot appartient à la classe dont il possède les *accidentia* et, accessoirement, le comportement syntaxique.

---

[56] Diom. 342, 15-16 ; Serv., *Comm.* 412, 21-26 ; à sa suite Pomp. 218, 21-26 ; *Expl. in Don.* 504, 40–505, 1 ; Prisc., *Ars* 2, 413, 6-7 ; Servius commentant Virgile, *Énéide* 1, 713 ; Rémi d'Auxerre commentant Donat *GL* 8, 57, 1-2.

[57] Cette conception des choses est très difficile à concilier avec les faits, ce qui a posé aux grammairiens latins des problèmes relevés par Hovdhaugen, 'Genera verborum', p. 143-144.

	verbe	participe	nom
accidents présents	qualité : indéfinie diathèse : débat	diathèse ?	qualité : appellative espèce : dérivée verbale genre : neutre ou *omnis* nombre composition cas
accidents absents	conjugaison personne temps	personne nombre temps	comparaison
constructions	casus/lex seruitutis du verbe de base		prépositions rectrices articles accompagnants
arguments supplémentaires			signifié nominal quantité du *-o*

En définitive, le *De uerbo* s'arrête à la conclusion de l'anonyme *ad Cuimnanum* (19, 160-164) dont il reprend les figures étymologiques : les *uerba gerendi* ou *uerbialia* sont autre chose (*alia*), étrangers (*alienata*) à la fois aux verbes, aux participes et aux noms, toutes catégories dont ils divergent par les *accidentia* les plus caractéristiques.

Sur le plan sémantique, le *De uerbo* assigne (en 24, 430-431) trois ordres de signification aux *uerba gerendi* : *uoluntas rerum, necessitas, ueritas naturae*. La première se retrouve très largement, y compris chez Malsachanus (202, 11), où elle est associée à une *rerum ⟨im⟩placabilitas* que Löfstedt a interprété comme une reformulation de la même idée mais qu'il faut peut-être comprendre comme son antithèse[58]. La grammaire inédite dite *Sapientia ex sapore* oppose comme le *De uerbo* une *uoluntas rerum* à la *necessitas rerum* qui est le sens d'obligation de l'adjectif verbal[59]. Peut-être doit-on alors comprendre *rerum* dans la *uoluntas rerum* comme un génitif d'object : l'intention de faire les choses.

---

[58] Commentaire de MALS. 1965, p. 68.

[59] Munich, BSB, clm 6415, fol. 36v : *Seregius dicit : Gerendi modus etiam ut legendi do dum tum tu. In aliis modis quaedam uoluntas rerum est, hic autem quasi quaedam rerum necessitas, cum dicis gerendum est, dicendum est*. On retrouve la même idée dans le commentaire sur Priscien du manuscrit Leyde, Voss. Lat. Q 33, fol. 64v (sur PRISC., *Ars* 2, 409, 14) : *legendum et lectum sensum necess⟨it⟩atis habet, legendo uero et lectu sensum uoluntatis*.

Second objet de la discussion, la catégorie du temps occupe une place centrale dans le traitement du verbe chez les grammairiens latins. Ce fait s'explique par la continuité d'une tradition qui définit le verbe en fonction de l'expression du temps depuis Aristote[60]. Chez Donat et les grammairiens du début du Moyen Âge à sa suite, c'est la présence conjointe d'une variation en temps et d'une variation en personne qui définit le verbe[61]. Comme nous l'avons vu, il s'agit d'une définition que le *De uerbo* considère comme une «distinction parmi les semblables» et qu'il commente dans son introduction (2, 35). La question centrale que les grammairiens posent sur la catégorie du temps est celle de l'articulation entre temps naturel et temps verbal. Les termes en sont donnés, pour le *De uerbo* comme pour bien des grammairiens de son époque, par Consentius (377, 17 et 22, cité en 37, 599-600), pour qui il y a trois temps naturels (passé, présent, futur) mais cinq temps techniques (plus-que-parfait, prétérit, imparfait, présent, futur)[62]. Cette question ouvre deux thématiques, la définition du temps extra-grammatical et la description du rapport entre ce dernier et les temps verbaux.

Le temps extra-grammatical occupe les paragraphes 36 et 40 et encadre donc le chapitre que le *De uerbo* consacre à l'accident du temps. Trois définitions sont rappelées. La première (36, 585-586) se situe sur le plan cosmique; la seconde (36, 586-588) est une étymologie; la troisième (36, 591-596 et 40, 637-641) donne un classement des mesures du temps. En dépit de leurs thématiques très diverses, ces définitions apparaissent dans notre traité déjà largement médiatisées par les encyclopédies et les traités de grammaire. La première définition du temps, comme succession des phénomènes, est de lointaine inspiration stoïcienne, mais la formule retenue par le *De uerbo* est celle de la grammaire de Diomède[63]. La présentation de la deuxième définition est révélatrice. Il s'agit d'un découpage de l'année dans lequel chaque saison est associée à deux des quatre éléments. C'est la version transformée par Isidore d'une étymologie varronienne qui visait

---

[60] Aristote, *Poétique*, chap. 20 (57a).
[61] Don., *Min.* 591, 6 et *Mai.* 632, 5.
[62] Je poursuis ici sur le cas particulier du *De uerbo* une recherche dont les éléments les plus généraux sont exposés dans Conduché, 'Comment naissent'.
[63] Goldschmidt, *Le système stoïcien*, p. 30-31 et 40-41.

60 INTRODUCTION

l'équilibre du jour et de la nuit[64]. Le *De uerbo* en a eu connaissance par deux voies. La première (36, 587) attribue l'étymologie et son interprétation en termes de saisons à saint Augustin et se retrouve dans le commentaire anonyme *Ad Cuimnanum*[65]. La seconde est celle des *Étymologies* d'Isidore de Séville, citées littéralement avec le nom de l'auteur. Nous sommes donc en présence d'un cas d'utilisation conjointe comme sources d'un texte et de sa source. La troisième présentation du temps, en revanche, constitue une série d'échelles de mesure de celui-ci et paraît venir de l'encyclopédisme.

En définitive, parmi les nombreux choix qu'offre le temps extra-grammatical, c'est le temps de l'action humaine qui est retenu comme pertinent pour l'étude du verbe. Il correspond aux temps dits «naturels» du verbe. Deux questions se posent alors : d'un côté, celle de sa relation au temps dans sa définition cosmique et, de l'autre, celle de son rapport aux deux temps dits «techniques» (*artificales*). La première question reçoit une réponse traditionnelle (37, 603-609), puisée dans la grammaire de Diomède : le temps verbal constitue une projection sur le temps physique, continu et cyclique, de l'ordre de succession des actions humaines. Il est possible que le paragraphe 40 constitue une tentative de donner une réponse moins traditionnelle. Un rapprochement y est effectué entre le temps métrique, la more, et le temps verbal : le temps du verbe serait la durée du procès (40, 640-641)[66]. Ce dernier point demeure obscur dans la mesure où le grammairien n'a pas développé son parallèle. On ignore donc quelle interprétation en termes d'*administratae rei mora* il pouvait donner des séries temporelles du verbe.

La question du rapport entre les trois temps naturels du verbe (passé, présent, futur) et les deux temps techniques (imparfait et

---

[64] Voir CONDUCHÉ, 'Comment naissent', p. 514 et n. 44.

[65] L'attribution erronée de cette étymologie à saint Augustin remonte, d'après TAEGER, 'Multiplex', p. 46-48, au *Compotus sancti Agustini et ceterorum*, texte irlandais du VIIe siècle, mais dans une version plus complète que celle que nous possédons. Cela dit, le texte de ce comput, qu'on lit désormais dans WARNTJES, *The Munich Computus*, n'associe pas directement Augustin aux idées d'Isidore sur le temps et diffère largement de nos grammairiens dans sa formulation.

[66] Le syntagme nominal désignant ici le procès verbal, *administrata res*, est vraisemblablement inspiré par l'emploi d'*administratio rei* chez Diomède et Charisius. Il s'agit, comme le montre GRONDEUX, 'Corpus dicitur', p. 48, n. 57, d'un transfert de l'expression juridique *administratio rei publicae*.

plus-que-parfait) reçoit deux réponses. La première (37, 612-619) développe le sens d'*artificale* : il s'agit de temps développés par la technique grammaticale elle-même. Celle-ci répondait aux besoins de l'écriture des fables (ou des pièces de théâtre) et de l'histoire. Il s'agit de la version brève d'une motivation littéraire dont *ad Cuimnanum* présente la version longue et abondamment illustrée. Cette motivation pratique entre à l'intérieur d'un schéma qui aligne tous les temps verbaux sur un axe unique de succession des procès, sans considération ni d'aspect ni de point de vue. La seconde réponse, donnée au paragraphe 38, introduit un nouveau critère, l'œuvre (*opus*), qui se combine avec le temps pour articuler entre eux les trois temps du passé. Bien que le détail de la formulation ne soit pas toujours clair, on voit ici apparaître, en des termes latins originaux, une distinction de type aspectuel entre prétérit parfait et imparfait établie sur un critère orthogonal au temps linéaire, qui réactualise l'opposition entre *perfectum* et *imperfectum*. Le chapitre que le *De uerbo* consacre à la catégorie du temps, bien que largement construit d'une combinaison de citations, s'avère donc l'un des plus novateurs de ce traité.

Enfin, le chapitre consacré aux groupes de conjugaison est de facture résolument moderne. Le *De uerbo* y adopte nettement le cadre mis en place par Eutychès, qui est cité littéralement (27, 459-461). La question centrale est celle du nombre de groupes de conjugaison : trois ou quatre. La tradition de Donat distingue trois groupes de verbes dans la langue latine, par leur voyelle caractéristique, *a*, *e* ou *i*. Dans les manuels grammaticaux, en pratique, on divise le troisième groupe en verbes en -ĭ- et verbes en -ī-. Il est alors tentant de clarifier la présentation en annonçant d'emblée un modèle à quatre groupes de conjugaison. C'est ce que font Priscien et Eutychès à sa suite. L'importance de Donat dans la culture grammaticale du haut Moyen Âge fait qu'une partie des traités grammaticaux de cette époque suit encore les trois modèles de conjugaison. À l'inverse, on peut mesurer la pénétration de l'influence d'Eutychès à la diffusion du modèle à quatre conjugaisons. Dans notre traité, la doctrine sur ce point a été largement uniformisée dans les deuxième et troisième parties. Néanmoins, l'étude des impersonnels suit des sources à trois groupes de conjugaisons sans mise en cohérence (16, 264-286 et 104).

62   INTRODUCTION

5. Aspects chrétiens

La christianisation de la grammaire est loin d'être un processus linéaire. Balbutiante dans l'Antiquité tardive, elle se manifeste sourtout après le VIe siècle[67]. Le foyer le plus ancien et mieux connu d'un tel mouvement est l'Espagne wisigothique. Isidore de Séville dans le livre premier des *Étymologies* et, plus encore, Julien de Tolède dans son *Ars grammatica* introduisent des exemples chrétiens dans le cadre d'analyse de Donat. Il s'agit avant tout de littérature, sous forme de citations scripturaires ou poétiques chrétiennes[68]. Probablement au VIIe siècle aussi, mais en de tout autres lieux, l'*Ars* d'Asporius substitue aux exemples profanes de Donat des exemples révélateurs d'une rédaction en milieu chrétien et même monastique[69]. Un peu plus tard, l'*Ars Ambrosiana* à son tour introduit dans la grammaire des exemples chrétiens y compris littéraires.

Le *De uerbo* appartient donc à univers culturel dans lequel la grammaire est normalement pourvue de références chrétiennes, qui s'ajoutent à la description de la langue littéraire latine classique et à ses références profanes. Le *De uerbo* ne fait pas exception : son usage présente des traits chrétiens, ainsi que ses exemples lexicaux ; il donne quelques exemples scripturaires. En revanche, le grammairien est plus original lorsqu'il applique à l'analyse grammaticale elle-même des concepts chrétiens[70].

Le style du grammairien qui a compilé le *De uerbo* a vraisemblablement subi l'influence de tournures employées dans les textes patristiques. Etant donné la longueur du traité et son caractère compilatoire, rares sont les passages qui ne reprennent pas *uerbatim* une source grammaticale et où, par conséquent, on peut rechercher une influence stylistique. Quoi qu'il en soit, une poignée de formules nous ont paru dignes d'être relevées sous cette

---

[67] Récemment, MUNZI, *Custos*, p. 11-32 a donné un tableau général des divers aspects pris par la fusion des cultures grammaticale et religieuse au haut Moyen Âge, couvrant tant l'évolution des exemples grammaticaux que l'influence réciproque des techniques du commentaire grammatical et de l'exégèse biblique.

[68] On peut lire une étude complète sur cet aspect de la grammaire de Julien de Tolède dans CARRACEDO FRAGA, *El tratado*.

[69] HOLTZ, *Donat*, p. 272-283 et LAW, *The insular Latin grammarians*, p. 34-41.

[70] Il s'agit d'une démarche que l'on retrouve, sous une forme beaucoup plus développée, et probablement un peu plus tard, dans la grammaire de Smaragde de Saint-Mihiel, voir Holtz dans la préface à SMAR., p. XLVI-LVIII et LAW, *Grammar and grammarians*, p. 138-143.

II – ANALYSE DU TRAITÉ

rubrique. Nous y ajoutons des termes techniques qui sont vraisemblablement passés dans la grammaire depuis le domaine religieux.

– *meditatio mentis* (l. 79): cfr Greg. M., *Moral.* 23, 20. C'est l'une des explications données du sens des verbes dérivés en *-urio*, dits *meditatiua* («désidératifs» dans la traduction consacrée): le *De uerbo* donne d'abord les paraphrases usuelles dans la tradition grammaticale, *agendi paratus* (*apparatus* dans sa source, Diomède) et *meditatus*. Après avoir établi un rapprochement avec le futur, il ajoute une formule sans parallèle grammatical repérable, *haec forma a meditatione mentis procedit*. Il s'agit d'un projet de l'esprit, tourné vers le futur, par opposition aux procès exprimés par les verbes *perfecta*, qui sont actualisés, et dont le *De uerbo* souligne le lien privilégié avec le présent (7, 110-111). Un transfert à la grammaire de la formule de Grégoire, qui oppose *meditatio mentis* et *carnales sensus*, est donc plausible.

– *cor imperans* (l. 185): cfr Avg., *In euang. Ioh.* 18, 8. Ici, le *De uerbo* n'est pas directement en cause puisqu'il a repris une formule que l'on retrouve dans la grammaire *ad Cuimnanum* (13, 52-53), qui fait venir l'impératif *ex animo cordis imperantis*: l'ordre, qui vient de la volonté intérieure, est exprimé par l'impératif. Or l'argument du commentaire sur l'Evangile de Jean dans lequel la formule se retrouve expose la même conception mentaliste de la langue, appliquée à l'acte d'écriture. La volonté intérieure donnne l'ordre, c'est-à-dire l'énoncé, à la main qui en produit une image visible.

– *textus historiae* (l. 330): cfr Hier., *Vir. ill.* 9, 13; *In Ier.* 5, 300, 6; Greg. M., *Moral.* 26, 10. La formule désigne le texte biblique.

– *res uisibiles* (l. 585): cf. Avg. *passim*. Dans le *De uerbo*, le contexte est celui d'une citation du grammairien Diomède, qui décrit le temps comme l'instabilité même des choses (*res*). Le *De uerbo*, et lui seul, a qualifié *res*.

– *tipus, tipicus* (l. 344; 347; 350): d'un côté, ces emprunts au grec appartiennent au lexique technique de la médecine (pour désigner la fièvre récurrente et ceux qui en souffrent), mais ils sont surtout présents dans l'exégèse chrétienne, qui les applique à l'interprétation allégorique[71]. Le terme *typicus* fait, semble-t-il, son entrée dans la grammaire avec Asporius, l'un des premiers traités qui fasse usage d'une version christianisée de Donat[72]. Dans les traités des siècles suivants, il est devenu tout à fait usuel.

---

[71] Sur la notion herméneutique de *typos*, voir récemment Ostmeyer, 'Typologie und Typos', avec la bibliographie antérieure.

[72] *GL suppl.* 52, 6.

64INTRODUCTION

– *eloquia* (l. 647): il apparaît comme un pluriel particularisant, «les paroles, les discours», propre surtout à la langue chrétienne, à partir de Tertulien[73]. Dans ces emplois, il est souvent qualifié par *sacra* ou *sancta*, et répond à *scripturae*. Son entrée dans la grammaire, au sens d'«énoncés», se produit, semble-t-il, dans l'Espagne wisigothique: on le trouve dans les *Étymologies* d'Isidore de Séville, puis dans l'*Ars grammatica* de Julien de Tolède[74]. Il est remarquable que le terme apparaisse dans le *De uerbo* dans une phrase révélatrice d'une conception religieuse de la langue, ce qui peut être une trace des premiers contextes d'emploi du pluriel en ce sens.

Enfin, le grammairien responsable du *De uerbo* a tenté quelques rapprochements qui semblent personnels entre grammaire et théologie. Il est particulièrement attentif aux triades, qu'il interprète comme des représentations de la Trinité. C'est ainsi que les trois temps du passé (parfait, imparfait, plus-que-parfait) sont justifiés par l'extension importante du passé, ce qui est banal, et par la Trinité, ce qui ne se retrouve pas ailleurs. Cela dit, le grammairien n'a pas développé ce parallèle. Plus intéressant est le montage élaboré autour de la notion de personne (41, 643-649). La Trinité, bien entendu, se retrouve dans les trois personnes du verbe. Cette observation vient à la suite d'une définition de la personne (41, 644-646) qui fait la synthèse de deux idées. La première et la plus claire est une ancienne étymologie de *persona* au sens de «masque de théâtre», conçu comme une sorte de mégaphone, que l'on trouve rapportée par Aulu Gelle (5, 7) qui l'attribue au grammairien Gavius Bassus, presque inconnu par ailleurs:

> Lepide, mi hercules, et scite Gauius Bassus in libris, quos 'De origine uocabulorum' composuit, unde appellata 'persona' sit interpretatur; a personando enim id uocabulum factum esse coniectat. "Nam 'caput', inquit, et os coperimento personae tectum undique unaque tantum uocis emittendae uia peruium, quoniam non uagam neque diffusam sed in unum tantummodo exitum collectam coactamque uocem ciet, magis claros canorosque sonitus facit. Quoniam igitur indumentum il-

---

[73] *Thesaurus* 5, 2, col. 412, 17.
[74] Isid., *Etym.* 1, 32, 2 *quando autem barbara uerba latinis eloquiis inferuntur, barbarolexis dicitur*, définition modifiée à partir de Don., *Mai.* 653, 3-4, que l'on retrouve dans l'*Ars Iuliani Toletani* – ed. M. Maestre Yenes, Toledo, 1973, p. 179, l. 14: *barbarolexis autem dicitur, quando peregrina et barbara uerba Latinis eloquiis inseruntur*. On peut noter qu'*eloquia* pluriel retrouve chez Julien le sens généralisant de «langue» (grecque ou latine) en 195, 2.

lud oris clarescere et resonare uocem facit, ob eam causam 'persona' dicta est, 'o' littera propter uocabuli formam productiore."

Telle est la raison classique de l'étymologie de *persōna* par *persōnare*. Le *De uerbo* reprend à son compte cette étymologie avec une sorte de tmèse, *per se sonat*, présente également chez Malsachanus et qui manifeste l'autonomie de la personne. Mais Malsachanus ne peut être ici la source univoque du *De uerbo*. Il vaut mieux se tourner vers l'*Ars Ambrosiana* (76, 30-32 et 116, 834-838), qui fournit la clef de la présence du réfléchi. On comprend à condition de commencer par le chapitre *de uerbo* :

> "Persona" autem nomen est corporis eius sonum a se emittentis. Item et animae nomen est, quia per corpus sonat. [Item 'persona' totius hominis nomen est, quia per corpus sonat.] Item "persona" totius hominis nomen est utraque substantia consistentis.

Persona désigne donc simultanément le corps du sujet parlant, le souffle vital qui se matérialise en son vocal et l'homme qui est le produit de ces deux substances[75]. On peut alors proposer une nouvelle ponctuation pour une phrase du *de pronomine* elliptique jusqu'à l'obscurité :

> Sed persona, ut uolunt, animae nomen in corpore sonum excitantis et corporis dicitur, quod per se uis animae sonat[76].

L'idée est vraisemblablement la même : *persona* est à la fois le nom de l'âme et celui du corps puisque c'est à travers ce dernier (*se*, renvoyant à l'élément thématisé) que le souffle se fait son. Pour récapituler, l'*Ars Ambrosiana*, et elle seule, permet de rendre compte de la présence d'une périphrase dont le sens est «la puissance du souffle vital» dans la définition de la personne. Elle met cette périphrase au service d'une représentation du son vocal comme le produit du passage du souffle vital à travers le corps et de la personne comme principe, support et produit de ce passage. Tous les éléments d'une intériorisation de l'étymologie de Gavius Bassus sont présents dans des termes presque identiques à ceux de notre *De uerbo*[77]. Néanmoins, ce dernier a ajouté la référence à la Trinité, qui ne se trouve pas dans l'*Ars Ambrosiana* ni chez

---

[75] Ce qui est conforme à l'orthodoxie augustinienne exprimée en *Trin.* 15, 11, qui définit l'Homme comme union de l'âme et du corps.

[76] Löfstedt avait séparé *excitantis* de *et corporis* par un point virgule.

[77] Le *De uerbo* emploie une *iunctura* de longue tradition philosophique, *potestas animae*, attestée depuis Lucrèce (*De rerum natura* 3, 276 ; 597 et 843),

66 INTRODUCTION

ad Cuimnanum, dont il se rapproche par la suite (41, 649-651). En revanche, un autre texte proche de ces commentaires sur Donat, et antérieur à la fin du VIIIe siècle, *Quae sunt quae*, met en rapport les trois personnes du verbe et celles de la Trinité en ces termes : *tres personas sunt in uerbo quia res diuina amplius non sinet nisi tres personas esse sicut in trinitate tres personas sunt ita et genus humanum*[78].

Le texte qui a probablement transmis l'étymologie d'Aulu Gelle au Moyen Âge est précisément un ouvrage de théologie. Il s'agit d'un traité de Boèce, le *Contra Eutychen et Nestorium*. Le chapitre 3 de cet opuscule constitue une clarification terminologique portant principalement sur la traduction adéquate d'ὑπόστασις. Boèce connaît comme établi en latin l'emploi de *persona*, qu'il critique en rappelant le sens premier de «masque», ce qui le conduit à un exposé développé autour de l'étymologie de Gavius Bassus. La bonne traduction, de l'avis de Boèce, serait *substantia*, mais l'usage ecclésiastique s'y oppose[79]. Les premières phrases du traité sont très claires :

> Quocirca si persona in solis substantiis est atque in his rationabilibus substantiaque omnis natura est nec in universalibus sed in individuis constat, reperta personae est definitio : "naturae rationalibis individua substantia." Sed nos hac definitione eam quam Graeci ὑπόστασιν dicunt terminavimus. Nomen enim personae videtur aliunde traductum, ex his scilicet personis quae in comoediis tragoediisque eos quorum interest homines repraesentabant. Persona vero dicta est a personando, circumflexa paenultima. Quod si acuatur antepaenultima, apertissime a sono dicta videbitur ; idcirco autem a sono, quia concavitate ipsa maior necesse est volvatur sonus.

C'est donc dans le *Contra Eutychen* que l'on trouve établi un lien étroit entre l'étymologie du nom du masque, sous sa forme longue, et *persona* au sens théologique d'hypostase divine. Ce traité a largement circulé dans les premiers siècles du Moyen Âge[80].

---

reprise par Chalcidius (*In Plat. Tim.* 2, 213 et 256) et les traductions latines de la Bible (Eccli. 9, 2).

[78] *Quae sunt quae*, § 27, édité dans *Multiplex latinitas*, p. 27. On lit aussi dans le prologue (§ 1, p. 17) une liste de triades grammaticales incluant le temps et la personne qui a un pendant dans le traité *Aggressus quidam* (§ 2, *Multiplex latinitas*, p. 75).

[79] Cette opposition était en réalité déjà caduque à l'époque de Boèce, d'après GALONNIER, *Boèce*, p. 201-204 et 232-234.

[80] MARENBON, *From the circle*, p. 19 et 119-120.

II – ANALYSE DU TRAITÉ 67

Il n'est donc pas exclu que le *De uerbo* soit remonté directement à cette source pour élaborer son chapitre sur la personne verbale[81].

Le *De uerbo* évoque à trois reprises Dieu lui-même : il est l'agent des verbes *pluit* et *tonat* (l. 537), verbes qui, pour cette raison, sont défectifs (93, 1653-1654) et il est le signifié par excellence du verbe «être» (84, 1483-1485). La première remarque est traditionnelle. Elle relève des questions traditionnelles que posent les verbes méteorologiques et remonte bien plus haut que le christianisme[82]. La seconde est plus originale. Dans le domaine grammatical, il convient probablement de la rattacher au concept de *uerbum substantiuum*, désignation du verbe «être» chez Priscien[83]. Essentia et substantia, en effet, sont depuis le latin classique (Quintilien, *Inst. or.* 3, 6, 23) connues comme les deux traductions possibles de *ousia*. Les deux *iuncturae* qui suivent, en revanche, sont très nettement chrétiennes.

> – *Essentia naturae* paraît une formule de Grégoire le Grand (*In Ez.* 1, 2, 439 ; *Moral.* 14, 18, 2 ; 57, 14).
> – *Spetiale dei* est peut-être à rapprocher d'un commentaire de saint Ambroise (*In Ps.* XII 43, 20, 1-2) où le Père de l'Église expose que la formule «je suis celui qui est» vient en réponse à une question de Moïse qui souhaitait connaître «quelque chose de spécifique» de Dieu (Ex. 3, 14)[84]. L'être éternel et la définition tautologique de l'être par le «je suis» sont spécifiques à Dieu.

Nous n'avons aucune raison de penser que le grammairien auteur du *De uerbo* ait été un théologien de grande subtilité. En revanche, la grammaire au haut Moyen Âge est avant tout une for-

---

[81] S'il ne l'a pas fait, c'est qu'il dépendait d'une synthèse antérieure entre définition boécienne et grammaire. On voit ainsi que l'intégration à la grammaire de la définition boécienne de la personne remonte bien un siècle avant le glossateur Isaac signalé par LUHTALA, 'Early Medieval Commentary', p. 126-127. D'ailleurs la glose éditée p. 172, qui critique le placage de la définition boécienne sur l'exposé grammatical, nous prouve la banalité d'une telle référence.

[82] DESBORDES, *Idées grecques et romaines*, p. 251-258.

[83] 2, 550, 26 ; 3, 152, 20 ; 153, 26 ; 154, 12 ; 212, 1 ; 305, 6. Il s'agit, toujours pour Priscien (3, 210, 13), du verbe propre à exprimer l'essence (*essentia*) du référent de la personne à laquelle il est conjugué.

[84] *Moyses, uolens propria dei et aliquid de eo speciale cognoscere quod non esset commune cum caelestibus potestatibus, interrogauit : quod est nomen tuum ? denique cognoscens mentem eius deus non respondit nomen, sed negotium, hoc est rem expressit, non appellationem dicens : ego sum qui sum, quia nihil tam proprium dei quam semper esse.*

68   INTRODUCTION

mation à la maîtrise de l'écriture, formation dont la copie des livres et leur émendation sont le versant pratique. Socialement et professionnellement, les grammairiens exerçant en milieu monacal ou ecclésiastique étaient aussi responsables des livres de leur communauté, bibliothécaires et directeurs des entreprises de copie. Il est donc possible que l'auteur du *De uerbo* ait supervisé, voire réalisé, la copie des ouvrages les plus importants pour le fonctionnement d'un établissement religieux : livres bibliques, parfois accompagnés de commentaires, pères de l'Église, éventuellement Boèce. Dans de telles conditions, il est naturel que les idées, formules ou tournures retenues par lui, différentes de celles qui auraient arrêté d'autres copistes, resurgissent dans les compositions personnelles.

D. Formes verbales

Vivian Law a étudié à propos de la morphologie du nom la multiplication à partir du VIIe siècle des *declinationes nominum*, type de textes grammaticaux dont les *coniugationes uerborum* constituent le pendant en morphologie verbale. Elle y voyait un développement nouveau des grammaires « *regulae*-type » de l'Antiquité tardive. En effet, au sens strict, les *regulae* correspondent aux κάνωνες grecs et sont des listes de règles de formation des flexions nominales et verbales. Les *declinationes* et *coniugationes* médiévales en ont modifié l'ordre et y ont développé la récitation des formes et les listes de *similia*, éléments lexicaux qui suivent le même modèle de flexion. Il en résulte des montages multiples et variés qui combinent chacun selon son arrangement particulier des unités textuelles similaires[85].

1. Conjugaisons

Notre *De uerbo* présente dans sa troisième partie des développements qui relèvent des *regulae*. Ainsi, énumère-t-il très régulièrement les formations de parfait par modèle de conjugaison (48 ; 60 ; 66-68 ; 71 ; 77). En revanche, il ne donne pas la description détaillée de la formation de chaque conjugaison pour tous les temps et tous les modes. Inversement, une partie du matériel rassemblé

---

[85] Law, *Grammar and grammarians*, p. 104 et 132. Giammona, p. XXXIII parle de textes « modulaires ».

II – ANALYSE DU TRAITÉ

sort du domaine des *regulae*: les énumérations ordonnées de formes sans règles de formation et, dans une certaine mesure, les listes de verbes. Les conjugaisons du *De uerbo* ont donc moins pour modèle l'exposé des règles de formation que la récitation des formes. Par conséquent, elles ne recouvrent pas exactement l'approche des grammaire du type des *regulae*, bien qu'elles en soient en dernière analyse issues.

Le *De uerbo*, à cet égard, s'avère plus proche des grandes grammaires exhaustives du latin que sont les *artes grammaticae* de Charisius et de Diomède, qui incluent des chapitres d'énumération des formes de la conjugaison. Comme ces grammaires et d'autres plus récentes, le *De uerbo* choisit un ou plusieurs verbes modèles pour chaque groupe et en présente les formes suivant un schéma théorique arborescent: voix (active/neutre, impersonnelle, passive/commune/déponente) > mode (indicatif, impératif, optatif, subjonctif, infinitif, participe) > temps (présent, imparfait, parfait, futur) > personne. Ce schéma n'est pas visuellement représenté sur la page[86] mais apparaît dans le fait que la récitation, arrivée au bout de chaque série, remonte au nœud précédent pour suivre le chemin suivant jusqu'à épuisement des formes possibles.

Dans le choix de ses modèles de conjugaison, le *De uerbo* est original à deux égards. En premier lieu, il s'écarte de la série la plus répandue, amo, doceo, lego, audio, qui est celle de Diomède et Priscien dans l'Antiquité, reprise par Malsachanus au haut Moyen Âge. En second lieu (et ceci explique cela), il multiplie les modèles en introduisant pour trois des quatre groupes de conjugaison des sous-catégories en fonction de la finale du thème d'*infectum*; les catégories entre parenthèses n'ont pas de modèle conjugué:

- premier groupe: *-eo*, *-uo*, *-io*, (*-Co*)
- troisième groupe: *-io*, (*-Co*), *-sco*
- quatrième groupe: *-eo*, *-io*.

Les différences par rapport à la présentation moderne de la conjugaison latine sont les mêmes dans le *De uerbo* que dans les grammaires latines antérieures. Les formes de futur antérieur sont considérées comme des futurs du subjonctif[87]. Pour les temps

---

[86] LAW, *Grammar and grammarians*, p. 250-259.
[87] ROSELLINI, 'Prisciano e il futuro del congiuntivo'.

70 INTRODUCTION

composés du *perfectum* passif, on donne systématiquement un
«mode ultérieur» construit avec l'auxiliaire d'un degré plus éloi-
gné dans le passé que le temps de base. L'adjectif verbal est considéré comme un participe futur passif. Enfin, les infinitifs futurs
sont symétriques : supin + ire pour l'actif, supin + iri pour le passif.

À présent, si l'on compare dans ses grandes lignes le *De uerbo*
aux traités contemporains de conjugaisons comparables et apparentés, comme celui qui est inclus dans l'*Ars Malsachani*, celui de
l'*Ars Ambianensis*, les *Coniugationes* du manuscrit Paris, BnF, lat.
13025, fol. 46v-50v ou celles du manuscrit lat. 7490, fol. 2-14v, ce
qui frappe est la faveur que le *De uerbo* donne au non-élémen-
taire. L'énumération systématique des formes de la conjugaison
est généralement interrompue très rapidement pour développer
de préférence les formes rares, les conjugaisons irrégulières, les
formations de parfait et, surtout, les listes de verbes. Les conjugaisons du *De uerbo* se placent donc dans la continuité de grammaires comme celles de Diomède et Charisius, qui visent à permettre une maîtrise avancée de la langue latine et en particulier
de son vocabulaire.

Le plan général du chapitre suit la liste des quatre groupes de
conjugaison : en -$\bar{a}$-, en -$\bar{e}$-, en -$\breve{i}$-, en -$\bar{i}$-. Suivent les principaux
verbes irréguliers, les défectifs, les irrégularités partielles, puis les
critères de différenciation des groupes et enfin des observations
sémantiques. Cela dit, chaque conjugaison passe par les mêmes
questions, qu'il peut être utile de regrouper dans cette introduction.

Caractéristiques d'ensemble

Plusieurs points frappent dans la présentation des quatre conjugaisons temps par temps que fait le *De uerbo*. En premier lieu, le
chapitre sur les conjugaisons fait de la voyelle désinentielle de la
deuxième personne du singulier de l'indicatif présent le critère
d'appartenance du verbe à un modèle de conjugaison (27, 469-
473). Ce point est conforme à la pratique constante des grammairiens latins depuis l'Antiquité. Dans la troisième partie, la présentation de chaque conjugaison (45, 695-701 ; 59, 967-971 ; 65, 1096-
1100 ; 76, 1338-1341) commence par l'*agnitio*, la caractéristique du
groupe. Quoique le terme *agnitio* ne soit pas le plus courant, ce
point est aussi parfaitement normal. On s'attend alors à y retrou-

ver la voyelle désinentielle de la deuxième personne, comme c'est le cas chez les autres grammairiens latins. Or le *De uerbo* donne systématiquement, à la place, la voyelle de première personne du singulier du présent de l'indicatif, c'est-à-dire la désinence qui marque cette personne mais ne révèle pas le modèle de conjugaison. Il ajoute, de façon tout aussi systématique, la liste des lettres qui peuvent précéder cette désinence de première personne dans le groupe concerné. Dans trois cas de figure, il s'agit de la voyelle caractéristique du groupe : à la deuxième conjugaison en *-ē-*, à la troisième conjugaison (dite «mixte» dans la grammaire scolaire) en *-ĭ-* et à la quatrième conjugaison en *-ī-*. L'information qui, dans la culture grammaticale dont relève le *De uerbo*, est la plus pertinente pour définir les modèles de conjugaison est donc omise ou donnée incidemment.

Pour les première, deuxième et troisième conjugaisons, une seconde question d'ordre général est soulevée, plutôt à la fin de la présentation, celle de la longueur des formes en nombre de syllabes (par. 58, 64 et 73). Cette question comprend toujours le rapport entre forme de base et deuxième personne et peut englober, suivant la conjugaison concernée, divers phénomènes de syncope et d'apocope. Il arrive que le grammairien donne à l'occasion du traitement de l'une des conjugaisons les informations pertinentes pour les deux autres. Ces collections d'observations variées peuvent être récapitulées comme suit :

– rapport du nombre de syllabes entre P1 et P2 (indicatif présent actif) : identique à la première conjugaison et à la troisième, diminution d'une à la deuxième conjugaison, à la troisième en *-io* et à la quatrième

– rapport du nombre de syllabes entre P1 et P2 (indicatif présent passif) : augmentation d'une à la première conjugaison et à la troisième, identique à la deuxième conjugaison, à la troisième en *-io* et à la quatrième

– contraction du participe passé de deux verbes de la première conjugaison (*lotus*, *adiutus*), nommée «évitement du *-a-*» (*a diuitant*)

– syncope de *-ue-* / *-ui-* aux temps du perfectum à la première conjugaison (*amarunt*, *amasti*)

– liste des verbes mono- ou dissyllabiques à la deuxième conjugaison

– parfaits à redoublement qui perdent le redoublement en composition à la troisième conjugaison

– apocope des impératifs *fac*, *dic*, *duc* (mais non *-fer*)

– règles de formation des impératifs présents de P2 actifs et passifs : à partir de la P2 de l'indicatif présent à toutes les conjugaisons (à propos de la troisième)

72 INTRODUCTION

– lettres finales d'impératif présent actif P2 et d'indicatif présent actif P1 (à propos de la troisième conjugaison).

Le traitement de la quatrième conjugaison s'écarte légèrement de ce canevas car, tant en introduction qu'en conclusion, la question qui reçoit toute l'attention du grammairien est celle de la formation du futur (76, 1341-1346) et de l'imparfait (83, 1468-1473). Les difficultés qu'elle présente tiennent à la dichotomie établie comme point de départ d'après la lettre qui précède le -o de première personne. Le *De uerbo*, conformément à la doctrine des grammairiens latins, veut qu'il y en ait deux à la quatrième conjugaison, *-e-* et *-ī-*. Cela revient à donner à *eo* et *queo*, un verbe irrégulier et un verbe hautement anomal, le statut de sous-groupe à l'intérieur du modèle de conjugaison. De ce fait, la formation du futur est dédoublée : en *-e-* ou en *-b-* et celle de l'imparfait également : en *-eba-* ou en *-ba-*. Le *De uerbo* va même jusqu'à prêter à tous les verbes de la quatrième conjugaison une double formation de futur, moyennant une licence poétique non autrement précisée[88].

Le *De uerbo* met les verbes en *-uo* sur le même plan que les verbes en *-io* car il s'agit dans les deux configurations d'un thème de présent qui termine par une sonante, laquelle donne naissance à une semi-voyelle devant la désinence *-o* de première personne du singulier. Or dans la grammaire latine les deux sonantes constituent une catégorie de lettres à part entre consonnes et voyelles.

Impersonnel

L'impersonnel occupe dans le *De uerbo* une place tout à fait disproportionnée. En effet, contrairement à toutes les tables de conjugaisons parallèles, ce traité ne déroule jamais la série complète d'une conjugaison personnelle à tous les modes et tous les temps pour l'actif ni pour le passif. En revanche, il le fait bien plus largement pour l'impersonnel. Ce déséquilibre se combine avec une baisse dans le degré de détail à mesure que l'ouvrage avance.

---

[88] Cela trahit probablement une part de systématisation théorique de la part du grammairien. Néanmoins, le flottement dans la formation des futurs et des imparfaits des verbes en *-ī-* semble avoir été réel en latin médiéval, à lire les exemples rassemblés par STOTZ, *Handbuch*, IV, p. 223-226.

II – ANALYSE DU TRAITÉ

	actif	impersonnel	passif/déponent
première conjugaison en -*eo*	indicatif présent *creo*	tous modes et temps *creatur*	indicatif présent sg *creor*
première conjugaison en -*uo*	indicatif présent, parfait *uacuo*	tous modes et temps *uacuatur*	indicatif présent sg, participes et gérondifs *uacuor, mutuor*
première conjugaison en -*io*	indicatif présent sg, parfait P1 *nuntio*		
deuxième conjugaison	indicatif présent *doceo*	tous modes et temps *docetur*	indicatif présent *doceor*
troisième conjugaison en -*io*	indicatif présent sg, parfait P1 *rapio*	tous modes et temps *rapitur*	indicatif, impératif, optatif *rapior*
inchoatifs	tous modes *feruesco*	indicatif *infectum feruescitur*	
quatrième conjugaison en -*eo*	tous temps et modes P1 *queo, eo*	tous modes et temps *quitur, itur*	indicatif, impératif, optatif *queor*
quatrième conjugaison en -*io*	indicatif présent *custodio*	indicatif *blanditur*	indicatif, impératif, optatif *custodior, blandior*

L'énumération des formes conjuguées favorise donc les formations relativement rares et l'impersonnel. Le phénomène est d'autant plus remarquable que le grammairien semble lui-même contester cette approche. Il présente en effet des arguments contre la récitation de l'impersonnel à l'occasion des différentes conjugaisons : les formes sont celles de la troisième personne ; l'impersonnel n'est pas un *genus* mais un effet de sens (*significatio*) à l'intérieur d'un *genus* ; on peut donc parler d'impersonnel passif, commun ou déponent. Ce qui est encore plus surprenant, cette série d'arguments paraît dépourvue de parallèle ; il faudrait donc l'attribuer au compilateur lui-même. Il est alors vraiment paradoxal de lire la série des impersonnels de tous les modèles de conjugaison. On voit probablement à cela les limites de la synthèse des sources opérée par le compilateur du *De uerbo*.

74   INTRODUCTION

Formations de parfait

Pour conjuguer le verbe latin dans l'intégralité de ses formes, il est nécessaire de connaître les thèmes de *perfectum* qui sont associés aux thèmes d'*infectum*, le plus souvent par suffixation. De ce fait, les grammaires latines antiques complètes, comme celles de Diomède et Charisius, traitent des formations de parfait de chaque conjugaison. Ces traités constituent l'une des sources ultimes de la présentation que le *De uerbo* fait des conjugaisons. Ce dernier, en effet, donne pour chaque modèle de conjugaison au moins une liste de formations de parfait. Souvent, ces présentations de la formation du parfait font également office de listes de vocabulaire.

À la première conjugaison, la plus régulière, les choses sont relativement simples. Le *De uerbo* donne quatre formations de parfait :

- suffixe *-ui-* sur le thème d'infectum en *-a-* (*amo, amaui*), liste de cinq exemples
- suffixe *-ui-* sur le radical nu (*sono, sonui*), liste de dix exemples plus les composés
- désinences de parfait sur le radical nu (*lauo, laui*), deux exemples plus les composés
- redoublement (*do, dedi*), deux exemples plus les composés.

À la deuxième conjugaison (60), le grammairien annonce six formations de parfait mais en énumère finalement sept :

- suffixe *-u-* sur le thème d'*infectum* en *-e-* (*deleo, deleui*), deux exemples
- suffixe *-u-* sur le radical nu (*niteo, nitui*), liste de vingt-six exemples dont quatre composés du verbe *habeo*
- allongement de la voyelle du radical (*sedeo, sedi*), liste de onze exemples
- suffixe *-s-* avec chute ou assimilation de la consonne finale du radical (*mulgeo, mulsi*), liste de neuf exemples
- suffixe *-s-* sur un radical en vélaire (*mulgeo, mulxi*), liste de sept exemples
- redoublement (*pendeo, pependi*), liste de quatre exemples et discussion sur le comportement des composés
- parfait analytique de type passif (*audeo, ausus sum*), trois exemples.

À la troisième conjugaison, celle qui conserve les formes héritées irrégulières, la question du parfait se complique. Le traité n'a pas moins de quatre traitements des formations de parfait :

II – ANALYSE DU TRAITÉ

– un pour les verbes en -io (66)
– un pour les verbes en -uo (67)
– deux pour les verbes en consonne + -o (68 et 71-72)
– une note sur l'absence de parfait des verbes inchoatifs et sa possible compensation par supplétisme du parfait d'un verbe en -eo correspondant (74, 1296-1299).

Le grammairien annonce et présente six formations de parfait des verbes de la troisième conjugaison en -io :

– suffixe -u- dont on note qu'on le retrouve à la quatrième conjugaison et que la syncope du -u- y est possible (*cupio, cupiui*), deux exemples
– altération de la voyelle du radical, avec allongement (*facio, feci*), trois exemples
– suffixe -u- sur le radical nu (*elicio, elicui*), deux exemples
– suffixe -s- avec assimilation (*percutio, percussi*)
– suffixe -s- derrière vélaire (*aspicio, aspexi*)
– redoublement (*pario, peperi*).

Les verbes en -uo présentent seulement deux formations de parfait :

– ajout direct des désinences de parfait au radical (*induo, indui*), huit exemples
– suffixe -x- (*fluo, fluxi*), deux exemples plus les composés.

On retrouve ces deux énumérations comme canevas de la présentation des exemples qui suit la conjugaison de *rapio* (70, 1191-1197).

La première présentation des formations de parfait des verbes à thème en consonne comporte douze modèles énumérés et numérotés. Leur présentation est largement semblable à celle que l'on trouve aux première, deuxième et quatrième conjugaisons, et les listes d'exemples très succinctes :

– suffixe -iu- (*peto, petiui*)
– désinence directement avec ou sans alternance vocalique du radical (*emo, emi*)
– alternance vocalique et chute d'une consonne (*frango, fregi*)
– chute du /n/ et abrégement vocalique (*findo, fidi*), deux exemples
– suffixe -u- (*colo, colui*), deux exemples
– suffixe -s- (*scribo, scripsi*), deux exemples
– suffixe -su- avec assimilation (*meto, messui*)
– suffixe -s- avec assimilation (*trudo, trusi*)
– redoublement (*curro, cucurri*), deux exemples

76 INTRODUCTION

– composés à second élément *-do* avec redoublement interne (*perdo, perdidi*), neuf exemples
– périphrase de forme passive (*fido, fisus sum*), un exemple et deux composés
– suffixe *-s-* sur une base en vélaire (*expungo, expunxi*).

La seconde présentation des formations de parfait sur thèmes en consonne obéit à une tout autre logique. Elle possède deux volets, d'abord par formation de parfait (71), au nombre de douze, ensuite par finale du thème d'*infectum* (72). Dans cette approche, l'ordre est encore très proche de celui de la première présentation, mais les règles de formation ont disparu au profit de simples listes d'exemples.

– *peto, petiui*, puis dix autres exemples
– *lego, legi*, puis cinq autres exemples
– *sperno, spreui*, puis huit autres exemples
– *findo, fidi*, puis un autre exemple
– *colo, colui*, puis six autres exemples
– *scribo, scripsi*, puis vingt-quatre autres exemples
– *pono, posui*, puis cinq autres exemples
– *dico, dixi*, puis ving-quatre autres exemples
– *curro, cucurri*, puis treize autres exemples
– *credo, credidi*, puis six autres exemples
– *pasco, paui*, puis deux autres exemples
– *fido, fissus sum*, puis deux composés.

La présentation par consonne finale du thème d'infectum amorce une classification extrêmement fine de la liste de vocabulaire. Le canevas théorique est le suivant : par consonne finale > par *genus* verbal (par la force des choses, *actiua* et *neutra*) > par formation de parfait. La réalisation est en fait flottante. On trouve ainsi une série d'intransitifs insérée entre deux séries de verbes transitifs (72, 1233-1234) dont la seconde semble un remords, ce qui laisse penser que les listes ont été compilées par accrétions successives. Plusieurs entrées ne présentent pas du tout de *neutra*. Il s'agit de l'unique tentative pour croiser un classement des présents avec les formations de parfait. À la quatrième conjugaison, le *De uerbo* revient à une simple présentation par règle de formation de parfait, au nombre de six :

– suffixe *-u-* sur le thème d'infectum avec une éventuelle syncope (*audio, audiui* ou *audii*), avec une variante pour *queo* et ses composés
– suffixe *-u-* sur le radical nu (*aperio, aperui*)

II – ANALYSE DU TRAITÉ

– suffixe -*s*- sur le radical nu, avec ou sans assimilation (*farcio, farsi*)
– suffixe -*s*- sur une base en vélaire (*sancio, sanxi*)
– allongement de la voyelle du radical (*uenio, ueni*)
– périphrase de forme passive (*fio, factus sum*).

Le *De uerbo* se situe donc dans la lignée des grammaires de l'Antiquité tardive en matière de présentation des formations de parfait. Comme le recommandait la grammaire de saint Augustin, il fournit pour des listes de verbes la forme de base (première personne du singulier du parfait) qui permet de conjuguer le verbe à toutes les formes du *perfectum*[89]. Comme les traités de Diomède et Charisius, il fournit des listes de formations de parfait organisées en fonction des groupes verbaux définis à l'*infectum*.

Vocabulaire organisé

Cela dit, les listes les plus importantes restent limitées aux formes d'*infectum*, et même de verbes à la première personne du singulier du présent de l'indicatif. Ce sont ces listes qui occupent la majeure partie des chapitres sur les quatre conjugaisons. Un tel choix fait soupçonner que cette partie de la grammaire vise surtout l'apprentissage du vocabulaire. Les listes sont placées à l'intérieur du chapitre consacré à chaque conjugaison, donc la division de base est celle des modèles de conjugaison de présent. Ensuite, les classements varient.

La première conjugaison, comme il est naturel, bénéficie des essais de classements les plus variés et sophistiqués. Un premier classement repose sur une hiérarchie de deux critères, celui de la lettre pré-désinentielle, puis celui du genre. Chaque liste suit la conjugaison du verbe choisi comme modèle pour son phonème pré-désinentiel. On a ainsi ce que le grammairien nomme *ordo generum* :

– verbes en -*eo* : actifs, neutres
– verbes en -*uo* : actifs, neutres
– verbes en -*io* : actifs, neutres
– verbes en -*Co* : pour chaque consonne, actifs, neutres
– verbes en -*ior* : passifs, déponents
– verbes en -*Cor* : pour chaque consonne, passifs, communs, déponents.

---

[89] Ps. Avg., *Ars breu.*, par. 80.

78 INTRODUCTION

Après ces listes finement classées, le grammairien ajoute néanmoins deux listes par ordre alphabétique de l'initiale (ordre A), la première pour les formes actives, la seconde pour les passifs, communs et déponents (56-57). La tension entre classement par *genus* et classement alphabétique demeure dans les autres modèles de conjugaison.

Toutes les conjugaisons présentent au moins deux listes, l'une pour les formes de type actif (en *-o*), l'autre pour les formes de type passif (en *-or*). La première et principale est organisée seulement par ordre alphabétique A pour les deuxième (62), troisième (69) et quatrième (80) conjugaisons. La seconde en revanche suit l'ordre passifs (communs), déponents, eux-mêmes organisés par ordre alphabétique. À ces deux listes principales s'ajoutent des listes secondaires comparables en taille à celles qui accompagnent les formations de parfait. On relève dans cette catégorie la liste des inchoatifs (74, 1291-1295), avec une division entre déverbaux et dénominatifs et une liste de verbes de la quatrième conjugaison sans ordre discernable (80, 1428-1431).

Verbes irréguliers

Après l'exposé des quatre conjugaisons, viennent les chapitres consacrés aux questions qui n'entrent pas facilement dans les deux parties principales du plan, *accidentia* et conjugaisons (84-98). Ces questions sont de deux ordres, que le *De uerbo* entremêle en partie : étude des verbes irréguliers, suivant la tradition tardo-antique qui les rassemble à la fin de l'étude du verbe (84-91 et 93-94), et étude de la répartition des verbes par conjugaisons (92 et 95-96). Il s'y ajoute un bref appendice sur la polysémie des formes (97-98). Le traitement des verbes irréguliers comprend, grossièrement, deux parties : verbes irréguliers et verbes défectifs.

La première partie (par. 84-89) se présente simplement comme un prolongement des conjugaisons consacré aux principaux verbes irréguliers, traités sans ordre particulier : *sum* et ses composés, *fero, possum, edo* et ses composés, *uolo* et ses composés. On constate que *possum* reçoit deux développements, le premier comme composé de *sum* (84, 1489-1492) et le second comme un verbe autonome (87). Le premier énumère les différences par rapport aux autres composés du verbe « être » tandis que le second est une récitation des formes. Seul le premier traitement mentionne, d'après Diomède (385, 15) qui est seul à attester le pluriel,

II – ANALYSE DU TRAITÉ

l'existence chez les *ueteres* des formes passives *potestur* et *possuntur*. La présence de la conjugaison de *tollo*, que nous avons pris le parti d'isoler dans un paragraphe indépendant, entre celles de *fero* et de *possum* est certainement due à l'homonymie entre son parfait et celui de *suffero*.

La transition avec le traitement des défectifs est assurée par le paragraphe 90. Ce dernier concerne le groupe *odi, noui, memini*. Il s'agit plutôt de verbes défectifs mais, comme pour les précédents, on donne leur conjugaison. Bien que mentionné, *pepigi* n'est pas étudié.

La seconde partie (90-91 et 93-94), sur les verbes défectifs, est marquée par la juxtaposition de plusieurs traitements d'origines diverses et une grande confusion. Les titres se multiplient et s'allongent : « sur les verbes mêlant les temps terminés en *-i* comme *odi noui memini pepigi*, mais les anciens disaient *nosco* et *odio* » (90) ; « sur ceux qui ne se fléchissent pas normalement, comme... » (91) ; « sur la défectivité de la première personne, comme *ouas -at, furis -it, faris fatur* – mais en composition on lit aussi *-for – pluis pluit* – car *pluo* est réservé à Dieu – *daris datur, inquis inquit* – puisque *inquam* ne suit pas le même modèle » (93). Deux approches se laissent distinguer. Celle des paragraphes 90 et 91 part des unités lexicales attestées : verbes limités au *perfectum* pour le premier, verbes limités à une ou deux formes pour le second. Celle des paragraphes 93 et 94 part des catégories éventuellement manquantes : personne et participe en 93, temps en 94. Ce dernier paragraphe rassemble donc tous les verbes qui contreviennent aux règles de formation du *perfectum* par dérivation de l'*infectum* exposées aux paragraphes 45-83. Il s'agit occasionnellement de défectivité non corrigée (94, 1663-1664) ou compensée par un supplétisme (94, 1664-1667), mais plus souvent de doublets dans la formation de l'infectum ou du perfectum. S'y ajoutent quelques exemples de synonymie causée par un accident phonétique.

Indices de classement des verbes

Les trois paragraphes consacrés à la répartition des verbes entre les quatre groupes de conjugaison de l'infectum (92 et 95-96) sont construits à partir du traité *De uerbo* d'Eutychès. Le paragraphe 92 donne des règles de portée générale empruntées à Eutychès sur les modèles de conjugaison des verbes composés et dérivés et

80　　　　　　　　　INTRODUCTION

rassemble des cas où il y a une forme d'hésitation entre deux modèles. Ce dernier point recouvre trois phénomènes. Le premier est un supplétisme plus ou moins grammaticalisé entre deux formations distinctes sur une même base : *lauare/laui*. Le deuxième est une identité des formes de première personne du singulier de l'indicatif présent. Historiquement, ce fait peut tenir à :

> – une coïncidence ponctuelle entre deux formes issues de familles lexicales distinctes : *uolo* pour *uolare/uelle*
> – l'homonymie entre les radicaux et les premières personnes du présent de l'indicatif de deux familles lexicales distinctes en latin, dont l'une produit un verbe du premier et l'autre du troisième groupe : *mandare/mandere, fundare/fundere, -serare/-serere, legare/legere, iugare/iu⟨n⟩gere, -dicare/-dicere, -ducare/-ducere, -pellare/pellere, pinsare/pinsere, fugare/fugere, lauare/lauere* et *lauari/laui*
> – des alternances sporadiques entre deux formations pour un même verbe : *sono* priniicipalement de la première conjugaison mais occasionnellement des formes de la troisième, *crepo* de même, *orior, potior, morior.*

Le troisième phénomène est celui, sensible en synchronie, de la double dérivation sur un même radical de deux verbes sans homonymie des premières personnes du singulier de l'indicatif présent[90] :

> – première et deuxième conjugaisons : *sedo/sedeo, albo/albeo, duro/dureo, maturo/matureo, denso/denseo*
> – deuxième et troisième conjugaisons : ?*pinseo*[91]/*pinso, fulgo/fulgeo, ferueo/feruo, strideo/strido, pendeo/pendo*
> – première et quatrième conjugaisons : *metari/metiri, seruare/seruire, sanare/insanire, aptare/ineptire.*

Le chapitre *Deferentia IIII coiugationum* (par. 95-96) résume les règles présentes dans le premier livre d'Eutychès. Il reprend à ce dernier la démarche par finale du thème d'infectum : les voyelles en premier, *e, u, i*, les consonnes ensuite, avec des généralités sur la formation des verbes par dérivation (96, 1734-1757).

---

[90] Le phénomène est décrit par EVT. 463, 22-30.

[91] En l'absence d'émendation simple, Löfstedt dans MALS. 1965, p. 93-94 analysait ce genre de forme fantôme de la deuxième conjugaison comme des re-formations soit sur les parfaits en *-ui* (en l'occurrence mal attesté), soit sur les verbes attestés (ici *pinsere* et *pinsare*). On notera que, contrairement à Malsachanus, l'auteur du *De uerbo* ne multiplie pas les formes fantômes de ce type.

Polysémies

Le traitement du verbe s'achève par deux paragraphes portant sur des types de polysémie. Dans le premier, il s'agit de formes verbales de première personne du singulier de l'indicatif présent identiques à des formes nominales de nominatif singulier. Cette liste, ainsi que la remarque concernant le sens de dérivation (97, 1759-1762), manifeste l'influence d'Eutychès. Le bref chapitre « *de uaria significatione* » est une liste de verbes dont différentes significations ont paru assez éloignées pour justifier une remarque de la part du grammairien.

Le traitement de *sis*, en revanche, appelle un commentaire. Il est doublement déplacé là où il se trouve (98, 1768-1771) puisqu'il s'agit d'une forme isolée issue de la contraction de *si uis*, déjà expliquée parmi les défectifs (91, 1595-1596), et non d'un verbe complet. En outre, parmi les équivalences proposées, on trouve une série de formes pronominales dont la plupart n'ont pas de rapport clair avec *sis*.

2. Participes et impersonnel

Au contraire du traitement des quatre conjugaisons, celui des participes est presque réduit à des règles de formation pour les différents temps et voix. Une telle approche de type *regulae* est inadaptée au traitement séparé du participe. Les formations de participe, en effet, sont largement traitées dans la conjugaison de chaque groupe verbal. La séparation du traitement du participe, en revanche, découle d'un raisonnement artigraphique sur les *accidentia* : ceux du participe sont en partie ceux du nom et en partie ceux du verbe. De ce fait, le contenu du chapitre est largement redondant, ce qui peut expliquer son abrégement dans le *De uerbo* par rapport à ses sources.

Le problème que pose le micro-chapitre sur les impersonnels est différent, quoiqu'il s'agisse également d'un ajout redondant puisque l'impersonnel a été traité parmi les *accidentia* du verbe. Il s'y ajoute une incohérence dans le fait de suivre un cadre à trois modèles de conjugaison là où le corps du traité en connaissait quatre. Le principe d'un traitement des impersonnels en tant que formes par conjugaison à la fin du traitement du verbe se retrouve dans la grammaire de Diomède (363, 2–364, 7). Cela dit, les exemples du *De uerbo* ne sont pas les mêmes, et le grammairien a développé la conjugaison aux différents temps et modes, comme

82 INTRODUCTION

il l'avait fait dans l'étude des quatre conjugaisons. Notre hypothèse est qu'il s'agit là de la trace d'une étape préparatoire au
traité, sous forme d'un développement qui aurait dû être intégré
à l'étude de la conjugaison ou supprimé.

3. Le latin de la conjugaison

Flexion

Le *De uerbo* inclut dans le déroulé des flexions verbales régu-
lières des formes que la grammaire moderne du latin considère
comme des formations occasionnelles, voire des exceptions.

> – *Vlterior modus*: il s'agit des formes périphrastiques en participe
> passé + parfait/plus-que-parfait/futur antérieur du verbe «être». Il est
> traditionnel chez les grammairiens latins d'en tenir compte dans la
> conjugaison[92].
> – Impératifs dits «futurs» en *-to-*: il s'agit non seulement de la forme
> courante de P3 en *-to* mais aussi des formes analogiques de P5 en *-tote*,
> P6 en *-nto* et de passif en *-tor*, *-minor* et *-ntor*. Le *De uerbo*, dont les
> séries de conjugaison sont souvent abrégées, en mentionne seulement
> à partir de la conjugaison des inchoatifs, mais sur le principe d'une
> formation régulière. Les formes présentes dans l'opuscule sont rare-
> ment attestées en emploi, mais se retrouvent pour la plupart soit chez
> Malsachanus (l. 1284-1285; 1476-1477; 1522; 1539-1540) soit dans les *Insti-
> tuta artium* (1309 et 1512-1513). En revanche, il n'y a pas de parallèle,
> même chez les grammairiens, pour les formes de *queo* (1398 et 1450-
> 1451).
> – Infinitifs futurs actifs formés du supin en *-tum + ire*: il s'agit d'une
> formation symétrique de celle de l'infinitif passif en supin en *-tum +
> iri*. Le *De uerbo* en donne le principe (19, 336), et des exemples spo-
> radiques dans la conjugaison (*sessum ire* l. 1015; *cautum ire* 1017; *lau-
> tum ire* 1504; *esum ire* en 1533)[93].
> – Double futur des verbes de la quatrième conjugaison (76): le
> *De uerbo* distingue deux niveaux. De droit (*iure*), les verbes en *-eo*
> (*queo*, *eo* et leurs composés) forment le futur en *-bo* tandis que les
> verbes à *-ī-* forment le futur en *-a-*. La licence (*libertas*) poétique au-

---

[92] Ainsi la récitation de la conjugaison du verbe *lego* dans l'*Ars minor* de
Donat (594-595 – Holtz). Le commentaire de Servius (414, 24-26) exprime
comme une règle l'existence de ce «mode antérieur» associé à tous les passifs périphrastiques. Les caractérisations sémantiques sont plus rares : on en
lit dans *Expl. in Don.* 508, 25-32 et chez Clédonius (GL 5, 20, 4-6). D'après
Bonnet dans Ps. Avg., *Ars breu.*, n. 62.2, il s'agit d'une traduction du parfait
grec.
[93] Voir ci-dessus p. 42, n. 34.

II – ANALYSE DU TRAITÉ

torise l'inversion complète et sans contraintes de ce schéma et non, comme le constate la philologie moderne, une extension ponctuelle par analogie du suffixe en -*b*-[94].

Lexique

Les listes de vocabulaire du *De uerbo* ne sont pas dépourvues de formes étrangères au latin classique. Il y a vingt ans, Bengt Löfstedt avait relevé celles qu'il retrouvait dans l'Ars Malsachani ou dans la littérature hiberno- et plus généralement médio-latine[95]. Nous proposons ici un relevé plus systématique mais limité aux formes aberrantes conservées dans l'édition. En effet, en l'absence de tradition manuscrite diversifiée, il est parfois difficile de faire la part des erreurs du copiste et de celles du grammairien. C'est ce qui nous a conduite à adopter une position conservatrice dans l'édition tout en commentant ici la genèse des formes rares ou inconnues. Nous n'avons pas tenu compte des fautes d'orthographe courantes. La référence entre parenthèses est à la ligne du texte.

La majeure partie de ces formes peut s'expliquer par les moyens de la paléographie en faisant intervenir soit la source du *De uerbo* soit d'autres témoins de cette source. Tel est le cas des formes suivantes :

aliquo (843)] eliquo *Prisc. Eut. Clem. Scot.* – obsacro (844)] obsecro *Eut.* – celso (846)] cesso *Eut.* – patricinor (863)] patrocinor *Eut.* – exacror (866)] exsecror *Eut.* – fruor (866)] furor *Eut.* – adaerio (877)] adero *Coni. Paris.* – areto (877)] arieto *Coni. Paris.* – allo (878)] albo *Mals.* – cacio (879)] calceo *Mals. Coni. Paris.* – cantico (882)] cantito *Mals. Coni. Paris.* – cerso (883)] cesso *Mals. Coni. Paris.* – delibro (886)] delibero *Mals.* – denostro (887)] demonstro *Mals. Coni. Paris.* – effugio (890)] effugo *Mals.* – flamino (891)] flammo *Mals. Coni. Paris.* – gipto (893)] gipso *Mals.* – inilligo (896)] inquino *Mals.* – instringo (896)] instigo *Mals. Coni. Paris.* – incurro (899)] incurso *Mals.* – legito (901)] lectito *Mals. Coni. Paris.* – lino licino (901)] linocino *Mals.* (pour lenocino) – medo (902)] meo *Mals. Coni. Paris.* – micro (904)] migro *Mals.* – nocto (906)] necto *Mals.* – prino (910)] priuo *Mals.* – patito (910)] palpito *Mals. Coni. Paris.* – retundo (916 et cfr 764 qui prouve que le grammairien le mettait parmi les verbes du troisième groupe)] re-

---

[94] LEUMANN-HOFMANN-SZANTYR, p. 578 (par. 428, I, C, 1) en donnent des exemples archaïques ou archaïsants et, pour le Moyen Âge, STOTZ, *Handbuch*, IV, par. 129, p. 223-224.

[95] C'est l'objet principal de l'article LÖFSTEDT, 'Zur Grammatik'.

dundo *Mals.* rerundo *Coni. Paris.* – santio (918)] saucio *Mals.* – tritino (921)] trutino *Mals.* – tribudio (921)] tripudio *Mals.* – uertito (924)] uestico *Mals.* (sans doute pour uestigo) – fungor (927)] fugor *Mals.* – geror (927)] generor *Mals.* (par correction des éditeurs) – initior (927)] inuitor *Mals.* – asperor (930)] aspernor *Mals. Coni. Paris.* – antestitor (930)] antestor *Mals.* – conspicior (933)] conspicor *Mals.* – comminissor (933)] comminiscor *Mals.* – lutor (938)] luctor *Mals.* – adoror (941)] odoror *Mals.* – sacior (944)] spatior *Mals.* spacior *Coni. Paris.* – stimulor (944)] stipulor *Mals.* – fleo reo (976)] floreo *Mals.* – beo (977)] habeo *Mals.* – pransi (994)] prandi *Mals.* – hareo (1044)] hereo *Mals.* – inlucreo (1044)] inluceo *Mals.* – lineo (1046)] liueo *Mals.* – nequeo (1049)] noceo *Mals. Coni. Paris.* – risbeo (1053)] rubeo *Mals. Coni. Paris.* – scareo (1056)] scaleo *Mals. Coni. Paris.* – abago (1138)] ambago *Coni. Paris.* ambigo *Mals.* – addero (1138/1139)] attero *Mals. Coni. Paris.* – aufugo (1142)] aufugio *Mals. Coni. Paris.* – ambigo (1142)] ambiguo *Mals.* – aspero (1142)] assero *Mals.* – coniecto (1145)] conecto *Coni. Paris.* – conpago (1145)] conpango *Mals.* – educuo (1156)] educo *Mals.* – ego (1157)] elego *Mals.* – exusio (1158/1159)] exuro *Mals.* – fudo (1159)] fundo *Mals.* – facessio (1160)] facesso *Mals.* – iuno (1161)] innuo *Mals.* (edd.) iuuo *Mals.* (codd.) – lacesco lanasco (1165)] lacesso lauasco *Mals.* – reprobo (1172)] reppo *Mals.* – reto (1172)] reddo *Mals.* – reiectio (1172)] reiecio *Mals.* – renudo (1173)] rennuo *Mals.* – seco (1174)] seduco *Mals.* – habesco (1292)] hebesco *Mals.* – senio (1355)] saeuio *Char.* – malio (1359 et 1429)] mollio *Clem. Scot.* – lanio (1429)] lenio *Char. Diom.* – amitio (1432)] amicio *Mals.* – labessio (1440)] labefio *Mals.* – ungio (1446)] uagio *Mals.* – sedio (1720)] saepio *Eut.* – electio (1725)] elicio *Eut.* – fingo (1726)] fugio *Eut.* – uentilor (1750)] uentilo *Eut. Mals.* – febricitor (1750)] febricito *Eut. Mals.*

Quelques cas de ce type sont plus complexes. Ainsi lit-on (1250/1251) « *'meto metui' uel 'messui'* ». On peut y voir la fusion de deux règles : la formation d'un parfait *metui* pour le présent *metuo* et celle d'un parfait *messui* pour le présent *meto*[96]. Il faut mentionner ici *estio* (1429), sans doute à corriger en *gestio* d'après Charisius (478, 19), quoique les listes des deux grammairiens ne se répondent que d'assez loin.

Outre les confusions paléographique, on trouve des confusions phonétiques. Elles sont généralement banales et sont la conséquence d'évolutions phonétiques datant de l'Antiquité tardive : e/i, o/u, ci/ti et b/u. Un cas mérite discussion : *frigo* (751 et 832) cité comme verbe de la première conjugaison là où les textes pa-

---

[96] Cette dernière règle correspond selon Diomède (367, 26) et Priscien (2, 419, 9-11 et 537, 6-10) à une formation archaïque mal attestée.

II – ANALYSE DU TRAITÉ

rallèles ont *frico* «frotter». Il peut s'agit d'une confusion avec *frigo -ere*, «frire» ou d'un indice de la palatalisation romane qui conduit de lat. *fricare* à fr. *frayer*.

Les listes du *De uerbo* véhiculent également des formes de grammairiens que l'on retrouve dans les textes parallèles mais dépourvues d'attestation littéraire. Ainsi, retrouve-t-on dans les grammaires tardo-antiques les formes suivantes:

– *ferro* (845) parmi les verbes du premier groupe: présenté par Priscien (2, 442, 12) comme une formation possible d'après *ferratus*
– *incesso* (846) parmi les verbes du premier groupe: Eutychès (483, 4-5) l'a lu chez Stace (*Theb.* 11, 361) sous la forme *incessantem*, quoique les éditions de Stace donnent *incessentem* d'après les meilleurs manuscrits
– *nexo* (850) parmi les verbes du premier groupe: il s'agirait d'un doublon archaïque de *nexere* mentionné par Diomède (369, 20) et Priscien (2, 469, 13-16 et 538, 6-12), quoique ce dernier l'appuie, outre un fragment de Livius Andronicus, par une leçon alternative à *nixantem* chez Virgile (*Aen.* 5, 279)
– *texo* (849 et 870) parmi les verbes du premier groupe: peut-être une mélecture d'Eutychès (485, 13)
– *fiducior* (853) parmi les déponents: comme chez Eutychès (450, 17), qui ne donne pas d'exemple[97]
– *labor* (854) parmi les déponents du premier groupe: peut venir d'une lecture trop rapide ou dans un manuscrit mal glosé d'Eutychès (467, 22-27), moins vraisemblablement de Charisius (412, 5), sans compter que les confusions entre *labare* et *labi* ont pu être assez répandues dans les manuscrits médiévaux (quelques exemples dans le *Thesaurus* 7, 2, col. 779, 17 et 780, 10)
– *modulo* (904) parmi les transitifs du premier groupe: peut venir en dernière analyse de Priscien (2, 396, 12) qui l'inclut dans une liste de verbes transitifs ou déponents[98]
– *pexui* parfait de *pecto* (1251): utilisé seulement dans une lettre d'Avit de Vienne (*Epist.* 86 Peiper = 82, 1 Malaspina), et par ailleurs mentionné par une série de grammairiens tardo-antiques (Charisius 318, 12; Diomède 367, 25; Phocas *GL* 5, 433, 10; Priscien 2, 536, 5-7 en particulier avec une citation de l'*Octavie* de Mécène), à la suite, semble-t-il, d'Asper

---

[97] FLOBERT, *Les verbes déponents*, p. 275 propose une double influence, de l'adjectif *fiduciatus* «engagé» et des verbes du même champ sémantique *feneror*, *pigneror*.

[98] FLOBERT, *Les verbes déponents*, p. 320 signale les très rares occurrences de l'actif, qui forment un contraste avec, p. 366, les exemples multiples de diathèse passive en poésie classique puis en latin post-classique.

86   INTRODUCTION

– *stertui* parfait de *sterto* (1251) : mentionné par Charisius (318, 17), Diomède (367, 24), Phocas (*GL* 5, 433, 9-10) et Priscien (2, 237, 11-13) qui n'a
trouvé à l'appui qu'un exemple du composé *destertui* (PERS., *Sat.* 6, 10)
– *arcio* (1433) : variante d'*accio* et origine d'*arcesso* selon Priscien
(2, 35, 5-7).

Parmi les grammaires médiévales les plus proches du *De uerbo*,
celle qui partage la majorité de ses formes de grammairien est
celle de Malsachanus. En voici notre relevé :

bailo (879) – *bullo* (879) – *crismo* (882) – *certito* (883) – *cellibo* (883) –
coalo parmi les verbes du premier groupe (883) – *deamintro* (885) –
detexo (885/886) – *fibro* (892) – *fastudio* (893) – *gipto*[99] (893) – *globo*
(894) – *gemito* (894) – *hamo* (895) – *hareno* (895) – *horribilio* (895) –
infizo[100] (56, 10) – *lintro* (900) – *prolibro*[101] (912) – *quaterno* (914) –
regnifico (915) – *simbulo* (919) – *terno* (921) – *uellito* (922) – *uechito*
(922) – *ualito* (922) – *ussito* (923) – *uellico* (924) – *adpretior* déponent
(931) – *emitor* (934) – *furor* (935) – *mechor* (939) – *cieo cieui* (983) –
frigeo frixi (988/989) – *purgeo purxi* (989) – *pelliceo pellexi* (990) – *bar-
reo blandeo -sco* (1037) – *continesco* (1037) – *degeo* (1039) – *disileo*
(1039) – *eliceo* (1040) – *fremeo* (1042) – *garreo geo* (1043) – *hibeo* (1043) –
inoleo (1045) – *largeo* (1046) – *langeo* (1046) – *mugeo* (1047) – *miteo*
(1048) – *occuleo* (1049) – *obmuteo opuleo obtereo* (1049/1050) – *pollesco*
(1051) – *purgeo* (1051) – *pelliceo* (1051/1052) – *rareo* (1052) – *rudeo*
(1053) – *torqueo* (1057) – *tremeo* (1058) – *uerreo*[102] (1059) – *uergeo*[103]
(1059) – *mereor medi merui* (1068) – *arcessio* (1140) – *barro bobo*
(1143) – *cido* (1144) – *cumbo* (1144) – *cerpo* (1144) – *distingo* (1152) –
diglutino[104] parmi les verbes de la troisième conjugaison (1154) – *discio dissentio* parmi les verbes de la troisième conjugaison (1155) – *dissipisco* (1155/1156) – *aego*[105] (1156) – *fello* parmi les verbes de la troisième
conjugaison (1160) – *iecio* (1161) – *inluo* (1162) – *ligurrio* (1165) – *orgo*
(1168) – *sungo* (1174) – *uagurro* (1176) – *dormesco* (1293) – *discutio discio* (1435) – *grunnio quod et grundio* (1438) – *trio* (1445).

---

[99] Comme les manuscrits de Malsachanus, forme que Löfstedt corrige en
gipso. Les *Coniugationes Parisinae* ont *gippo*.
[100] Probablement une activation d'*infitior* avec notation par ⟨Z⟩ de l'assi-
bilation de la séquence *-tio-* ; les *Coniugationes Parisinae* ont *infityzo* et les
manuscrits de Malsachanus *inpizo* et *inpixo*. Pour les emplois passifs et un
possible emploi actif chez Plaute, voir FLOBERT, *Les verbes déponents*, p. 294
et 355.
[101] Malsachanus a *probro*.
[102] Erreur triviale pour *uireo* selon les éditeurs de Malsachanus.
[103] Erreur triviale pour *uegeo* selon les éditeurs de Malsachanus.
[104] Löfstedt corrige en *deglobo*.
[105] Voir MALS. 1965, p. 134, n. 1.

II – ANALYSE DU TRAITÉ

Certaines des formes aberrantes du *De uerbo* absentes de Malsachanus se retrouvent à peu de choses près dans les *Coniugationes Parisinae*:

heblo (895)] *hebello* Coni. – *inilligo* (896) – *quadnor* (928)] *quador* Coni. – *incaleo -sco* (1045)] *inaleo* Coni. – *incaneo* (1045) – *inhibesco* (1045) – *muteo* (1047) – *olesco* (1049) – *repareo* (1054) – *strigeo* (1055) – *conperio* (1150) – *conterio* (1147).

Enfin, il faut mentionner *cordo* (835), partagé avec Tatwine, peut-être une réanalyse de *concordo* et *liquor licitus sum* (1315), partagé avec Clemens Scot, peut-être par confusion de *liceo licitus sum* (Char. 466, 19).

Il est possible qu'une part des formes en apparence aberrantes du *De uerbo* s'avèrent en fait être des lexèmes médiévaux notés plus tardivement. Pour l'instant, parmi les exemples sans parallèle dans les grammaires, nous avons relevé *aduexo -are* (849), composé de *uexare* employé dans la *Lex Visigothorum* (lib. II, tit. I, cap. 31). De façon un peu différente, il est possible qu'*ingemo* (898) placé parmi les verbes de la première conjugaison recouvre un *ingenuo*, attesté au sens d'«affranchir» dans quelques textes du haut Moyen Âge[106].

Une règle isolée du *De uerbo* conserve un certain mystère: *merso di- in preterito distant* (846/847). En effet, si *demerso* «plonger à plusieurs reprises» est attesté par Martianus Capella (*Nupt.* 8, 846), nous n'avons pas trouvé trace d'un parfait de ce verbe.

Restent quelques *hapax* irréductibles, plus ou moins explicables. Placer *inpertio* (1163) et *rescio* (1173) parmi les verbes de la troisième conjugaison paraît une simple erreur de classement. La forme *prelino* (911) recouvre peut-être simplement un *praeleuo* et *gratilor* (936) ressemble à une dittographie pour *gratior* ou *gratulor*. On peut expliquer *conbello* (838) comme une formation analogique d'après *rebello*. De façon similaire, *admonesco* (1034) et *torquesco* (1057) peuvent se comprendre par une systématisation de la règle qui associe aux verbes d'état en *-eo* des verbes inchoatifs en *-sco*. Restent sans explication: *mocro* (904), *zetizo* (925), *buo* (1143), *dispango* (1152), *gigno uel geno* (1160), *sisto sistii* (1252), *adsuio* (1433).

---

[106] Le *Latinitatis Italicae Medii Aeui Lexicon* (*Archivum latinitatis medii aevi*, 68 (2010), p. 7) cite la *Lex Rom. Raet.* 437, 15 pour l'infinitif.

CHAPITRE III

LES SOURCES ET PARALLÈLES

Le *De uerbo* est un texte de nature compilatoire[1]. Il n'a pas exploité ses sources de manière constante ni systématique. Les procédés de composition qu'il emploie sont variés et méritent d'être rappelés avant toute évaluation des sources. Le traité, en effet, se prête parfois très bien à l'établissement d'une typologie des modes de compilation.

En 19, 330-331, le texte présente un procédé d'ordre macrostructurel. Cela concerne le développement consacré aux *uerba gerendi*, qui est introduit comme un écart par rapport à la tradition de Donat. Puisque Donat n'a pas exprimé de doctrine au sujet de ces formes, dit le texte, il est utile d'intercaler l'opinion d'autres grammairiens. L'emploi du verbe *inserere* implique que Donat fournit le cadre de la grammaire et qu'un chapitre constitué entièrement de sources autres constitue une interpolation dans la logique même de la grammaire. De fait, dans le plan que suit le *De uerbo* pour l'étude des accidents du verbe, et qui lui vient de Donat, le chapitre *de uerbis gerendi* prend place à la suite de l'étude des modes, entre le traitement de la *qualitas* et celui de la conjugaison. Quant aux autorités citées dans le texte des paragraphes 19 à 24 (Priscien, Pompée, Servius) et aux formulations parallèles (*Donatus ortigraphus*, *Sapientia ex sapore*), elles semblent bien

---

[1] De ce fait, les textes parallèles et les sources, lorsqu'elles sont identifiables, complètent la tradition manuscrite en vue de l'établissement du texte. Cela dit, autant celle-ci est simple et univoque, autant les textes parallèles constituent un ensemble foisonnant aux contours flous. Pour l'apparat des sources ultimes, antiques, nous avons dépouillé les recueils des *Grammatici Latini*, le livre 3 des *Noces de Philologie et Mercure* de Martianus Capella et les *Étymologies* d'Isidore de Séville. Pour l'apparat des sources et parallèles médiévaux, nous avons dépouillé trois traités signalés par nos prédécesseurs pour leur proximité avec le *De uerbo*. Nous y avons ajouté deux textes édités dont l'intérêt pour notre édition est apparu à l'occasion des recherches dans les bases de données et trois textes inédits que nous ont suggérés des sondages dans les manuscrits. Sur ce dernier point, le travail ne saurait être considéré comme achevé. Dans les pages qui suivent, nous avons voulu à la fois justifier les choix effectués et donner une vue synthétique de l'apport des traités les plus proches à l'établissement de notre texte. Nous en profitons pour signaler les apports potentiels du *De uerbo* aux textes parallèles.

III – LES SOURCES ET PARALLÈLES   89

s'écarter de ce que l'on observe ailleurs dans le traité. Il y a donc un recours clairement annoncé à des sources sectorielles qui ne sont pas celles de la majeure partie du traité.

À un niveau plus fin, sans quitter des formulations qui identifient directement les sources utilisées, le *De uerbo* a pratiqué la concaténation des sources. Il en présente un exemple très net dès le chapitre de définition du verbe, en 2, 27-30. Ces deux phrases enchaînent la définition de Consentius puis celle de Donat. Cette dernière seule est commentée dans la suite du paragraphe, en un développement qui suit de près le commentaire anonyme *ad Cuimnanum* (12, 30-99). Tout se passe donc comme si la première définition avait été ajoutée en tête du chapitre. Le traité n'est pas pour autant une chaîne dans son ensemble : il ne nomme pas systématiquement ses sources, il lui arrive de modifier profondément les formulations dont il a hérité (par exemple en 1, 20 la citation de Consentius), les sources mises à contribution varient d'un chapitre à l'autre[2]. L'opuscule reste une synthèse personnelle, bien que le compilateur du *De uerbo* ait ponctuellement employé la méthode de composition des chaînes.

Le *De uerbo* offre un exemple très instructif d'utilisation simultanée d'un ouvrage et de sa source en 36, 586-591. Il s'agit de l'étymologie de *tempus* par *temperamentum*, qui est répétée deux fois en des formulations différentes[3]. La première (36, 586-588) attribue l'étymologie à Augustin et provient vraisemblablement de l'anonyme *ad Cuimnanum* (18, 9) ou d'une source commune à celui-ci et au *De uerbo*. La seconde (36, 588-591) est prise, sans doute directement, aux *Étymologies* d'Isidore de Séville et correctement attribuée. L'aboutissement logique du procédé aurait dû être la suppression de la première formulation mais l'auteur n'est pas allé au bout de son entreprise. Il reste par conséquent un témoignage parfaitement clair de la méthode de composition fréquente en grammaire par utilisation d'un texte et de sa source.

Enfin, à tous les niveaux, et en particulier celui de la phrase, le *De uerbo* pratique la contamination des sources, mêlant les formulations issues de différentes traditions. Ainsi, dans le chapitre *de tempore*, la phrase 37, 613-619 paraît un montage de Diomède,

---

[2] Le développement des chaînes grammaticales est contemporain de celui des chaînes exégétiques, comme le note MUNZI, *Custos*, p. 20.

[3] Voir CONDUCHÉ, 'Comment naissent les temps du verbe ?'.

INTRODUCTION

qui fournit les définitions de l'imparfait et du parfait ainsi que des désignations alternatives, et de Consentius, qui fournit le début de la définition du plus-que-parfait. Cet entrelacs se retrouve tout au long du paragraphe et constitue un aspect important de la récriture des sources qu'ont effectuée le *De uerbo* et ses prédécesseurs.

A. L'ENVIRONNEMENT : TRAITÉS ALTO-MÉDIÉVAUX

Le premier philologue à avoir traité la question des sources du *De uerbo* est Taeger. Ce dernier a souligné l'appartenance du *De uerbo* à un groupe de grammaires latines datées des VIIe-VIIIe siècles : la *Congregatio Salcani filii de uerbo*, l'*Ars ambrosiana*, l'*Expossitio latinitatis ad Cuimnanum*. Elles partagent une série d'aberrations issues en dernière analyse de la mélecture de sources antiques. En conséquence, Taeger proposait de les rattacher à une source commune, un traité grammatical hiberno-latin qui aurait compilé directement les sources antiques et qui serait à l'origine des erreurs partagées, sans exclure absolument l'hypothèse d'une contamination plus horizontale entre les quatre grammaires[4]. Sans reprendre les conclusions de cet article, sans même le mentionner, Löfstedt, dans un article de 1998, a confirmé la proximité d'exemples rares et de formes fantômes présents dans le *De uerbo* avec ceux de la *Congregatio*[5].

Les trois traités que nous venons de mentionner sont donc les premiers à confronter au *De uerbo* pour en comprendre la composition. Réciproquement, la publication du *De uerbo* devrait permettre de compléter l'image que nous avons de ce secteur de la tradition grammaticale latine. En outre, sans mentionner directement le *De uerbo*, les philologues du siècle dernier ont proposé pour la *Congregatio Salcani filii* des apparentements avec toute la constellation des traités grammaticaux des VIIe-IXe siècle, parmi lesquels ressortent en particulier la grammaire de Clément Scot, l'*Ars Ambianensis* et les *Coniugationes uerborum*[6].

Du point de vue du *De uerbo*, la hiérarchie des proximités est très nette. Il forme un couple étroit avec la *Congregatio Salcani*

---

[4] TAEGER, 'Multiplex'.
[5] LÖFSTEDT, 'Zur Grammatik'.
[6] MALS. 1905 ; MALS. 1965 ; LAW, 'Malsachanus reconsidered'.

filii de uerbo. Viennent ensuite les deux commentaires sur l'*Ars maior* de Donat, l'*Ars Ambrosiana* et l'anonyme *ad Cuimnanum*, avec lesquels le *De uerbo* partage des agencements de sources, des formulations et une orientation générale. Enfin, viennent les traités qui ont des blocs en commun avec le *De uerbo* sans que cela implique une proximité sur les autres points : Clément Scot, les traditions de l'*Ars Ambianensis*, de *Donatus ortigraphus* et de *Sapientia ex sapore*, les *Coniugationes*.

1. Malsachanus et les traités proches

Le traité le plus proche du *De uerbo*, parmi toutes les grammaires latines connues, est celui que l'on désigne en général comme *Ars Malsachani*. La proximité avec le chapitre *de uerbo* de Malsachanus touche toutes les parties constitutives du traité : introduction, étude des *accidentia*, listes de verbes par modèle de conjugaison, formations de parfait, verbes irréguliers et participe. L'*Ars Malsachani* est le texte connu à ce jour qui recouvre le plus largement celui du *De uerbo*. La réciproque, en revanche, n'est pas assurée car l'*Ars Ambianensis* est souvent proche de l'*Ars Malsachani* sur les points où le *De uerbo* s'en écarte. Néanmoins, ni l'un ni l'autre ne se limite à ces éléments communs. Les rapports entre ces deux traités méritent donc une attention particulière et des hypothèses précises sur leur ordre.

La définition même de l'*Ars Malsachani* pose problème. Pour en rappeler les grandes lignes, le traité est transmis par deux témoins manuscrits anciens indépendants l'un de l'autre, *P* (Paris, BnF, lat. 13026), originaire de Corbie ou de la région parisienne selon Bischoff, et *N* (Naples, BN, lat. IV A 34), originaire de Luxeuil[7]. Tous deux sont datés du début du IXe siècle, tandis que le texte pourrait leur être antérieur d'un siècle environ. Cela dit, la diffusion et la fortune de cette grammaire ont certainement été plus larges : Filippo Bognini a récemment identifié un exposé sur le verbe qui pourrait en être dérivé dans un manuscrit du XIe siècle[8]. C'est *P* qui fournit l'attribution, d'abord par le titre d'*Ars Malsachani*, puis par la formule «*finit congregatio Salcani filii de uerbo*». De *Salcani filius*, on a déduit un patronyme cel-

---

[7] Pour le premier, voir GANZ, p. 157, BISCHOFF, *Katalog*, III, n° 4864. Pour le second, BISCHOFF, *Katalog*, II, n° 3573.

[8] BOGNINI, 'Trier, Bistumsarchiv, Abt. 95, Nr. 16'.

tique, sans doute irlandais, « Mac Salcháin », dont « Malsachanus » serait une latinisation[9]. Dans *P*, cette grammaire est en fait réduite à un traité sur le verbe et le participe, ce qui la rapprocherait typologiquement de notre *De uerbo*. Dans *N*, on lit le même traité sur le verbe et le participe à la suite d'un traité sur le nom et le pronom qui se retrouve dans l'*Ars Ambianensis*[10]. C'est l'ensemble que Bengt Löfstedt a édité sous le nom d'*Ars Malsachani*.

Les points communs entre Malsachanus et le *De uerbo* s'observent à toutes les échelles. En premier lieu, ils associent tous deux une présentation de la partie du discours et de ses *accidentia* à une présentation détaillée de la conjugaison. Ce faisant, ils se situent dans la tradition de traités tardo-antiques à visée exhaustive comme ceux de Charisius, de Diomède et de Priscien. Des deux côtés, les correspondances littérales couvrent des paragraphes entiers, en particulier ceux qui présentent des listes de verbes suivant chaque modèle de conjugaison. Au niveau du plan, les deux traités s'éloignent de leurs sources tardo-antiques, et en particulier de Donat, en traitant des *formae* (les dérivations de type désidératif, inchoatif, itératif) avant les modes et en adoptant pour la conjugaison un plan à quatre modèles principaux. Enfin, les correspondances littérales à l'échelle de la phrase permettent d'utiliser le texte de Malsachanus pour établir celui du *De uerbo* et, réciproquement, de proposer des émendations à Malsachanus d'après le témoignage du *De uerbo*. Il nous a paru justifié de donner un tableau synoptique des correspondances du texte du *De uerbo* avec Malsachanus par paragraphe, en tenant compte exclusivement des correspondances (quasi-)littérales.

Paragraphes	Aucune correspondance	Moins de 50 % des phrases	Plus de 50 % des phrases	Correspondance totale ou presque
1-2		×		
3			×	
4		×		
5-8			×	
9-15		×		
16			×	

---

[9] MALS. 1905, p. IX.
[10] LAW, *The insular Latin grammarians*, p. 71-72.

III – LES SOURCES ET PARALLÈLES

Paragraphes	Aucune correspondance	Moins de 50 % des phrases	Plus de 50 % des phrases	Correspondance totale ou presque
17		×		
18	×			
19		×		
20	×			
21-24		×		
25			×	
26		×		
27			×	
28-29		×		
30	×			
31			×	
32				×
33	×			
34			×	
35		×		
36-38	×			
39				×
40				
41-42			×	
43		×		
44			×	
45-47	×			
48			×	
49-55	×			
56-58				×
59	×			
60				×
61	×			
62			×	
63				×
64		×		
65-68	×			
69				×

Paragraphes	Aucune correspondance	Moins de 50 % des phrases	Plus de 50 % des phrases	Correspondance totale ou presque
70	×			
71			×	
72-73	×			
74				×
75	×			
76-77			×	
78-79	×			
80-81		×		
82	×			
83		×		
84-85			×	
86-87	×			
88-89				×
90			×	
91-103				×
104	×			

On voit apparaître une césure nette entre les deux premières parties d'un côté et les deux suivantes d'un autre côté. Dans le traitement de type artigraphique de la partie du discours, les paragraphes totalement dépourvus de correspondances avec Malsachanus sont très rares et appartiennent à des chapitres dont le caractère particulier a déjà été souligné : traitement de l'impersonnel pluriel (18), des *uerba gerendi* (20), de la diathèse (30 et 33), du temps (36-38). Réciproquement, les correspondances totales se limitent à deux paragraphes. Dans la partie consacrée aux formes, en revanche, alternent surtout des paragraphes identiques à Malsachanus et des paragraphes sans aucun point commun. Toute la fin du traitement du verbe couvrant les défectifs et la répartition entre conjugaisons, ainsi que le participe, se retrouve chez Malsachanus. Sur le plan du contenu, ces recoupements et divergences recouvrent les orientations singulières des deux textes. L'*Ars Malsachani* est beaucoup plus constante que le *De uerbo* dans le traitement du niveau relativement élémentaire qu'elle s'est choisi. Pour le traitement des *accidentia*, elle reste assez sèche et très proche des références de base, Donat et Consen-

III – LES SOURCES ET PARALLÈLES

tius[11]. L'exposé sur la conjugaison conserve les verbes ordinaires comme modèles et développe entièrement la récitation des formes personnelles du verbe. Dans l'*Ars Malsachani*, l'étude des verbes irréguliers ou défectifs, des indices de classement des verbes et du participe suit encore cette même approche avec une totale cohérence et sans écourter un seul développement. Les éléments du *De uerbo* absents de l'*Ars Malsachani*, à l'inverse, sont ceux où notre traité s'écarte des voies les plus balisées de la grammaire latine, introduit des théorisations que nous retrouvons dans les commentaires exégétiques de Donat et des exemples originaux, et multiplie les présentations de formes de parfait et les listes de verbes.

Dans la partie de type artigraphique, si l'on descend à un niveau de détail encore plus fin, les relations entre les deux textes ne se prêtent pas à une explication facile. Les développements du *De uerbo* ne sont pas entièrement inclus dans ceux de Malsachanus, ni ceux de Malsachanus dans ceux du *De uerbo*. Aucun des deux textes n'est donc un pur résumé ni une pure expansion de l'autre. En revanche, ils présentent des montages des mêmes sources en des termes à peu près identiques mais avec des découpages différents. Quelques exemples permettront de mettre en évidence les variations.

Malsachanus, 200, 19-20	Donat, 632-633	*De uerbo* 16, 4
Cuius uerba aut in tur exeunt aut in it aut in et aut in at, et aliquando duplitia ab uno uerbo fiunt, ut legit et legitur, sedet et sedetur et alia.	hunc quidam modum pro genere ac significatione uerbi accipiunt, cuius uerba aut in tur exeunt aut in it aut in et. sed quae in tur et in it exeunt, haec ab indicatiuo oriuntur, ut lego legitur, contingo contingit.	Hinc Donatus ait: hunc quidam modum pro genere ac significatione uerbi accipiunt, cuius uerba in at, in et, in it, in tur terminantur et ab uno uerbo duplicia ueniunt, ut legit et legitur, sedet et sedetur.

---

[11] Les sources de Malsachanus sont pour l'essentiel identifiées dans l'apparat de l'édition Löfstedt. Il y manque, d'après l'hypothèse que nous présenterons ci-dessous, Martianus Capella. LAW, *Grammar and grammarians*, p. 39-40 a émis l'hypothèse que le traitement des *accidentia* s'appuie sur un traité irlandais du VIIe siècle utilisé également dans l'*Ars grammatica* de Clément Scot. Même si l'existence d'un tel intermédiaire était confirmée, elle n'intéresserait que marginalement notre *De uerbo*, dont les recoupements avec Malschanus sont littéraux mais les points communs avec Clément Scot peu spécifiques.

96 INTRODUCTION

Dans cet exemple extrait de l'exposé sur les impersonnels, le *De uerbo* a cité plus largement Donat mais Malsachanus lui est resté plus fidèle dans la formulation. Les deux textes doivent donc dériver de Donat de façon indépendante. Néanmoins, ils présentent des innovations communes par rapport à Donat : l'ajout de la catégorie des impersonnels en -*at*, sous l'influence de Consentius (371, 1-2), et la dernière proposition, apparemment sans parallèle externe. Il faut donc supposer un lien indépendant de Donat entre les deux traités médiévaux. Voyons à présent un remaniement de l'autre source ultime fondamentale, Consentius.

Malsachanus 207, 12-26	Consentius 379, 19-28	*De uerbo* 35, 565-583
Sunt uerba, quae non possunt conponi, ut aio queso; incesso enim incessis uel as ortografia et significatione distat. Sunt conpossita, quae simplitia nullo modo fieri possunt; aut II corruptis aut ex posteriore corrupto conponuntur, ut suspitio sufitio refitio impleo impero.	illud autem in dubium non uenit, pleraque uerba non posse conponi, ut aio quaeso, et pleraque rursus conposita simplicia fieri non posse, ea scilicet, quae aut ex duobus corruptis aut certe ex posteriore corrupto conponuntur, ut sufficio reficio.	Sunt uerba quae conponi non possunt ut aio queso [...] Sunt uerba conposita quae possunt esse simplicia ut repono detraho: ex duobus enim integris conposita sunt. Sunt item conposita quae simplicia esse non possunt ut suscipio conpleo: cipio enim et pleo non sunt latina.
Sunt uerba perdentia suam aequalitatem accepta compositione, ut lego legi, neglego uero neglexi et similia; nam neglegi antiquorum est. Sunt non perdentia, ut clamo clamaui, declamo declamaui, reclamo, inclamo. Sunt motantia coniugationes, ut sapio is III coniugationis est, resipio uero resipis producta i IIII coniugationis; et hoc pro exceptione accipitur. Sunt non motantia, ut scando dis, item ascendo dis et alia innumerabilia. Sunt motantia genus, ut uenio nis neutrale est, inuenio uero nis actiuum est, et		Sunt quae perdunt suum sensum accepta conpositione ut lego legi neglego exi; sunt non perdentia ut clamo declamo reclamo. Sunt motantia coiugationes ut sapio sapis quod est correptae, resipio autem productae; sunt motantia genus ut uenio nis quod est neutrum, inuenio uero actiuum est; sunt non motantia ut doceo edoceo.

III – LES SOURCES ET PARALLÈLES

Malsachanus 207, 12-26	Consentius 379, 19-28	*De uerbo* 35, 565-583
similia. Sunt non mo-tantia genus, ut doceo ces actiuum est, simili-ter edoceo edoces ac-tiuum est. Sunt motan-tia significationcm, ut scio scis, nescio uero nescis et similia. Sunt non motantia, ut scribo bis, perscribo bis et similia.		
	plerique adserunt esse uerba per figuras defec-tiua, ut impleo. sed hoc absurdum uidetur, cum omne uerbum, si conponi non possit, habeat figuram simpli-cem; si uero conposi-tum sit, habeat figuram conpositam, neque sit ullum, quod non aut simplex aut conpositum dici necesse sit, nisi forte cum alterius partis conpositio uel integra uel corrupta appareat, alterius omnino non extet, ut est hoc ipsum impleo aut impero.	Alii dicunt defectione⟨m⟩ per figuram esse ut im-pleo impero sed hoc obsordum est cum omne uerbum si non sit conpositum habeat fi-guram simplicem neque sit uerbum quod his carere possit.

Ici, on voit bien que les deux traités médiévaux ont d'abord suivi d'assez près le début du passage de Consentius. Ils ont en-suite introduit un développement étranger à Consentius portant sur les changements de catégorie de flexion et de diathèse induits par la composition. Malsachanus s'en tient là et passe au traite-ment des temps, mais le *De uerbo* a étoffé en ajoutant un résumé de la fin du raisonnement de Consentius. Encore une fois, Malsa-chanus est plus fidèle à la source ultime au début, ce qui exclut une dérivation du *De uerbo*, mais le *De uerbo* cite plus largement la même source ultime, ce qui exclut sa dépendance complète à Malsachanus. Ajoutons que, dans le développement étranger à Consentius, c'est Malsachanus qui a le meilleur texte. Le premier point porte en effet sur la régularité, *aequalitas*, dans la forma-tion du parfait ; l'auteur du *De uerbo* a probablement lu *qualitas*, terme ambigu qu'il a remplacé par *sensus*. Il ne s'agit pas ici d'une

98 INTRODUCTION

maladresse de copiste mais de l'intervention de l'auteur sur le fond de la doctrine.

Dans l'exposé des quatre conjugaisons, l'échelle d'observation significative est celle du bloc modulaire, qui correspond aux capitales du manuscrit et à notre découpage en paragraphes. Les deux grammairiens ont combiné dans un ordre légèrement différent un choix souvent un peu différent aussi de blocs similaires : règles, récitation des conjugaisons, formations de parfait, listes alphabétiques. L'agencement des blocs à l'intérieur de chaque modèle de conjugaison varie largement d'un texte à l'autre. En revanche, le détail des formations de parfait et des listes de verbes associe Malsachanus et le *De uerbo* dans une relation complexe. Ici encore, le sentiment est que, paradoxalement, Malsachanus et le *De uerbo* se rencontrent, jusque dans des détails, tout en remaniant indépendamment des sources identiques.

Dans la présentation des verbes irréguliers, la proximité des deux textes se renforce. Dans l'ensemble, Malsachanus est plus complet. Néanmoins, le *De uerbo* a inséré après le traitement de *fero* une phrase sur *tollo* et le paragraphe 90 est plus développé que le passage correspondant de Malsachanus. À partir du paragraphe 91 et jusqu'à la fin du traitement du participe, le texte du *De uerbo* est inclus dans celui de Malsachanus et fait parfois l'effet d'un résumé de ce dernier. On peut ainsi comparer les règles de formation très sèches de paragraphes 100-102 aux développements plus détaillés de Malsachanus (258, 18–259, 28).

Si l'on descend au niveau de la phrase, le *De uerbo* partage avec les manuscrits de l'*Ars Malsachani* des erreurs que les éditeurs ont corrigées et qui, par conséquent, doivent remonter au moins à l'archétype de notre tradition de l'*Ars Malsachani*, voire aux sources de celle-ci.

879 : bailo *N P DV* : baiolo *N²* baiulo *Ro*
893 : gipso *Ro Lö* : gipto *N P DV*
921 : trutino *N² Lö* : tritino *N P DV* tritilo *Ro*
927 : generor *Ro Lö* : geror *N P DV*
943 : remedior *Ro Lö* : remitor *N P DV*
993 : geminata *Lö* : geminatum *N P DV*
1046 : liueo *Lö* : lineo *N P DV*
1054 : repleo *Ro Lö* : repreo *P* repareo *N DV*
1059 : uireo, uegeo *Ro Lö* : uerreo, uergeo *N P DV*

III – LES SOURCES ET PARALLÈLES

1079 : sed haec primae coniugationis sunt *N P ut gl. del. Lö* : sed non sunt secundae coiugationis *DV*

1150 : conpeto *Ro Lö* : conpero *N P* conperio *DV*

1154 : deglubo *Lö* : deglutino *N P* diglutino *DV*

1161 : innuo *Ro Lö* : iuuo *N P* iuno *DV*

1174-5 : seduco, serpo, scisco *Ro Lö* : seco, serto, susco *N P DV*

1348-9 : in bo mittunt *Lö* : in bo mittunt \i. futurum/ *N P* in bo futurum mittunt *DV*

1368 : cum hoc *Ro Lö* : et cum hoc *N P DV*

1389 : perfecto *N²* *Lö* : inperfecto *N P DV*

1442 : obedio *Lö* : obsedio *N P DV* obsepio *Ro*

1558 : odirem *Ro* : oderam *N P DV*

1653 : effor *Ro Lö* : et for *N P DV*

1664 : uerro meto [uerso] *Lö* : uerto meto uerso *N P DV*

1671 : pendeo *N²* : pando *N P DV*

1681 : cedo *Lö* : cado *N P DV*

1698 : induor *Ro Lö* : inuor *N P DV*

1716 : calcius *Lö* : calceus *N P* calcens *DV*

1755 : primae solius coniugationis generali regula sunt *Lö* : primam solam co(n)iug(ationem) g. r. *N P DV* si *N* s *P* sicut *DV*

1756 : idoneam obseruationem *Lö* : idonea obseruatione *N P DV*

Mais le *De uerbo* ne partage pas toutes les erreurs communes à *N* et *P*. De ce fait, il nous permet d'éclairer le texte de Malsachanus en de nombreux points et de confirmer plusieurs conjectures.

141 : imnius *P* : imnus *N DV*

166 : modi qui legitimi *Mals.* : modos quidam putant legitimos *DV*, ce qui nous permet de supposer que la source commune avait *modi quidem legitimi*

212-213 : coniunctum *N² DV* : coniunctam *P* coniuncta *N*

273 : licet *N P* : liquet *N² DV*

516 : haec *N² DV* : hoc *N P*

519-520 : declinationem *Ro DV* : om. *N P*

520 : sicut *Lö DV* : si *N P*

522 : sicut neutrale ideo actium *DV* : sicut ideo neutrale actiuum *Lö* si ideo actiuum *N P*

550-551 : plurali dualem esse *N P* : plurali esse puralem et dualem *DV*

650 : sermo princeps *N P* : princeps sermonis *DV*

754 : continetur *DV* : continet *N* continent *P*

878 : brebio *Mals.* : breuio *DV*

880 : corrusco *DV* : currusco *Mals.*

881 : conpagino *DV* : conpago *Mals.*

881 : continuo *DV* : contino *Mals.*

894 : gemmo *Ro* : gemo *DV* gemino *P* genimo *N*

895: hareno *N DV*: hareneo *P* haraneo *Ro*
896: hiberno *N² DV Ro*: hibernuo *N P Lö*
897: infizo *DV*: inpizo *N* inpixo *P*[12]
899: inloro *Mals.*: inploro *DV*
907: oblitero obstruo *Mals.*: oblitero obturo *DV*
908: ostenso *Mals.*: ostento *DV Ro*
911: procelero *N P*: precellero *DV* praecelero *Ro*
916: restulo *N P*: resulto *DV Ro*
922: uasto *DV Ro Lö*: uasso *N P*
928: satior *DV*: sagittor *Mals.*
1036-1037: conticeo *DV*: contaceo *Mals.*
1079: figuram *Lö DV*: figu~ *N P*
1141-1142: adnuo...adnuio *N P*: adnuo...abnuio *N² Lö* adnuo...adnuo *Ro*
    abnuo...adnuo *DV*
1142: ambiguo *N P*: ambigo *N² DV*
1146: confugo *N P*: confugio *DV Ro Lö*
1151: diludo *Mals.*: diluo *DV*
1153: deterso *N P*: detero *DV*
1174: sungo *N P*: surgo *DV Lö*
1284-1285: feruescitote *DV Ro Lö*: feruescito *P* feruescite *N*
1289: feruescitur *N² DV*: feruescit *N P*
1378: sarcio *DV Ro Lö*: *om. N* sartio *N²* sarsio *P*
1383: uerba quae *Lö*: u. que *DV* u. qm *N P*
1388: sed *DV Lö*: S *N P* sunt *Ro*
1435: diseruio [scil. deseruio] *DV*: distruo *N P* dicturio *Ro Lö*
1439: hostio *DV Ro*: hospitio *N P*
1444: sarcio *DV Ro*: saucio *N P Lö*
1489: adiecit *DV*: *om. Mals. add. Ro Lö*
1499-1500: feritis *P*: fertis *DV N*
1504: fere *N P*: ferre *N² DV*
1508: erat *DV Ro*: *om. Mals.*
1533: essum ire *DV Ro*: essum iri *N P*
1556: odirem *DV Ro*: oderam *N P*
1557: odissem *DV Ro*: odisse *N P*
1603: meire *N P*: meiere *N² DV Lö*
1604: aisti *DV Lö*: ais *N P*
1607: legitur *DV P*: ligitur *N*
1614: modo *DV*: immo *N P*
1639: pendo is *N² DV*: pendo as *N P*
1640: ineptio *DV Lö*: inepto *N P*
1675: fero tuli tetuli *DV*: fero tuli ueteres detuli *Mals.*
1682: mensura *Diom. DV Lö*: messura *N P*
1699-1700: fatuo, fatuus *Eut. DV Lö*: statuo, statuus *Mals.*

---

[12] Pour *infitior*?

III – LES SOURCES ET PARALLÈLES

1713 : calcio N^2 *DV* : calceo *N P*
1723 : tamen *DV Ro* : tantum *Mals.*
1742 : ir et eus deest *Mals. DV del. Lö*[13]
1745 : syllabas *Eut. DV Lö* : plur *Mals.*
1752-1753 : exceptis tribus rebus *DV N^2* : e. III r. *P* e. tres r. *N*
1775 : scilicet et *DV* : scilicet hac *Mals.* (à corriger en *ac*)
1775 : habent *DV* : habet *Mals.*
1786 : omne participium *DV Ro* : omnia par. *Mals.*
1799 : et *DV Lö* : haec *Mals.*
1802-1803 : cantabundus *DV* : nitabundus *N P* nitibundus *Ro* nutabundus *Lö*

Les passages communs nous fournissent encore assez d'erreurs conjonctives pour rattacher le *De uerbo* à la tradition de l'*Ars Malsachani* représentée par le manuscrit *N* (Luxeuil) plutôt qu'à celle du manuscrit *P* (Corbie). Les quelques variantes partagées avec ce dernier, en effet, lorsqu'elles ne sont pas préférables au texte retenu dans l'édition, sont indifférentes ou potentiellement polygénétiques.

96 : labesco *N* : labasco *P* lauasco *DV*[14]
121 : saluo *N Ambi.* : soluo *P N^2 Clem. DV*
906 : necto *N* : nocto *P DV*
1046 : langueo *N* : langeo *P DV*
1389 : ante u N^2 *Lö* : a. o *N* a. e *P DV*
1391 : monî *N Lö* : munî *P DV* munii N^2
1488 : iratus *N* : ratus *P DV*
1606 : aii *N* : aiii *P* aiui *DV*
1783 : quae *Prisc. N* : quae quod *P* quod *DV*

La liste des variantes partagées par le *De uerbo* avec le manuscrit *N* de l'*ars Malsachani* est plus fournie et à l'occasion plus significative.

115 : intro *P* : *om. N DV*
756 : lauo laui *P N^2* : labo laui *N DV*

---

[13] La remarque ne vient pas du copiste mais du premier compilateur, peut-être antérieur à Malsachanus et à l'auteur du *De uerbo*, qui a relevé les exemples dans un exemplaire du *De uerbo* d'Eutychès. C'est en effet dans les séries d'exemples de ce traité, source ultime du paragraphe, que manquent les formations en *-ir* et *-eus*. Bien qu'il s'agisse d'un commentaire de grammairien sur son travail, il faut donc conserver ce passage.

[14] Il n'est pas certain que la leçon authentique de Malsachanus soit celle de *N*, *labesco*, comme le soutient Löfstedt dans MALS. 1965, p. 76 et surtout n. 3. Au contraire, puisque la confusion est fréquente, y compris chez les grammairiens, on peut la prêter au copiste de *N*.

102INTRODUCTION

883-884 : colophizo *N P*: colaphizo *N²* *DV*[15]
912 : praerogo *P*: prerogo prouoco *N DV*
913 : prorogo *P*: prorogo prouoco *N* p. peruoco *DV*
923 : ululo : *post* uolo *P Lö post* uerso *N DV*
923 : uirgineo *N*: uirginio *P* uirgino *N²* *DV*
952 : seruandum *P*: obseruandum *N DV*
981-983 : *notas quantitatis om. N DV*
1023 : doctum est uel doctum fuit doctum erat uel doctum fuerat *P*: doctum est uel fuit doctum erat uel fuerat *N* doctum est fuit erat fuerat *DV*
1025 : optatiuo modo *P*: om. *N DV*
1026 : coniunctatiuo modo *P*: om. *N DV*
1027 : esset ult fuisset, erit ult fuerit *P*: esset uel fuisset, erit uel fuerit *N DV*
1032 : declinantur *P*: declinabitur *N* declinabuntur *N²* *DV*
1049 : noceo *P*: neceo *N* nequeo *DV*
1291-1295 : calesco om. *N DV*
1364 : XII praepositiones *P*: XXII p. *N* XX enim et duae p. *DV*
1533 : esse *N P*: edisse *N²* *DV*
1538 : uolimus *N P*: uolumus *N²* *DV*
1602 : defectatiua *P*: defectiua *N DV*
1776 : tempora *P*: tempus *N DV*

Nous aboutissons donc à un résultat intéressant. Le *De uerbo* a probablement utilisé directement l'*Ars Malsachani* dans une rédaction qui présentait déjà une partie des erreurs passées ensuite dans l'archétype de Malsachanus tel que nous le lisons. Mais cette rédaction paraît simultanément plus proche du manuscrit *N* que de *P*, qui dans l'analyse admise jusqu'ici sont pourtant réputés descendre d'un même modèle.

L'hypothèse que nous proposons pour rendre compte du phénomène est celle d'une utilisation simultanée de Malsachanus et de ses sources par le rédacteur du *De uerbo*. Il n'est pas pour autant indispensable de situer ce dernier dans le *scriptorium* où a travaillé Malsachanus[16]. En effet, le texte de Malsachanus semble avoir connu une certaine diffusion. Un manuscrit apparenté au témoin *N* a donc pu se trouver à disposition du grammairien res-

---

[15] Le terme attesté est *colaphizo* sur κολαφίζω (*Thesaurus* 3, col. 1569, 46-75), mais Löfstedt a reçu dans son édition *colophizo, lectio difficilior*, au titre de la confusion, fréquente dans les manuscrits insulaires, entre ⟨o⟩ et ⟨a⟩ : voir Mals. 1965, p. 97. Le précédent éditeur, Roger, retenait la forme latine.

[16] À cet égard, la situation est similaire mais non identique au cas reconstitué par Dolbeau, 'Comment travaillait un compilateur', dont notre hypothèse est inspirée.

III – LES SOURCES ET PARALLÈLES

ponsable du *De uerbo*, qui en a fait le patron de sa propre grammaire. Les chapitres d'orientation artigraphique, ceux du début, sont les plus soignés : la doctrine très sèche de Malsachanus a été contrôlée sur les sources antiques, des traités largement diffusés, et amplifiée à l'aide de textes médiévaux eux-mêmes connus de Malsachanus. C'est vers les témoins de ces traités médiévaux qu'il faut maintenant tourner notre attention.

Ars Ambianensis

Le premier d'entre eux est une grammaire proche de l'*Ars Malsachani* telle qu'elle se présente dans le manuscrit *N*. Elle traite des parties du discours soumises à la flexion (nom, pronom, verbe, participe) en associant une description de leurs caractéristiques de type artigraphique à la récitation des déclinaisons et conjugaisons. La première partie de cette grammaire, celle qui concerne le nom et le pronom, est identique à la première partie de l'*Ars Malsachani* dans le manuscrit *N* ou, pour le dire comme Vivien Law, les chapitres sur le nom et le pronom de cette grammaire ont été associés dans ce manuscrit au traité de Malsachanus sur le verbe et le participe. Cette grammaire a été identifiée d'abord dans le manuscrit Amiens, Médiathèque, ms. 426, fol. 48-71v, d'où la dénomination d'*Ars Ambianensis*, qui ne doit pas faire préjuger du lieu de rédaction[17]. On en lit une version différente, sous forme dialoguée, dans le manuscrit Saint-Gall, SB, 877, p. 372-454 (272-354)[18].

Le traitement du verbe, dans sa partie artigraphique, est très succinct et presque limité à une reprise de l'*Ars maior* de Donat. Aucun recoupement significatif avec le *De uerbo* ne s'y remarque. La description des conjugaisons présente plusieurs points de contact dans la formation des parfaits et les listes de vocabulaire. La plus grande part de ces contacts est commune également avec Malsachanus et remonte parfois en dernière analyse à Charisius. Or l'*Ars Ambianensis* est un texte proche de l'*Ars Malsachani* et elle renvoie à l'occasion directement à « Cominianus », c'est-à-dire

---

[17] La tradition de l'*Ars ambianensis* comprend une série de témoins majoritairement localisés entre la Suisse et le nord de l'Italie, étudiés par Law, *The insular Latin grammarians*, p. 67-74 et maintenant Giammona, qui décrit le manuscrit d'Amiens (*Ars Ambianensis*, p. xxxv-xxxviii).

[18] Giammona, *Ars Ambianensis*, p. xxxviii-xlii.

Charisius sous le nom que lui donnaient les grammairiens du haut Moyen Âge. En outre, le détail des variantes ne montre aucun lien privilégié entre l'*Ars Ambianensis* et le *De uerbo*. Sans préjuger de l'utilisation par l'*Ars Ambianensis* de Malsachanus ou de ses seules sources tardo-antiques, que seule une édition critique de l'*Ars Ambianensis* déterminera, nous nous arrêtons donc à l'hypothèse d'un cousinage entre celle-ci et le *De uerbo*.

C'est un type de relation que confirment les coïncidences entre *De uerbo* 53-55 et St-Gall, SB 877, p. 383 et 386, puis entre *De uerbo* 75, 1326-1335 et St-Gall, SB 877, p. 412. Il s'agit dans les deux cas d'une exploitation du *De uerbo* d'Eutychès dont on retrouve des traces également dans l'*Ars* de Clément Scot, mais non chez Malsachanus. Aucun des trois textes ne s'impose comme source de l'un des deux autres. Par conséquent, dans l'attente d'éléments plus probants, nous considérons les recoupements de l'*Ars Ambianensis* avec le *De uerbo* sur la base du manuscrit de Saint Gall.

Coniugationes uerborum

Les deux traités mentionnés jusqu'ici articulent présentation des *accidentia* et exposé des conjugaisons, mais ces deux présentations circulent aussi bien séparément. Nous verrons ce qu'il en est du traitement des *accidentia* à propos des commentaires sur Donat.

Les conjugaisons (et déclinaisons) qui se présentent de façon séparée sont un type de texte grammatical encore très peu étudié, faute d'éditions et même d'un recensement significatif. Pour ce qui est des déclinaisons, Claudio Giammona a commencé à publier les modèles liés à la tradition de l'*Ars Ambianensis*. Du côté des conjugaisons, il n'existe aucun travail comparable. Pour des raisons matérielles évidentes, nous avons dû nous contenter de deux sondages dans les manuscrits du IXe siècle, l'un fructueux et l'autre, non. Nous présentons ici les résultats de ces sondages en soulignant qu'il s'agit seulement des prémisses d'une étude que seul le catalogage complet des manuscrits grammaticaux rendra possible.

La question qui a guidé notre recherche est la suivante : ces conjugaisons qui circulent de façon séparée sont-elles secondaires par rapport à Malsachanus? Ou sont-elles au contraire le reflet d'un état antérieur à la réunion entre traitement artigraphique du verbe et développement de la conjugaison? Dans la

III – LES SOURCES ET PARALLÈLES   105

seconde hypothèse, et s'il leur arrive de s'accorder avec le *De uerbo* contre Malsachanus, ces conjugaisons nous permettent de remonter à une source commune à Malsachanus et au *De uerbo* et, par conséquent, nous sont utiles pour l'établissement du texte du *De uerbo*.

Coniugationes Corbeienses

Le manuscrit Paris, BnF, lat. 13025, fol. 46v-50v transmet des *coniugationes*, qui font suite à des *declinationes* nominales[19]. Ce dernier texte est limité aux modèles de conjugaison et aux listes de *similia*, c'est-à-dire qu'il correspond à la troisième partie de notre traité. Il présente une forme assez archaïque à trois modèles de conjugaison qui distingue incomplètement entre modèles à -ĭ- et -ī-.

Quoique très limités, les points de coïncidence entre ces conjugaisons et le *De uerbo* nous ont paru dignes d'être relevés. Les *Coniugationes* ont adopté *custodio*, comme le *De uerbo*, comme modèle de la conjugaison en /i/ long. Les deux textes ont en commun une part importante des listes alphabétiques des paragraphes 56, 57, 62 et 69. Il s'agit de listes communes avec Malsachanus, dont la grammaire a été copiée à Corbie dans le manuscrit *P*. Une relation directe d'exploitation du texte de Malsachanus pour en extraire des *Coniugationes* n'est donc pas à exclure *a priori*. Pour autant qu'on puisse en juger d'après un texte non édité, seuls trois passages nous semblent pouvoir compliquer un peu la relation et suggérer que les *Coniugationes* sont plutôt un reflet d'une source commune à Malsachanus et au *De uerbo*:

– 895 (et *coni. Par.*) horribilio: horribilo *Mals.* (213, 19) est à corriger en horripilo (comme le faisait Roger) sur la foi de horipulo *coni. Corb.* (fol. 47ra);
– 931 (et *coni. Par.*) conor: canor *coni. Corb.* (fol. 47vb), terme absent de la liste de Malsachanus;

---

[19] L'étude de ce manuscrit très intéressant a été faite pour son versant codicologique en particulier par VEZIN, 'Les relations', p. 20-23 et poursuivie par DE PAOLIS, 'Un manuale'. On rappellera simplement qu'il s'agit de la première partie d'un recueil grammatical de facture assez luxueuse, dont la fin se trouve dans l'actuel manuscrit Paris, BnF, lat. 14087. Ces deux volumes, copiés au début du IXᵉ siècle, rassemblent des textes grammaticaux d'intérêt pratique (*ars grammatica*, déclinaisons, conjugaisons, orthographe, glossaires, etc) dont certains peuvent être des compositions locales. Pour une description détaillée, on se reportera aux notices en ligne de CINATO.

106 INTRODUCTION

– 1059 : une liste presque identique (BKQXYZ) des lettres non représentées à l'initiale des verbes de la deuxième conjugaison se retrouve dans les *Coniugationes* alors qu'elle est entièrement absente chez Malsachanus et correspond à des lettres capitales isolées les *Coniugationes Parisinae*.

Ces quelques éléments sont insuffisants pour tirer une conclusion définitive. Il n'en va pas de même du second exemple de conjugaisons séparées.

Coniugationes Parisinae

Le texte se trouve dans le manuscrit Paris, BnF, lat. 7490, fol. 1-7v et 9-14v. Il s'agit d'un volume de la bibliothèque des Dupuy, ce qui oblige à la prudence sur le lien entre les différentes parties du manuscrit. Dans l'ensemble, la copie des textes principaux date du début du IXe siècle et l'origine du volume est inconnue[20]. Le début du manuscrit est occupé par un traité de *declinationes et coniugationes*.

Le texte est lacunaire au début et à la fin : les déclinaisons nominales commencent en haut du fol. 2r, au milieu d'un phrase, par les mots «*ut hic doctus*» et la conjugaison s'achève en bas du fol. 14v, au milieu d'une phrase, par les mots «*dureo es*» (correspondant à 92, 1640)[21]. Pour la conjugaison, les modèles choisis sont les plus courants comme chez Malsachanus (*amo doceo lego audio*). Le texte y ajoute des listes de verbes des trois premiers groupes qui se retrouvent chez Malsachanus et dans le *De uerbo* (56 ; 62, 1033-1059 ; 69). Le copiste a indiqué par une croix

---

[20] HOLTZ, 'Sur trois commentaires', p. 47. LAW, 'The sources', p. 75-78, rapproche les declinationes de la source de la grammaire de Paul Diacre. La copie des *coniugationes* m'a semblé présenter des symptômes d'évolution linguistique assez répandus, et ce depuis l'Antiquité tardive, comme les confusions *b/u* et *o/u*, mais aussi le plus rare *congector* pour *coniector*.

[21] Le premier feuillet, dont le texte semble un remaniement du début de l'*Institutio de nomine pronomine et uerbo* de Priscien, est rapporté, de même que le fol. 8, qui porte des *differentiae* au recto et au verso un poème d'un élève de Théodulf d'Orléans adressé à un Andreas Scotus, édité par BISCHOFF, *Mittelalterliche Studien*, II, p. 21, sur lequel voir SZERWINIACK, 'Des recueils', p. 227. Les *declinationes* et *coniugationes* couvrent un quaternion dont le dernier feuillet porte des textes hétérogènes et un ternion complet. Il n'y a pas de solution de continuité entre les fol. 7v et 9r (la colonne gauche du fol. 9r est sous une couture et illisible sur 19 lignes ; cela correspond bien à 19 des verbes de la troisième conjugaison d'après ma collation sur le *De uerbo*).

III – LES SOURCES ET PARALLÈLES 107

une lacune au niveau où devrait se trouver le passif de la deuxième conjugaison (fol. 7v): en effet, la liste des verbes du troisième groupe suit immédiatement, précédant la conjugaison de *lego*. Le copiste s'est interrompu au début de la lettre *I*, soit faute de modèle, soit par lassitude. Il n'y a pas de liste de verbes pour la quatrième conjugaison mais le texte se poursuit parallèlement à Malsachanus et au *De uerbo* avec la conjugaison des verbes irréguliers et défectifs, puis le traitement des doublets.

Le texte des listes de verbes ne peut dépendre seulement ni de Malsachanus ni du *De uerbo*, puisque ces *Coniugationes* ne partagent toutes les lacunes ni de l'un ni de l'autre. Si elles sont un reflet de la source commune, c'est de manière non seulement incomplète mais souvent incorrecte, ce qui laisse penser que nous avons bien en elles un troisième témoin, indépendant des deux précédents, de ces listes de verbes. L'édition de la version *plenior* (théorique) de la liste des verbes de première conjugaison à initiale *I-* peut donner une idée des rapports entre nos trois témoins :

> Iuuo iubilo incepto ieiuno iacto inquino in[il]ligo instigo insulto inlaqueo inrogo inflo instauro intimo inauro infizo inrito increpo inuito insto ingem⟨in⟩o innouo inlibo indico inlustro inuoco inpropero inpugno inploro infibulo iurgo inporto incurso inuestigo.
>
> iuuo *om. coni. par.* ‖ iuuillo *DV* ‖ incerto *DV* ‖ inquino *om. DV* ‖ inilligo *om. mals.* ‖ instringo *DV* ‖ insalto *coni.* ‖ inrigo *DV* ‖ inauro *om. mals.* ‖ infizo [*scil.* infitio*?* emphyzo*?*] *DV*: infhyzo *coni.* inpizo *mals*[N]. inpixo *mals*[P]. ‖ inro *coni.* ‖ insto *om. mals.* ‖ ingemo *DV*: *om. coni. mals.* ‖ inlibro *coni.* ‖ iudico *DV* ‖ inpropero *coni.*: impero *DV*: *om. mals.* ‖ inloro *mals.* ‖ infibulo *om. mals.* ‖ iniurgo *coni.* ‖ incurro *coni. DV*

Nous avons donc, dans ces *Coniugationes Parisinae*, un témoin indépendant d'une source commune à Malsachanus et au *De uerbo* pour les listes alphabétiques de verbes par conjugaison. En conséquence, nous avons signalé dans l'apparat les sections communes au *De uerbo* et aux *Coniugationes Parisinae*, ainsi que les variantes utiles à l'établissement du texte.

L'étude du *De uerbo* invite à replacer la grammaire de Malsachanus dans une constellation d'opuscules grammaticaux qui reflètent l'environnement textuel dont celle-ci est issue. D'un côté, la *Congregatio Salcani filii de uerbo* est indéniablement un texte établi, pourvu de contours nets et même d'un nom d'auteur. Nous en possédons en effet deux témoins directs complets et probablement plusieurs témoins indirects. D'un autre côté, nous lisons des *coniugationes*, textes assez instables, qui la recoupent partiellement, se recoupent partiellement entre eux, et peuvent refléter la source de l'un des éléments constitutifs de la *Congregatio*. C'est dans un tel tableau complexe qu'il faut envisager la place du *De uerbo*. Ce dernier, et c'est toute la difficulté de la reconstruction, se rattache à la fois au texte stabilisé de Malsachanus et à ses éléments constitutifs pour ainsi dire à l'état libre. Comme nous l'avons noté ci-dessus, les erreurs communes entre le manuscrit *N* de Malsachanus et le *De uerbo* interdisent le recours à l'hypothèse confortable d'une simple source commune : le grammairien qui a composé le *De uerbo* a nécessairement utilisé un texte situé dans l'une des branches de la tradition de Malschanus, donc plus bas que l'archétype. Schématiquement, nous devons supposer ceci :

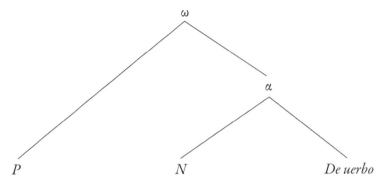

Pour être complète, nous devons néanmoins intégrer les *coniugationes* à l'état libre puisque, comme l'a montré l'analyse des *Coniugationes Parisinae*, celles-ci ont parfois un rapport direct avec le *De uerbo*, sans médiation de Malsachanus. Afin de tenir compte de tous les éléments connus, et sans négliger leur état encore partiel, nous proposons, à titre d'hypothèse, le scénario suivant. L'archétype de Malsachanus partageait un manuscrit avec tout ou partie de ses sources, et en particulier un recueil de *coniugationes*. Deux copies réunissant le texte de la *Congregatio Salcani filii* et les *coniugationes* ont été prises sur ce manuscrit de l'archétype. L'une d'elles a abouti à Corbie, où l'on a certainement copié la *Congregatio* comme un opuscule indépendant dans un manuscrit (*P*) et on a peut-être utilisé les *coniugationes* pour élaborer un autre opuscule indépendant, dans un autre manuscrit (Paris, BnF, lat. 13025). L'autre copie (α) est passée à Luxeuil, où l'on a pris une copie de la *Congregatio*, sans titre ni nom d'auteur, pour compléter un opuscule sur le nom et le pronom. À un moment distinct, cette même copie α a été exploitée par l'auteur du *De uerbo*, qui a puisé dans texte de la *Congregatio* tout en contrôlant ses listes de verbes sur celles des *coniugationes*. Nous aboutissons donc à une image élargie de la tradition de Malsachanus, qui reste évidemment hypothétique et provisoire.

2. *Ars Ambrosiana*

Le commentaire sur l'*Ars maior* de Donat dit *Ars Ambrosiana* est généralement considéré comme la plus ancienne grammaire du groupe hiberno-latin. Le traité n'est connu à l'heure actuelle que par un témoin unique: Milan, Biblioteca Ambrosiana, L 22 sup. La découverte du texte a été l'œuvre de R. Sabbadini, qui en a publié une description et des extraits[22]. L'édition complète n'a été achevée qu'en 1982 par B. Löfstedt. Le manuscrit, un codex italien qui date du IXe siècle, ne donne qu'un *terminus ante* imprécis pour la rédaction du traité lui-même. Des critères internes permettent de resserrer un peu la datation. L'auteur a utilisé les *Étymologies* d'Isidore de Séville. Il est passé dans le texte du «de nomine» (II, II) une glose en irlandais que Thurneysen datait d'avant 700 (*Ambr.*, p. XVIII). Par conséquent, on retient généralement pour le commentaire la date du VIIe siècle, ce qui le situerait avant Malsachanus, *ad Cuimnanum* et l'*Ars Bernensis*, qu'on place d'habitude au VIIIe siècle. La nationalité du grammairien a fait débat. S'appuyant sur l'argument de la glose irlandaise et quelques particularités grammaticales (bien moindres que chez Malsachanus), B. Löfstedt en faisait un Irlandais[23]. Contre cette hypothèse, V. Law a souligné le caractère archaïque et peu «insulaire», voire «méditerranéen», des sources grammaticales utilisées qui, à son avis, orientaient plutôt l'enquête vers l'Italie[24]. Une solution de compromis a finalement prévalu, qui situe l'origine du texte à Bobbio, centre de culture irlandaise en Italie du nord, mais tout cette construction demeure très hypothétique.

Le chapitre *de uerbo* de l'*Ars Ambrosiana* suit Donat lemme par lemme, sans introduire ni conjugaisons, ni formations de parfait, ni listes de verbes, mais en développant la morphologie des

---

[22] SABBADINI, 'Spogli ambrosiani latini'.
[23] *Ambr.*, p. VIII et XVI.
[24] LAW, *The insular Latin grammarians*, p. 93-97.

INTRODUCTION

verbes irréguliers. Les sources principales relevées par l'éditeur pour cette section du texte sont Pompée, Consentius, Sergius/pseudo-Casssiodore, Diomède et, pour les verbes irréguliers, Charisius.

On trouvera le détail des rapprochements possibles dans l'apparat des parallèles, mais nous relevons et commentons dès maintenant des formulations qui laissent supposer une utilisation directe de l'*Ars Ambrosiana* par le *De uerbo*.

> – 92, 12 : *uolo ire et uidere amicum meum de foro.*

La source ultime, Pompée, n'est pas nommé dans l'*Ars Ambrosiana* mais l'est dans le *De uerbo* (1, 16-17), ce qui exclut une dépendance simple ; en revanche, les deux textes partagent une variante : *de foro* là où Pompée a *ad forum*. Il s'agit d'un romanisme sémantique et morphologique (*de foro ~ de foris* > fr. dehors) que l'éditeur de Pompée n'a pas relevé dans les témoins qu'il a utilisés, et qui lie nos deux traités.

> – 94, 94-95, 103 : *Probus qualitatem uerbi in sex partes diuisit. Dicit enim : Qualitas in sex diuiditur partes. Aut enim finitiua est, quae et indicatiua dictionis qualitas, aut imperatiua aut optatiua aut subiunctiua aut infinitiua aut participalis. Si secundum Donatum diuiseris qualitatem, nouem partes referes. Victurinus uero aliter de qualitate exponit inquiens : Qualitas uerborum est qua noscitur, utrum finitum uerbum sit an infinitum. Finitum uerbum est, quod habet certum numerum, certum tempus, certam personam, ut lego scribo ; infinitum est, quod nihil certi horum habet, ut legere scribere ; haec omnibus numeris temporibus personis incerta.*

Ce montage sur la *qualitas* qui porte en tête le nom de Probus peut expliquer la confusion du *De uerbo* en 10, 158-159, qui attribue à Probus une formule d'opposition binaire *qualitas finita/infinita* que l'on retrouve chez Consentius (374, 1), Charisius (209, 28 B.) et Marius Victorinus (197, 24).

> – 102, 343-346 : *Item sciendum est, quod perfectio formae plenitudinem operis significat, perfectio praeteriti lapsum et transactum tempus simul significat cum opere.*

L'éditeur ne donne aucune source ni parallèle pour cette phrase obscure qui est une tentative de distinguer deux emplois de *perfectum*, pour désigner le parfait aspectuel de la *forma perfecta* ou pour désigner le parfait temporel du *tempus perfectum*. Il s'agit du seul antécédent du couple *tempus/opus* à notre connaissance. Il est tentant de supposer que l'auteur du *De uerbo*

III – LES SOURCES ET PARALLÈLES

l'a emprunté à l'*Ars ambrosiana* pour l'appliquer à l'analyse sémantique des temps du passé au paragraphe 38.

> – 104, 426-431 : *Coniugatio autem nomen actus est naturaliter colligentis creaturam ad alteram. Tamen et speciales uerborum similitudines* [*multitudines* cod.] *per tropum coniugationes dici possunt, quia unum eundemque habent nuntiationis habitum uel quia unaquaeque* [*unaquaque* cod.] *alterius habet speciem; uerba autem totae nuntiationes actum significantes.*

La mise en rapport de la notion de conjugaison verbale et de l'analyse morphologique du nom *coniugatio* rappelle 26, 450-453, mais si l'origine de la démarche est ici, il faut supposer que le *De uerbo* a contrôlé l'analyse morphologique elle-même sur Eutychès. La définition des formes verbales comme *nuntiationes* qui signifient des actes rappelle le début du chapitre sur les modes (10, 157).

> – 114, 770-771 : *'Figura' nomen est nuntiationum et sensuum unalis dualisue habitus.*

On retrouve, dans la définition de la composition (*figura*) que donne le *De uerbo* en 35, 560, le terme *habitus*[25].

Ces parallèles étayent l'hypothèse d'une utilisation directe de l'*Ars ambrosiana* ou d'une source de cette dernière portant déjà certains de ses traits distinctifs. Parmi ces traits distinctifs figure la terminologie : il semble bien que le *De uerbo* a trouvé dans l'*Ars Ambrosiana* les termes de *nuntiatio, opus* en couple avec *tempus,* et *habitus.* On sait, grâce à l'étude de Louise Visser, que l'*Ars Ambrosiana* a fait un usage abondant et subtil du terme *nuntiatio* pour conceptualiser le lien entre les caractéristiques sémantiques des parties du discours (les *accidentia*) et leur expression morphologique[26]. Le sens de l'emprunt, vers le *De uerbo* qui emploie le terme seulement deux fois, ne peut donc faire aucun doute. Ce n'est pas ici le lieu de reproduire une telle étude pour *opus* et *habitus,* termes autrement plus usuels, mais un relevé cursif montre dans l'*Ars Ambrosiana* une tendance à employer *opus* plutôt qu'*actus* pour désigner le procès verbal et *habitus* comme l'une des désignations de la forme des mots.

---

[25] Au sens de «forme d'un mot», *habitus* est donné comme un synonyme de *figura* par Aulu Gelle, *Nuits attiques* 19, 7, 2, cité par SCHAD, *Lexicon, s.u. habitus.*

[26] VISSER, 'Heritage and Innovation', p. 26-30.

INTRODUCTION

3. Anonyme *ad Cuimnanum*

Le traité dit *Anonymus ad Cuimnanum* (avant 750) est un des commentaires à Donat du haut Moyen Âge qui peuvent être rapprochés du *De uerbo*. Il est connu par un unique témoin complet, en mauvais état, Sankt Paul in Kärnten, Stiftsbibliothek, Hs. 2/1, fol. 21-42, daté du dernier tiers du VIIIe siècle[27]. Les extraits repérés par les éditeurs dans d'autres manuscrits ne transmettent pas les chapitres sur le verbe. Ce traité, intitulé *Expossitio latinitatis*, est composé d'un long prologue qui situe la grammaire dans la division générale des savoirs, et d'un commentaire par lemmes sur le livre second de l'*Ars maior* de Donat. Il s'achève par une dédicace (XXVI, 32-40) à un personnage aveugle nommé *Cuimnanus*, que Bernhard Bischoff a proposé d'identifier avec l'abbé Cumianus de Bobbio (p. XXI-XXII). Cela situerait la rédaction de l'*Expossitio* dans le deuxième quart du VIIIe siècle[28]. Le traité *ad Cuimnanum*, suivant en cela Donat, se limite au traitement artigraphique du verbe (chapitres XII-XVIIII) par généralités et *accidentia*. Il n'y ajoute pas de conjugaisons ni de listes de vocabulaire mais insère dans le traitement du temps verbal les formations de parfait que l'on trouve au livre 3 des *Noces de Philologie et de Mercure*. Pour compléter et éclairer Donat, le grammairien a utilisé en premier lieu la grammaire de Consentius, secondairement celle de Diomède, le commentaire de Pompée sur Donat, Martianus Capella, le *De uerbo* d'Eutychès, et à l'occasion d'autres sources qui ne sont pas toujours identifiables[29]. Il s'agit de ce que Vivien Law nommait un commentaire exégétique sur Donat, qui s'attache à rendre compte de chaque terme et de chaque raisonnement du grammairien ancien. Son étude des *accidentia* est donc en règle générale plus développée que celles de Malsachanus et de notre *De uerbo*.

Taeger a souligné certains recoupements entre *ad Cuimnanum* et le *De uerbo* et préférait pour en rendre compte l'hypothèse d'une source commune à celle d'une contamination des sources. Nous supposerions volontiers une utilisation directe du commen-

---

[27] *CLA*, X, 1451-1453 et AD CVIMN., p. VII-IX.
[28] On connaît en effet l'abbé Cumian par l'épitaphe que lui a dédiée le roi lombard Liutprand († 744), éditée par K. STRECKER (*MGH, Poetae* 4, 2), p. 723, n° 138.
[29] TAEGER, 'Multiplex' ; AD CVIMN., p. XII-XVII.

III – LES SOURCES ET PARALLÈLES

taire médiéval sur Donat ou d'un ancêtre immédiat, combinée avec un retour à ses sources lorsque ces dernières étaient d'accès facile. Nous exposerons les arguments en faveur d'une telle hypothèse en distinguant deux ordres de points communs entre l'*Expossitio latinitatis* et le *De uerbo*: ceux qui découlent de l'exploitation de sources antiques conservées, et ceux qui sont proprement médiévaux.

L'*Expossitio latinitatis* partage avec le *De uerbo* plusieurs montages de sources antiques. Ainsi, dans dix chapitres sur les 44 que comptent les deux premières parties du *De uerbo*, on retrouve de façon certaine tout ou partie de la combinaison d'extraits présente dans le passage correspondant d'*ad Cuimnanum*. Les grammairiens que ce dernier exploite pour compléter Donat sont Consentius et Diomède. Le chapitre sur le temps, singulier à bien des points de vue, leur associe une citation de l'*Épître aux Romains*, Augustin et Isidore de Séville, donc des autorités religieuses. Néanmoins, ces concordances ont une portée limitée. Pour Donat, l'asymétrie est évidente : le commentaire sur Donat qu'est l'*Expossitio latinitatis* transmet aussi le texte commenté, plus largement que ne le fait le traité indépendant qu'est le *De uerbo*, qui se contente de citer Donat à l'occasion. Si l'on se penche sur le détail des autres grammairiens cités, il apparaît plusieurs points de divergence : l'introduction de l'auteur, le découpage de la citation, le détail du texte. Un tableau des deux premiers points, limité aux extraits communs, permettra une vue synthétique du problème.

	De uerbo	*ad Cuimnanum*
définition du verbe par. 2 DV chap. 12 AC	Cons. 365, 29 (Consentius) Don., *Mai.* 632, 7-8 (Donatus) Diom. 334, 7-8 (Probus)	Don., *Mai.* 632, 7-8 Diom. 334, 7-10 Cons. 365, 29
introduction aux *formae* par. 4 DV	Don., *Mai.* 633, 6 Cons. 375, 32-376, 2 + 4	Don., *Mai.* 633, 6 Cons. 375, 32-376, 7
impératif par. 12 DV chap. 13 AC	Diom. 338, 27-28 Diom. 338, 31-34 Diom. 339, 1 + 12-18 Cons. 377, 29-30 Cons. 374, 34-375, 2 (Celsus)	Diom. 338, 30-34 Cons. 374, 34-375, 3 (Celsus) Diom. 339, 2 Diom. 339, 7-8 Diom. 339, 13-17

	De uerbo	*ad Cuimnanum*
optatif par. 13 DV chap. 13 AC	Diom. 340, 4-5 Diom. 340, 18-22 Cons. 375, 7-8	Diom. 340, 4-5 Diom. 340, 7-8 Diom. 340, 17-22 Cons. 375, 7-13 (Palemon)
infinitif par. 15 DV chap. 13 AC	Cons. 374, 6-7 + 3-5 Cons. 375, 16-18 Pomp. 213, 12-16 Diom. 340, 34 + 37-38	Diom. 340, 34-35 Cons. 374, 3-8
impersonnel par. 16 DV chap. 13 AC	Diom. 338, 2-3 Cons. 370, 27-28 Don., *Mai.*, 632, 12 (Donatus) Cons. GL 5, 371, 16-18 Don., *Mai.* 2, 633, 2-3 Cons. 371, 26-27 Cons. 371, 6-7; 380, 11-13; 15-23	Don., *Mai.*, 632, 12 (lemme) Diom. 338, 2-3 Cons. 370, 37-371, 3 + 6-7
nombre par. 34 DV chap. 16 AC	Don., *Mai.* 637, 4 Cons. 379, 3-5 + 7-8 + 10-13	Don., *Mai.* 637, 4-5 Cons. 379, 4-9 (Cons. 379, 10-11 avec les défectifs)
temps par. 36-37 + 40 DV chap. 18 AC	Diom. 335, 15-16 Isid., *Etym.* 5, 35, 1 (Augus- tinus, Hissiodorus) cfr Cons. 377, 17 + 22 Diom. 335, 21-26 (Probus) Diom. 335, 28-30 + 336, 12 + 15-16 Diom. 335, 34-35 Diom. 336, 12-14 Cons. 377, 19-20 Cons. 377, 36-378, 2 Cons. 378, 5-27 Paul. apost. Rom. 8, 18	Isid., *Etym.* 5, 35, 1 (Augustinus) Aug., *Conf.* 11, 25, 32 Paul. apost. Rom. 8, 18 (Paulus) Don., *Mai.* 603, 6 Diom. 335, 21-25 Diom. 335, 27-30 cfr Cons. 377, 17 + 22 (autre formulation) Diom. 335, 34-35 + 336, 2-4 + 4-8

Aux informations visibles dans le tableau, il faut ajouter que l'*Expossitio latinitatis* est généralement plus proche du texte de Diomède. Aucune des deux grammaires ne cite systématiquement tout ce que l'autre cite, ce qui exclut une dépendance totale et univoque de l'une à l'autre. En revanche, cela n'exclut pas qu'un traité ait pu servir à l'autre de guide dans le choix des textes à exploiter. Il nous semble significatif à cet égard que ces sources ultimes soient bien connues, et utilisées par les deux grammaires hors des huit passages pour lesquels la correspondance des montages nous a paru incontestable.

III – LES SOURCES ET PARALLÈLES

Les particularités purement médiévales partagées par l'*Expossitio latinitatis* et le *De uerbo* touchent tant à des formulations ponctuelles, voire à des éléments de terminologie, qu'à des arguments complets.

Au niveau terminologique, *fundago* est attesté dans le commentaire anonyme *ad Cuimnanum*, qui affirme le tenir d'un certain Claudicanus, lequel l'avait déjà appliqué aux parties du discours, mais à titre de métaphore : «*Quidam auctorum, Claudicanum dico, huic per similitudinem quaestioni satis faciens dicit : Vt enim omnis structura aedificii a firmamento fundaginis in camarae munimen surgit, ita etiam principalium orationis partium in accidentibus regulam obseruauerunt artes.*» (12, 65-69). On le retrouve dans le même texte associé à *caput* et *crepido*, comme dans le *De uerbo* (1, 21-23) : *nonnullis ita opinantibus, ut, sicuti totius dictionis caput atque fundago uerbum efficitur, ita ex uerbo omnium artium crepido fundaretur* (12, 13-15)[30]. Les deux grammaires partagent une tendance à aligner tous les adjectifs en *-tiuus* sur le modèle en *-atiuus* : *defectatiuus, coniunctatiuus, subiunctatiuus*[31]. Enfin, on note des déformations terminologiques partagées dans des citations de Diomède :

– *ad Cuimn.* 13, 128-129 = *De uerbo* 15, 253-254 : "ɪɴꜰɪɴɪᴛɪᴠᴠꜱ, quem alii perpetuum, alii inpersonatiuum, alii insignificatiuum [*Diom. 340, 37-38* : significatiuum *L DV*] dicunt"
– 13, 58-61 ~ 12, 188-191 : conserit enim se prima persona cum aliis et, dum imperat, se quoque in idem ministerium uocat, ut est 'legamus' ; quem numerum non imperatiuum quidam uolunt dici, sed exortatiuum [*ad Cuimn. DV* : hortatiuum *Diom. 338, 33*] modum esse.

Une série de formulations, dont certaines sont des reformulations de textes tardo-antiques, lient particulièrement *ad Cuimnanum* et le *De uerbo* :

– 12, 32-33 = 2, 37-39 : ut quid protinus de uerbo loquens tempus cum persona sociatum exponit

---

[30] On retrouve *fundago* dans le manuscrit unique de la grammaire d'Ursus de Bénévent, d'après Mᴏʀᴇʟʟɪ, 'I tratti di grammatica', p. 290, n. 3. Je remercie Paolo De Paolis d'avoir attiré mon attention sur cette occurrence.
[31] Il s'agit d'une tendance qu'on observe également chez Malsachanus et qui y a été relevée par Löfstedt Mᴀʟꜱ. 1965, p. 142-143. Elle est déjà présente en germe chez Consentius qui produit la série *praenominatiuum, cognominatiuum* et *agnominatiuum* (339, 10-15).

– 13, 52-53 = 12, 184-185 : Inperatiuus dictus est de inperio aliis dicto e x animo cordis imperantis

– 13, 172-3 = 16, 259-260 d'après Diomède 338, 2-3 : Sed ideo inpersonalis dicitur, quod propriis [propris *L DV*] non enuntietur [*ad Cuimn. DV Diomedis codd.* : -tiatur *Diomedis edd.*] personis, nisi extrinsecus necessario addantur [*ad Cuimn. Diomedis codd.* : adduntur *Diomedis edd. DV*] pronomina.

– 19, 7-9 ~ 41, 650-654 identique à l'*Ars Bobiensis* : Sed notandum est primam personam esse principalem [precipua et princeps *DV*] sermonis, quam nonnulli fatendi dicunt, secundam arguendi, tertiam nuntiandi personam. 'Facio' enim, 'facis', 'facit' : hoc sermone me fateor, arguo hunc, nuntio illum facere[32].

– 19, 10-12 ~ 42, 655-661 : PRIMA ADMITIT NOMINATIVM, aliae duae trachere dicuntur ; hoc est admititur libertate, trachitur uero quid necessitate uel ui.

Aucune des idées exprimées dans ces quelques extraits n'est originale sur le fond, mais le détail de la formulation est partagé, dans la période, par les seuls deux traités ici pris en compte. On constate que les sources ultimes, lorsqu'elles sont repérables, s'avèrent diverses et que l'écart avec la reformulation n'est pas négligeable. Ces observations nous encouragent à préférer, pour rendre compte de telles concordances, l'hypothèse d'un lien direct entre l'*Expossitio latinitatis* ou son ancêtre immédiat et le *De uerbo* à celle de l'exploitation d'une même source perdue commune également à l'*Ars Ambrosiana*. L'étude de raisonnements d'élaboration médiévale communs aux deux traités nous permettra de préciser cette idée. Trois d'entre eux sont brefs et peu décisifs. Le quatrième est d'une grande complexité.

Le passage le plus simple concerne les noms verbaux, gérondifs et supins. Les deux ouvrages leur attribuent une étiquette, *alia*, qui pourrait bien être née par mécoupure de *participalia*. La justification est donnée exactement dans les mêmes termes.

---

[32] L'*Ars Bobiensis*, éditée par Mario De Nonno en 1982, est datée, par le manuscrit ancien qui la transmet, du Ve siècle au plus tard et présente des correspondances abondantes avec la grammaire de Charisius, dont elle a longtemps été considérée comme une série d'extraits. BONNET, 'La grammaire anonyme', suppose qu'il s'agit d'un original qui n'a pas connu de diffusion (du moins avant sa redécouverte humaniste, quand le recueil contenant le traité a été copié par Parrhasius, voir DE NONNO, 'La raccolta'). Or la copie se trouvait vraisemblablement à Bobbio dès le VIIIe siècle, ce qui s'accorderait bien avec une exploitation par le commentaire *ad Cuimnanum* si ce dernier est originaire de Bobbio.

III – LES SOURCES ET PARALLÈLES

Dans les deux textes, le passage apparaît isolé du reste du raisonnement et il n'y a pas, à notre connaissance, de troisième témoin.

ad Cuimnanum 19, 160-164	*De uerbo* 24, 425-430
Quae ideo alia dicuntur: alienata sunt enim a uerborum accedentibus: persona enim et tempore priuata sunt; alienata a participis: nec enim tempus nec genus habere palam possunt; alienata a nominibus: non enim per omnes cassus ire possunt, nec genus nec numerum proprium ostendere possunt.	Alia uerba gerendi sunt. Ideo dicuntur quia alienata sunt a uerborum accedentibus – persona enim et tempor⟨e⟩ priuata sunt –, alienata a participiis – nec enim genus nec tempus abere possunt –, alienata a nominibus – non enim per omnes casus ire possunt, nec genus, nec numerum proprium ostendere possunt.

Une liste de formes verbales isolées qui constituent des invariables présente chez Donat (*Mai.* 636, 7-8) a été dans le commentaire *ad Cuimnanum* le prétexte à un étalage d'érudition archaïsante à propos de la forme *sis*[33]. Que Malsachanus ait puisé directement dans ce commentaire ou dans la source de celui-ci, il a vidé le texte de tous ses arguments philologiques au profit d'une simple liste d'équivalents de *sis* accompagnée d'une vague mention des *ueteres*. C'est ce qu'on retrouve, sous une forme encore simplifiée, dans l'un des derniers paragraphes du *De uerbo*.

ad Cuimnanum 15, 308-318	Malsachanus 256, 19-25	*De uerbo* 98, 1768-1771
Sis autem per omoniman multipliciter per scripturarum loca lector legi reperiet, et deducitur ex corrupto inaequali uerbo, quod est sum.	Eodem modo est sis ex corrupto tractum, quod est sum;	
Accipitur et pro eo, quod est 'si uis', ut Cicero dicit: *Sis, ut dignus fias.* Fit in historiis et pro confirmatiuo, ut Caecilius dicit: *Caue sis, fortis uir.* Fit et pro 'his', ut *Ne consilio certari liceat sis*, id est 'his'. Fit et pro 'suus', ut Ennius dicit: *Lumina sis*	sub hac possitione aput ueteres multa significat: accipitur pro siuis et pro ipsum et pro suis et pro suus et pro suas et pro his et pro eos et pro eas et pro eum	Sis pro siuis, pro ipsum, pro suus, pro suis, pro suas, pro his, pro eos, pro eas, pro eum,

---

[33] TAEGER, 'Multiplex', p. 31-36.

ad Cuimnanum 15, 308-318	Malsachanus 256, 19-25	De uerbo 98, 1768-1771
oculus bonus reliquit Fit et pro 'suas', ut *Pulcras inferunt umero sis domus*. Fit et pro 'suis', ut Paucius dicit: *Vberes ciues tantum orauere regem, ut leges sugerat sis pugnandi*. Et fit genitius, ut est in pronomine finito sui uel sis sibi et reliqua.		
	et pro imperatiuo et optatiuo et pro coniunctatiuo; sed hoc totum liquentia poetarum legitur, non prosali, praeter III significationes, id est significatio imperatiua et optatiua et coniunctatiua, et si qua alia sint.	pro imperatiuo et optatiuo et coniunctatiuo modo.

Il n'en va pas de même en ce qui concerne trois verbes cynégétiques, *uenor*, *piscor* et *aucupor*, dont on cherche à prouver qu'ils ne sont pas déponents mais communs, c'est-à-dire de forme passive mais susceptibles des deux diathèses, active et passive[34]. Les trois mêmes traités transmettent le passage.

ad Cuimnanum 15, 229-237	Malsachanus 205, 18-22	De uerbo 31, 500-509
Sed aboritur quaestio in aliquibus commonibus alteram non facile ostendentibus personam, ut piscor et uenor aucupor. 'Piscor enim pisces', 'aucupor aues', 'uenor bestias'; facile ex [et *L*] his dicturus es persona. Ab illis autem piscari aucupari uenari non eorum naturae.	Sunt uerba communia, de quibus ambigui potest, utrum communia an deponentia, ut uenor piscor aucupor, quod non dicitur facile 'uenor a leone', 'aucupor ab auibus', 'piscor a pisce'.	Sunt tamen communia uerba in quibus duae formae dificulter ostenduntur ut piscor, id ⟨est⟩ pisces capio, aucupor, aues capio, uenor, id ⟨est⟩ bestias circum uenio.

---

[34] FLOBERT, *Les verbes déponents*, p. 9-10 et 24-26.

III – LES SOURCES ET PARALLÈLES

ad Cuimnanum 15, 229-237	Malsachanus 205, 18-22	*De uerbo* 31, 500-509
Sed haec quaestio sanari ualet ab illis, qui uim magnam Latini sciunt sermonis: fieri per metaforam, id est per translationem ab animali ad animale et ussurpari sic: 'uenor a te' ut a bestia, 'piscor a te' ut a pisce, 'aucupor a te' ut ab aue; sic erunt commonia.	Sed tamen per metaforam communia sunt dicenda; dicimus enim 'uenor a te quasi a leone'; sic est aucupor et piscor.	Sed hoc per metaforam dicitur, hoc est per translationem ab animali ad animale: sic uenor a te, ut a bestia, piscor a te, ut a pisce, aucupor a te, ut ab aue.

Le premier problème tient à l'emploi de ces verbes avec la diathèse passive. Comme le fait remarquer Taeger, la construction est attestée et discutée dans la tradition grammaticale antique pour *uenor* et les deux autres verbes ont pu être ajoutés par attraction du champ sémantique de la chasse et de la pêche[35]. Le texte de l'*Expossitio latinitatis* est le plus explicite, quoique le mauvais état de l'unique témoin en brouille le détail. Dans les trois textes, le problème est posé assez clairement: il s'agit de trouver des exemples des deux diathèses. En revanche, seul *ad Cuimnanum* expose ce que donnent les deux constructions, tandis que Malsachanus a sauté directement à la dernière étape et que le *De uerbo* a préféré gloser dans un premier temps la seule diathèse active, si bien que le *hoc* de *hoc per metaforam dicitur* reste suspendu sans antécédent. Il est possible, au demeurant, que le *De uerbo* se comporte ainsi parce que son auteur lisait déjà un texte corrompu d'*ad Cuimnanum*. Le sens est pourtant clair: l'emploi des trois verbes comme déponents ne pose pas problème; en revanche, leur emploi passif nécessite une justification. Sur cette base, on pourrait proposer, à titre d'essai, une émendation du type: *'Piscor enim pisces', 'aucupor aues', 'uenor bestias'; facile et omni dicturus es persona. Ab aliis autem piscari aucupari uenari non eorum natura est.* Quoi qu'il en soit, la question n'est posée explicitement que par l'anonyme *ad Cuimnanum*. Pour y répondre, on suppose que l'emploi passif des trois verbes doit être métaphorique: les trois traités témoins ont conservé la mention de la fi-

---

[35] TAEGER, 'Multiplex', p. 37.

120 INTRODUCTION

gure de métaphore. Cette solution fait attendre une reformulation du type «je suis chassé comme une bête / pêché comme un poisson / pris au piège comme un oiseau». Or on trouve à la place *uenor a te, ut a bestia, piscor a te, ut a pisce, aucupor a te, ut ab aue* qui semble un contresens. On peut sauver la solution telle que présentée par l'*Expossitio* et le *De uerbo* en rattachant la série des *ut a...* à la tournure *ab animali* : dans *uenor* passif, il y a un transfert depuis le fauve, dans *piscor* passif, un transfert depuis le poisson, dans *aucupor* passif, un transfert depuis l'oiseau. Le seul qui trahisse un contresens est alors Malsachanus. La solution de Malsachanus apparaît par conséquent secondaire à celle de l'*Expossitio* et du *De uerbo*. Faut-il alors faire d'*ad Cuimnanum* une source de Malsachanus ?

Le chapitre consacré au temps dans le verbe réunit étroitement *ad Cuimnanum* et le *De uerbo*[36]. Le premier de ces deux ouvrages présente un traitement original qui lie la question du temps verbal d'un côté à l'analyse du temps physique et de l'autre à l'emploi littéraire du passé et aux formations de *perfectum*. Nous indiquons dans la colonne de droite les passages correspondants du *De uerbo* et nous avons relevé les formules les plus frappantes communes à ces deux seuls textes. Il est remarquable que l'explication de la grammaire par les figures de style se trouve, dans le *De uerbo*, toujours dans des passages partagés avec l'*Expossitio latinitatis*.

ad Cuimnanum	*De uerbo*
les divisions du temps : 18, 2-25	36, 386-388 + 40
Inprimis Agustinus dicit a temperamento creaturarum IIII principalium in se mensuratarum tempus enim Ebrei annum uocant, nostri menses. [= et cfr]	
Sed notandum tempus est ad hanc dici magnitudinem usque posse, ut totum huius uitae singulariter tempus unum una cum Paulo uocare possis, ut est Non sunt condignae passiones huius temporis et reliqua.	
unité et circularité du temps / instabilité de nos actes : 18, 26-40 d'après Diomède 335, 21-30	37, 603-60
in indiuiduo tempore **per metonimiam** partes inponere solemus temporis	

---

[36] Et dans une moindre mesure *Ambr.* (115, 780–116, 832).

III – LES SOURCES ET PARALLÈLES

ad Cuimnanum	De uerbo
temps naturels et temps artificiels : 18, 42-70 d'après Consentius et Diomède 336, 1-15	37, 612-613
sed in praeterito tempore duo tempora artificalia artes **exigentibus fabulis et rebus actis saeculi** repperierunt	
exemples de chria : 18, 71-111	absents
formations de perfectum : 18, 112-265 d'après *nupt.* 3, 317-319	66-68

Ce chapitre nous semble fournir des arguments pour renforcer l'hypothèse d'une utilisation directe du commentaire *ad Cuimnanum*, quoique peut-être dans un texte un peu différent de celui du manuscrit conservé, par l'auteur du *De uerbo*. C'est ici en effet que l'on trouve à deux reprises l'étymologie de *tempus* d'Isidore, dont nous avons fait remarquer qu'il s'agissait d'une remontée vers la source d'une transmission indirecte. Le dernier maillon de cette transmission indirecte est donc selon toute vraisemblance l'*Expossitio latinitatis*. La mention des fables et des récits historiques pour justifier l'existence de trois temps du passé se comprend mieux en introduction à la *chria* qu'isolée comme elle l'est dans le *De uerbo*. À cela, il faut ajouter l'exploitation de Martianus Capella dont une partie se retrouve, quoique assez loin, dans le *De uerbo*.

Nous proposons donc le scénario suivant, qui reste hypothétique. Le chapitre sur le temps de l'*Expossitio latinitatis* a servi au grammairien qui a composé le *De uerbo* à compléter sa source principale, Malsachanus, qui se limite à la morphologie. D'un côté, le *De uerbo* a conservé les observations extra-grammaticales de l'*Expossitio latinitatis* en les condensant. D'un autre côté, il a utilisé *ad Cuimnanum* comme fil directeur pour remonter à des pages de Diomède qui l'intéressaient immédiatement pour l'étude du temps, et à des pages de Martianus Capella qui l'intéressaient pour l'exposé sur les conjugaisons. Ces deux derniers auteurs, ainsi que saint Paul et Isidore, tous très diffusés, ont été utilisés à la fois de manière indirecte, ce qui rend compte des insertions communes à l'*Expossitio latinitatis* et au *De uerbo*, et de manière directe, ce qui permet d'expliquer la résurgence du texte de la tradition directe dans le *De uerbo*. Nous proposons de supposer que le processus identifiable dans le chapitre sur le temps s'est reproduit dans les autres passages communs à l'*Expossitio latinitatis* et au *De uerbo*. L'hypothèse a également un versant métho-

122 INTRODUCTION

dologique. Dans les commentaires sur Donat, les lemmes servent à indexer thématiquement la matière grammaticale : tout maître de grammaire, qui connaît par cœur l'*Ars maior*, peut trouver rapidement l'information sous le lemme qui correspond à sa question. Les commentaires eux-mêmes, à leur tour, dans la mesure où ils brassent toujours les mêmes sources, font office de sélecteurs : à côté des florilèges, on peut, à condition d'acquérir l'expérience et la dextérité nécessaires, utiliser la sélection d'extraits d'un prédécesseur pour guider sa propre exploitation du texte source.

4. Clément Scot

La grammaire de Clément Scot est rédigée sous forme de dialogue entre un maître et un élève. Elle couvre les deux premières parties de l'*ars grammatica* latine tradionnelle, l'étude des éléments infra-sémantiques (lettres, syllabes, accents, etc) et celle des parties du discours. Dans l'unique manuscrit qui, à notre connaissance, la transmette en entier, Bamberg, SB, class. 30 (M V 18), fol. 1-54 (IXᵉ siècle), elle est complétée par deux appendices encore inédits, un *de barbarismo* et un *de metris*, que les philologues ont jusqu'à présent jugés indépendants, et une dédicace métrique à Lothaire Iᵉʳ. C'est sur la foi de ce dernier texte que l'on attribue la grammaire à celui qui fut le maître de Lothaire à l'école palatine, Clément Scot[37] (env. 796–après 838). Outre le témoin complet, on a repéré des extraits plus ou moins longs de ce traité dans quatre manuscrits. L'un d'eux, Munich, BSB, clm 14401, fol. 154-168v (vers 900), a été utilisé, sous le sigle *M*, dans l'édition Tolkiehn. Un autre, Vatican, BAV, Reg. lat. 1442, fol. 1-25 (XIᵉ siècle), siglé *R*, a été délibérément écarté par cet éditeur, en une décision contestée[38]. Les deux derniers ne transmettent que des extraits très brefs.

Sur le plan des sources et du contenu, on a souligné la proximité de ce traité avec la grammaire d'Alcuin et avec *ad Cuimnanum*[39]. Il s'agit d'une grammaire carolingienne, qui remonte directement à Priscien, et qui utilise le nom de Diomède plutôt

---

[37] Cette attribution a été contestée dès l'édition par BARWICK, 'Clemens ed. Tolkiehn', p. 394-395.
[38] Notamment par Löfstedt dans MALS. 1965, p. 164-165.
[39] LAW, *The insular Latin grammarians*, p. 88, n. 40 et 102 ; DE NONNO, 'Note', p. 641-642.

III – LES SOURCES ET PARALLÈLES

que celui de Probus. Son traitement du verbe suit, dans les grandes lignes, le même plan que l'*Ars Malsachani*: le dernier accident étudié est celui de la conjugaison, qui ouvre directement sur un exposé des quatre modèles de conjugaison comprenant quelques règles générales et les formations de parfait, suivi par l'étude des verbes irréguliers et de divers cas d'ambiguïté.

En règle générale, les correspondances littérales entre la grammaire de Clément Scot et le *De uerbo* sont partagées aussi par l'*Ars Malsachani*. Nous discutons les passages pour lesquels ni les grammairiens tardo-antiques examinés ci-dessous ni Malsachanus ne peuvent avoir servi d'intermédiaire.

De uerbo 2, 48-51	Clemens Scot 102, 7	Malsachanus 195, 15-17	Virgilius grammaticus, *Epit.* 7 (Polara)
da mi bibere, da mi manducare, tamque diceret da mihi potum uel uictum, et nostrum uiuere triste, et iocundissimum est solis currere in die estiuo, et legere et non intellegere non est legere	apud Terentium 'da mihi bibere', id ⟨est⟩ potum, et 'nostrum est vivere triste' et iocundissimum est solis currere die', id ⟨est⟩ cursus, et 'legere et non intellegere non est legere' et his similia.	'da mihi bibere' et nostrum est uiuere triste et 'iocundissimum est solis currere' et 'legere et non intellegere non est legere' et huic similia.	Cornilius...pro nominatiuo alio idem loco accipiens eundem modum sic ait: 'solis currere in die aestiuo iocundissimum est'.

De fait, le *De uerbo* présente des proximités avec plusieurs grammaires qui ont utilisé les *Epitomae* de Virgile le grammairien. En revanche, il ne le cite jamais nommément et le parallèle ci-dessus est trop fragile pour établir une utilisation directe. Le plus vraisemblable reste une exploitation de Malsachanus par Clément Scot et le *De uerbo*, éventuellement doublée de la reprise d'un exemple du folklore scolaire, dont la circulation serait attestée par ailleurs chez Virgile le grammairien.

De uerbo 75, 1326-1335	Clément Scot 122, 16	Eutychès, *De uerbo* 466, 7-9 + 18-22 (= 32, 8 + 10-11)
Sciendum est hoc quia non inueniuntur communia uel deponentia tertiae coiugationis correptae in hoc scemate, exceptis nouem ut loquor, sequor, queror questus sum, nitor nisus sum, utor usus sum, labor lapsus sum, uertor uersus sum, fungor functus sum et plector plectus sum.	Sciendum est hoc, quod non inueniuntur communia uerba uel deponentia tertiae coniugationis correptae exceptis his X: liquor sequor loquor queror questus sum nitor nisus sum utor usus sum uertor uersus sum euertor fungor labor et plector,	exceptis paucis quae sunt tertiae correptae, ut labor fungor sequor liquor loquor queror reuertor utor nitor
Et illis exceptis quae ante -cor -as- uel -es- uel [h]-is- habent ut irascor iratus sum, nascor natus sum, uescor uescui, ulciscor ultus sum, nanciscor nanctus sum, paciscor pactus sum, comminiscor comminutus sum, aedipiscor adaeptus sum, obliuiscor oblitus sum, expergiscor experectus sum, expergiscor experge factus sum.	exceptis his, quae ante cor as uel es uel is habent, ut irascor nascor uescor uescui uel pastus sum nanciscor nactus sum ulciscor ultus sum paciscor comminiscor adipiscor adeptus sum obliuiscor oblitus sum expergiscor expergitus sum et experrectus sum uel expergefactus sum et reliqua.	exceptis etiam in cor desinentibus communibus uel deponentibus as uel es uel is ante cor habentibus quae, siue primitiua sint seu deriuatiua solius tertiae sunt, ut nascor irascor uescor ulciscor nanciscor paciscor expergiscor comminiscor adipiscor uel antique apiscor obliuiscor

Les remaniements, qui incluent reformulations et insertions de parfaits, sont trop similaires dans le *De uerbo* et chez Clément Scot pour être indépendants. La règle qu'ils ont reprise, remontant en dernière analyse à Eutychès, a largement circulé au haut Moyen Âge : une partie des témoins directs d'Eutychès en présentent une reformulation immédiatement à la suite du traité et on la retrouve, dans une troisième formulation, dans un florilège grammatical édité par C. Jeudy[40].

---

[40] La version liée à la tradition directe d'Eutychès a été éditée par Keil en *GL* 5, 488, 12-19 ; celle du florilège d'Erfurt est éditée dans JEUDY, 'Le Florilège grammatical inédit', p. 123, 83-87.

III – LES SOURCES ET PARALLÈLES

B. Autorités et sources ultimes

Le traitement des sources ultimes vient après celui des relations avec les traités médiévaux, qui ont souvent servi d'intermédiaires. Si les textes médiévaux forment l'environnement immédiat et, nous avons tenté de le démontrer, les sources premières du *De uerbo*, ils ne représentent nullement des autorités pour le grammairien qui l'a compilé. Aucun des textes dont nous avons examiné jusqu'ici les relations avec le *De uerbo* n'est cité dans le traité. C'est pourquoi nous avons séparé, dans l'introduction comme dans l'apparat, les parallèles antérieurs et postérieurs à Isidore de Séville, le plus récent des auteurs nommés.

1. Quelles sources derrière les autorités ?

Les autorités du *De uerbo*, comme ses sources ultimes, appartiennent à une période, l'Antiquité tardive. C'est ce qui justifie la réunion des deux catégories, qui ne se recouvrent pas totalement. Il convient donc d'examiner successivement deux questions : celle du rapport entre les autorités nommées et les sources qu'elles recouvrent et celle de l'accès du *De uerbo* aux sources grammaticales de l'Antiquité tardive.

Les citations, parfois approximatives, introduites par un nom dans le *De uerbo* ont toutes pu être identifiées. Ces références revendiquées sont au nombre de 33. En revanche, les noms d'auteurs ne sont pas toujours univoques. Trois situations se présentent selon que le nom et la citation qui suit correspondent à un texte identifiable transmis sous ce nom, à un texte identifiable transmis sous un autre nom, ou à plusieurs textes identifiables transmis sous d'autres noms. Nous commencerons par le premier cas de figure, qui ne pose aucun problème particulier.

Autorités univoques

Certains noms d'auteurs ne posent pas problème puisqu'ils renvoient bien à des écrits identifiables et transmis sous ces noms. Il s'agit, par ordre décroissant de mentions, de :

– Donat mentionné cinq fois (2, 28 ; 16, 265 ; 16, 285 ; 19, 330 ; 91, 1621)
– Consentius mentionné cinq fois (1, 20 ; 2, 27 ; 10, 154 ; 91, 1606 ; 91, 1615)
– Pompée mentionné 3 fois (1, 15 ; 20, 344 ; 21, 363)

126 INTRODUCTION

– Priscien mentionné 3 fois à propos du gérondif (20, 351 et 22, 398 et 399)
– Isidore mentionné 2 fois (26, 445 Hissiodorus ; 36, 589 Hisiodorus)
– Servius mentionné une fois (21, 363 Seregius).

Cela n'exclut ni une utilisation anonyme de ces mêmes sources (qui est en fait massive), ni leur utilisation à travers des intermédiaires.

Probus : Diomède mais pas seulement

Le nom qui revient le plus fréquemment dans le *De uerbo* est celui de Probus. Ce nom apparaît à neuf reprises, à propos de huit questions distinctes. Cela fait de notre texte un témoin central dans l'un des grands problèmes d'attribution de la grammaire tardo-antique et médiévale, la question de l'identité du Probus nommé par les grammairiens latins[41]. Nous limiterons autant que possible notre discussion au texte ici édité, espérant ainsi apporter des éléments objectifs à la clarification d'un problème complexe. Notons en premier lieu qu'aucune des sources ultimes ni intermédiaires envisagées ici ne contiennent toutes les doctrines mises par le *De uerbo* sous le nom de Probus. Il nous a en revanche paru possible d'identifier la source ultime de chacune des citations attribuées dans le *De uerbo* à Probus. Cela dit, nous ne perdons pas conscience du caractère hypothétique d'une part de ces identifications[42].

– 18, 313-315 : *Item sciendum est quod ipsa declinatio impersonalis quae in tur exit a neutralibus, ut ait Probus, figuratur, quia ipsa neutra*

---

[41] Pour l'Antiquité, il existe la mise au point de Kaster, *Guardians of language*, n° 127, p 348-350.
[42] Le premier savant qui ait cherché la source des citations de notre manuscrit est Keil, *GL* 4, p. XXII-XXIV. Les identifications qu'il a proposées remontaient toutes à Diomède et, accessoirement, à la doctrine des *Instituta artium* (*GL* 4, 1-192) attribués à Probus, conformément à l'idée de Keil, que le *De uerbo* puisait à un remaniement de Probus identique à celui qu'avait utilisé Diomède et distinct des *Instituta artium* sous la forme qui nous est conservée. Les rapprochements proposés par Keil sont rappelés entre parenthèses lorsqu'ils diffèrent des nôtres. Nous avons été souvent amenée à nous écarter de ses conclusions non seulement en ce qui concerne le parallèle lui-même, mais aussi sur le découpage du texte. Quant aux conjectures proposées par Keil à cette occasion, elles sont naturellement rappelées à leur place dans l'apparat critique de notre édition.

III – LES SOURCES ET PARALLÈLES 127

passiuum ex se aliter non faciunt., résumé de Diomède 398, 31-35[43] ou de *Ad Seuerum*, p. 46 Passalacqua[44].

– 21, 371-375 : *Probus uero in his actum tantum fieri docet, excludens passionem; sed notandum quod Probus in his que a neutro uel a deponenti ueniunt merito et recte exclussit, non ab his quae ab actiuo ueniunt: ille enim ita ait ad declamandum eo cum dico, dico sane tantum ut declamem, non ut declamer, nam declamer nihil est; item ad loquendum eo, ut de alio loquar quia absolutiuum est.* (Diomède 342, 10), résumé de *Ad Seuerum*, p. 45-46 Passalacqua[45]. Il n'est pas impossible que les deux mentions de «Probus» proviennent de sources différentes.

– 22, 376-381 : *Item, ut ait Probus, haec participia non sunt sed propria sermonis species: participia enim cum sint ⟨t⟩alia recipiunt et personam et numerum, ⟨u⟩t ab his legendis; a[i]t gerendi uerbum infinitiuum est, nihil eorum recepit, ut cum dicimus legendo proficio, in omni genere, item, in numero, legendo proficimus et his similia.* (Diomède 342, 8-10) = Diomède 396, 9-13[46]. L'attribution à Probus se retrouve dans l'«*appendix*» *de gerendi modo* à Donatus ortigraphus (199, 61).

---

[43] *Passiua uero inpersonalium declinatio huius modi est et figuratur ex uerbis quae absolutiua sunt, id est neutralia, quae cum ceteras personas non admittant passiuae declinationis, quoniam sunt neutralia, nihilo minus tertiam personam passiuam admittunt et declinantur passiua declinatione more inpersonali, quasi pugnatur a me a te ab illo.*

[44] *Declinatio inpersonalium. Quae in tur exeunt per singulas coniugationes ad similitudinem passiuorum ex tertia persona singulari figurantur* (= *GL* 5, 649, 25 app.).

[45] *Item ad salutandum eo participium esse iam desinit, nisi adieceris uel hominem uel amicum. hac enim adiectione participium obtinebit, sed tunc cum ex uerbo est habente et passiuam declinationem, ut ad uidendum, ad salutandum; ad declamandum uero cum dico, non possum dicere illum, quia declamor Latinum non est. denique cum dicit quis: eo ad salutandum uel ad audiendum uel ad uidendum uel ad osculandum, quia potest addi et illum et ab illo, si nihil addatur, in incertum relinquitur, utrum actiua an passiua significatione prolatum sit; si uero dixero: ad loquendum, hoc significo, ut de alio loquar, non etiam ut alius de me loquatur, quia loquor deponens est non commune* (= *GL* 5, 649, 1-11).

[46] *adeo non est participialis iste sermo sed propria sermonis species. participia enim, cum sunt talia, recipiunt et ⟨genus⟩ (persona codd.) et numerum, ut hic legendus ⟨...⟩ his legendis. at species usurpatiua infinitiua est. nihil enim horum recipit, cum dicimus legendo ego proficio in omni genere; item numero, legendo proficimus et similia.* Il est possible que la lacune signalée par Keil entre *legendus* et *his legendis*, et que ce dernier supposait correspondre à une variation de genre (*haec legenda*), se soit limitée, dès l'archétype de l'*ars* de Diomède, à la préposition *ab* attestée par le *De uerbo*.

128 INTRODUCTION

– 23, 407-408 : *generis neutri uel generis omnis, ut Probus ait, conpa-ratione carentia* (non relevé par Keil?), allusion probable à [Probus], *Instituta artium, GL* 4, 52, 31-32[47].

– 29, 3 : *Vel secundum Probum actiua ea sunt quae, dumtaxat cum alio agente sit qui patitur* = Diomède 336, 26[48].

– 30, 493-494 : *secundum Probum neutrum in nomine, neutrale in uerbo rectius dicimus* = *Appendix Probi IV*, 29 Stok (= *GL* 4, 201, 15-16)[49].

– 37, 602-604 : *Sed e contrario Probus adfirmat : tempus in se nullum omnino direptum est cum per se in se reuoluitur et sit perpetuum uni-tum et indiuiduum* = Diomède 335, 21-22[50]. L'attribution à Probus est partagée avec l'*Ars Ambrosiana* (115, 786).

Il est donc possible d'identifier, derrière le nom de Probus dans le *De uerbo*, une variété de sources. Il vaut la peine de noter que toutes peuvent être liées d'une manière ou d'une autre, dans la tradition manuscrite, à des traités attribués à un Probus. Les *Instituta artium* (titre artificiel), auxquels le rédacteur du *De uerbo* fait probablement une allusion (en 23, 408), nous sont connus par plusieurs manuscrits anciens qui les attribuent à Probus, dont deux en particulier intéressent notre démonstration : Naples, BN, lat. 1 (ex-vindobonensis 17), originaire de Bobbio, et Paris, BnF, lat. 7494. Le recueil de *differentiae* que les philologues modernes désignent du nom d'*Appendix Probi IV* apparaît, ce qui explique cette dénomination, à la suite des *Instituta artium* dans le témoin Naples, BN, lat. 1. Plus encore : il est en partie conservé dans le manuscrit Montpellier, BIUM, H 306, avec une attribution à Probus[51]. Pour ces deux sources, l'attribution nous est donc direc-

---

[47] *Omne genus est, quod tribus generibus conuenit, id est masculino et feminino et neutro.* Par la suite, le traité emploie constamment l'expression *omne genus* pour les adjectifs de forme identique aux trois genres, ce qui n'est pas le cas des autres grammaires, qui ont tendance à employer *commune* ; pour cette raison, je fais l'hypothèse que le *De uerbo* fait allusion aux *Instituta artium*.

[48] *Actiua significatio est cum alio agente sit qui patiatur.*

[49] *Inter neutrum et neutrale hoc interest, quod neutrum nomen aut pronomen uel participium significat, neutrale uero uerbum esse demonstrat,* commenté par Stok dans *Appendix Probi IV*, p. 132.

[50] *tempus per se nullum diremtum est omnino, cum per se in se reuoluatur et sit perpetuo unitum.*

[51] Stok dans *Appendix Probi IV*, p. 74.

tement compréhensible, que le *De uerbo* en ait fait une utilisation directe ou non[52].

Sans être explicitement attribués à Probus, le *De uerbo ad Seuerum* et l'*Ars Bobiensis* sont solidaires de la tradition manuscrite des traités toujours attribués à Probus. Le *De uerbo ad Seuerum* est conservé dans un témoin unique, Naples, BN, lat. 1, immédiatement avant la copie des *Instituta artium* et associé à un traité *De nomine* lui aussi attribué à Probus. L'*Ars Bobiensis* subsiste également grâce à un unique manuscrit, Naples, BN, lat. 2 (exvindobonensis 16). Elle s'y trouve à la suite des *Catholica* attribués à Probus. Il s'agit donc de deux opuscules anonymes qui nous sont parvenus par la bibliothèque de Bobbio, englobés dans des corpus dont les pièces maîtresses sont attribuées sans conteste (jusqu'au XIXe siècle) à Probus.

Le phénomène est moins net pour Diomède, dont la grammaire a joui au IXe siècle d'une circulation assez large, sous ce nom. Cela dit, dans l'un de ses principaux témoins manuscrits, Paris, BnF, lat. 7494, cette grammaire est copiée à la suite des *Instituta artium*. L'association avec Probus n'est donc pas entièrement absente ici encore. Tels sont les éléments qui semblent constituer l'apport du *De uerbo* à la question du Probus des grammairiens médiévaux.

Flacus : Diomède

Le nom de Flacus apparaît une seule fois dans le *De uerbo* (2, 39), pour introduire une citation littérale du grammairien Diomède (334, 7-8). Cette citation n'apparaît, dans les traités médiévaux édités à ce jour, qu'ici et dans le commentaire *ad Cuimnanum*, où elle suit un découpage légèrement différent et, surtout, ne porte pas de nom d'auteur. Le nom peut renvoyer à Verrius Flaccus, grammairien et antiquaire d'époque augustéenne dont le *De significatu uerborum* nous est connu à travers le résumé qu'en a donné Festus et les autres œuvres par les citations qu'en ont fait ses lecteurs, à partir de Pline l'Ancien. Cela laisse entier le pro-

---

[52] À cet égard, il est intéressant que le *De uerbo* attribue à Probus la *differentia* qu'il cite. On la retrouve en effet attribuée à Isidore de Séville dans une partie de la tradition manuscrite des *Differentiae* de ce dernier (n° 394 Arévalo, exclue par Codoñer), et à « Sergius » dans le traité *Donatus ortigraphus* (151, 847-851). Voir le commentaire de Stok dans l'*Appendix Probi IV*, p. 310.

130 INTRODUCTION

blème du lien avec Diomède, qui ne le cite qu'une fois (365, 17), dans une discussion sur l'orthographe d'*inchoo*. Ce nom ne saurait ici désigner directement Horace, mais il était le surnom choisi par Alcuin quand il s'adresse à Charlemagne/David. Dans la mesure où les œuvres grammaticales éditées d'Alcuin ne citent pas ce passage de Diomède, il faudrait alors supposer soit une attribution à Alcuin, sous le pseudonyme de Flaccus, d'un autre ouvrage (peut-être l'anonyme *ad Cuimnanum* dans une rédaction pour nous perdue), soit une transmission orale de l'enseignement d'Alcuin (ce qui s'accorde mieux avec l'emploi d'un surnom lié au microcosme de l'école du palais). Une telle hypothèse suppose l'antériorité et l'influence doctrinale d'Alcuin sur le *De uerbo*, ce que pour l'instant rien ne suggère. Quoi qu'il en soit, une telle association du nom Flac(c)us et d'un extrait de Diomède est pour l'instant isolée.

Flavianus, Celse : deux noms pris dans les sources

Le nom de Flavianus apparaît à deux reprises (39, 632 et 91, 1616), désignant à chaque fois le grammairien Charisius (320, 13 et 345, 5), pour contester son enseignement. La source immédiate de ces deux mentions est très probablement Malsachanus (208, 10 et 243, 12). En dernière analyse, le nom est une déformation de Flavius Sosipater Charisius.

Une autre attribution indirecte repérable est celle de la distinction entre les impératifs *fac* et *facito* à Celse (12, 200). Elle vient de Consentius (375, 1), dont le *De uerbo* reprend ici un passage complet. On retrouve également la citation, avec l'attribution à Celse, dans le commentaire anonyme *ad Cuimnanum* (13, 63).

2. Base du traitement des *accidentia*

La base de la présentation des *accidentia* est, sans surprise, celle des grammaires pré-carolingiennes utilisées par le *De uerbo*, soit Donat et Consentius. Cela dit, le grammairien qui a compilé le *De uerbo* a directement consulté les traités de ces deux auteurs, qu'il cite chacun cinq fois sous leur nom à bon escient.

Donat

Le *De uerbo* est un traité grammatical indépendant, comme celui de Malsachanus, et non un commentaire sur Donat. Cela se

III – LES SOURCES ET PARALLÈLES 131

voit, entre autres, au fait que le texte de Donat, quoique souvent présent, n'est pas majoritairement cité en tête de chapitre comme un lemme mais plus souvent dans le fil du texte au même titre que celui des autres grammairiens. L'auteur du *De uerbo* connaissait très probablement le texte de Donat de première main, voire par cœur, mais il le cite aussi occasionnellement d'après les commentaire médiévaux qu'il utilisait et qui partent du texte irlandais. On en trouve des traces dans les variantes du *De uerbo* par rapport au texte de l'édition.

– DV 4, 69 = *Mai.* 633, 6 : *formae igitur sunt quattuor.* Le *De uerbo* précise *formae latinae*, par contamination de Donat et Consentius. En cela, il partage une innovation commune à l'*Ars ambrosiana, ad Cuimnanum* et Malsachanus, ainsi qu'à un groupe de témoins directs identifié par Holtz comme proches de la version irlandaise de Donat. Cela dit, le *De uerbo* procède également à des innovations singulières, ajout de *linguae* et modification de l'ordre des mots.

– 11, 171 = *Mai.* 632, 9 : *indicatiuus, qui et pronuntiatiuus.* Le *De uerbo* ajoute *dicitur*, de même que le manuscrit *S* (Berlin, Diez B. sant. 66) de Donat, la plupart des témoins du rameau wisigothique, et les commentaires liés à l'*Ars* de Lorsch, mais à la différence de l'*Ars Ambrosiana.* Cela dit, Malsachanus a *dictus est*, qui n'est jamais qu'une variante utilisant le passif périphrastique.

– 31, 499-500 = *Mai.* 636, 3-4 : *communia sunt, quae r littera terminantur et in duas formas cadunt, patientis et agentis, ut scrutor, criminor : dicimus enim scrutor te et scrutor a te.* Le *De uerbo* montre un saut du même au même qui réduit l'exemple à *ut scrutor te scrutor a te*, comme le lemme du commentaire de Sedulius Scotus (220, 60-61), mais il s'agit d'une erreur facile. Il est remarquable que Malsachanus a coupé le texte plus tôt que le *De uerbo*.

– 32, 510 = *Mai.* 636, 1 : *deponentia sunt, quae r littera terminantur et ea amissa Latina non sunt.* Le *De uerbo* a substitué *dempta* à *amissa*, de même que l'*Ars Ambrosiana, ad Cuimnanum*, les commentaires carolingiens de matrice irlandaise, les principaux témoins de la version irlandaise, mais pas Malsachanus qui présente une variante individuelle.

– 91, 1621-1624 = *Mai.* 639, 8-10 : *sunt uerba defectiua alia per modos, ut cedo, alia per formas, ut facesso, alia per coniugationes, ut adsum, alia per genera, ut gaudeo, alia per numeros ut faxo, alia per figuras, ut inpleo, alia per tempora, ut fero, alia per personas, ut edo.* Le *De uerbo* a supprimé tous les *alia*, substitué *soleo* à *gaudeo*, comme l'*Ars Ambrosiana* et *ad Cuimnanum* mais pas forcément les témoins directs de tradition irlandaise, et à *edo, cedo*, présent également chez les témoins directs et indirects de la tradition irlandaise et chez Malsachanus.

132 INTRODUCTION

Autant que des formules à citer, Donat fournit le modèle de l'exposé grammatical pour les deux premières parties. Son influence est manifeste dans l'organisation de la matière et l'ordre des chapitres. Cela dit, on constate des divergences dans le détail du plan, divergences qui s'analysent à la lumière de ce que nous avons mis en évidence ci-dessus à propos des relations entre Malsachanus et le *De uerbo*.

Donat, *Ars maior* 2, 12		Malsachanus		*De uerbo*	
modi	indicatiuus	formae	perfecta	formae	meditatiua
	imperatiuus		meditatiua		inchoatiua
	optatiuus		inchoatiua		perfecta
	coniunctiuus		frequentatiua		frequentatiua
	infinitiuus				
	inpersonalis				
formae	perfecta	modi	indicatiuus	modi	indicatiuus
	meditatiua		imperatiuus		imperatiuus
	inchoatiua		optatiuus		optatiuus
	frequentatiua		coniunctiuus		coniunctiuus
			infinitiuus		infinitiuus
			inpersonalis		inpersonalis
			gerendi		gerendi
coniugationes		genera		coiugatio	
genera		numerus		genus	
numeri		figurae		numerus	
figurae		tempora		figura	
tempora		personae		tempus	
personae		coniugatio		persona	

Malsachanus et le *De uerbo* partagent deux innovations dans les premiers chapitres : l'inversion du mode et de l'aspect, qui remonte à Isidore de Séville (cité comme justification par Malsachanus et en 3, 67-68) et l'ajout des gérondifs et supins à la liste des modes de Donat. Sur deux points, chacun a innové indépendamment. Malsachanus est allé au bout de la logique d'intégration des flexions à l'exposé sur le verbe en déplaçant le chapitre sur la conjugaison à la fin du traitement des *accidentia*, en introduction à la conjugaison développée absente de Donat. Le *De uerbo*, pour sa part, a réorganisé les aspects pour les placer dans l'ordre chro-

III – LES SOURCES ET PARALLÈLES 133

nologique. L'impression est donc toujours la même : Malsachanus et le *De uerbo* sont étroitement liés jusque dans leur attitude à l'égard de Donat, mais relativement autonomes malgré tout.

Commentateurs tardo-antiques de Donat

Le premier commentateur de Donat dans l'Antiquité tardive a été Servius, que le *De uerbo* mentionne une fois à propos des *uerba gerendi*. Ce commentaire a par la suite servi de base à d'autres commentaires sur Donat, en particulier celui de Pompée qui en est une amplification[53]. C'est ce qui explique que le grammairien responsable du *De uerbo* parle de consensus entre Servius et Pompée à propos de la diathèse du gérondif (21, 363). Cela laisse penser qu'il a consulté les deux commentaires et constaté que Pompée (218, 19-24) reprenait le développement de Servius (412, 21-26).

Pompée est un grammairien africain du Ve siècle dont le commentaire sur l'*Ars maior* a été abondamment exploité par les grammairiens latins d'Europe jusqu'à la redécouverte de Priscien à la renaissance carolingienne[54]. En particulier, si notre hypothèse concernant les rapports de notre texte à Malsachanus, à l'*Ars Ambrosiana* et à l'anonyme *ad Cuimnanum* est la bonne, les sources immédiates du *De uerbo* en ont fait un grand usage. Il est en revanche relativement peu présent dans le *De uerbo* lui-même, avec cinq apparitions. Deux d'entre elles, toutes deux accompagnées du nom du grammairien, renvoyant au même passage rappelé à l'instant, appartiennent au développement sur le gérondif et précisément à la question sur sa diathèse (20, 344 et 21, 363). Ces deux références sont probablement issues d'une même consultation. Les trois autres utilisations ne sont pas nécessairement directes.

> – 1, 15-17 : un argument en faveur de l'utilisation du nom du mot, *uerbum*, pour le verbe, cité plus largement et plus exactement dans l'*Ars Ambrosiana* (92, 8-19)
> – 15, 236-244 : trois exemples de l'absence de personne à l'infinitif cités dans le même montage avec Consentius par l'*Ars Ambrosiana* (99, 233-240)
> – 15, 250-252 : note signalant le caractère d'hellénisme poétique de l'emploi de l'infinitif comme complément d'objet, citée plus exacte-

---

[53] HOLTZ, *Donat*, p. 236-237.
[54] HOLTZ, 'Tradition et diffusion'.

134 INTRODUCTION

ment et plus largement dans l'*Ars Ambrosiana* (93, 47-51), où elle est en outre précédée d'un développement (92, 32–93, 47) que le *De uerbo* pourrait avoir condensé, et qui expliquerait l'attribution erronée à Perse d'une citation de l'*Évangile* de Jean en 15, 247.

Dans ces conditions, il est tentant de rendre compte des cinq citations de Pompée en deux groupes. Le premier serait constitué de passages trouvés dans l'*Ars Ambrosiana* mais dont l'auteur du *De uerbo* aurait, au moins pour le premier, connu par ailleurs la source. Le second concernerait plus particulièrement la diathèse des *uerba gerendi* et viendrait d'une consultation indépendante des deux commentaires, du reste liés, de Servius et Pompée. La présence limitée des commentateurs tardo-antiques de Donat en général peut s'expliquer par l'utilisation prioritaire des sources du même genre mais plus récentes qu'étaient l'*Ars Ambrosiana* et le commentaire *ad Cuimnanum*, ou leurs antécédents immédiats.

Consentius

Le grammairien Consentius est assez précisément situable, en Gaule narbonnaise au début du ve siècle[55]. Il est connu des Modernes surtout pour son traité sur le barbarisme, qui présente la qualité rare d'utiliser comme exemples de fautes de grammaire des énoncés de la langue parlée, ce qui en fait une source précieuse d'informations sur le latin vulgaire tardif. Néanmoins, au haut Moyen Âge, c'est son traité sur les deux principales parties du discours, le nom et le verbe, qui a connu un grand succès[56]. Il se limite à la présentation des accidentia, sans développer les modèles de conjugaison et sans listes de verbes. Le plan suivi dans le traitement du verbe est différent de celui de Donat : *genus, inpersonale, qualitas (modi), qualitas (formae), tempus, numerus, figura, persona, coniugatio*.

Le *de nomine* et le *de uerbo* de Consentius présentent l'avantage d'être plus détaillés que Donat tout en restant à un niveau

---

[55] Sur ce point, l'accord est complet entre la préface de l'édition Keil (*GL* 5, 333) et les philologues du siècle suivant, en particulier HOLTZ, *Donat*, p. 83. Des divergences existent en revanche quant à la génération précise à laquelle assigner le grammairien, mais cela importe peu à notre propos.

[56] GRONDEUX, 'Influences de Consentius et Priscien'. G. Bonnet me signale *per litteras* l'utilisation de Consentius dès les commentaires «sergiens» de Donat, qui justifierait une réévaluation du rôle de Consentius dans la grammaire tardo-antique occidentale.

III – LES SOURCES ET PARALLÈLES

relativement élémentaire et accessible. Par conséquent, on a élaboré au haut Moyen Âge une synthèse de Donat et Consentius en insérant les extraits pertinents de Consentius dans le plan de Donat pour construire le commentaire sur ce dernier. C'est ce que font dans une large mesure l'*Ars Ambrosiana* et le commentaire *ad Cuimnanum*. Les traités indépendants comme Malsachanus et le *De uerbo* ont souvent hérité de ce montage, comme l'a démontré notre tableau comparatif *De uerbo / ad Cuimnanum*. Ainsi, sur environ quarante extraits littéraux ou presque de Consentius dans le *De uerbo*, plus de trente sont partagés avec l'une de ces trois grammaires. Les suivants paraissent indépendants, quoiqu'on puisse parfois leur trouver des échos chez Tatwine : 1, 20 ; 1, 24-25 ; 9, 147-148 ; 16, 270 ; 17, 305-307 ; 33, 528-534 ; 44, 684-688.

Keil a utilisé le *De uerbo*, comme Malsachanus, comme témoin de Consentius tout en reconnaissant l'apport limité de ces traités médiévaux au texte du grammairien antique[57]. De fait, le *De uerbo* en particulier ne s'est pas interdit de modifier la formulation de sa source, qu'il l'ait atteinte directement ou non. Le phénomène est bien visible dans la citation de Celse sur l'impératif (374, 35-375, 2) reprise par le *De uerbo* (12, 200-201) : ce dernier a conservé la majorité des groupes de mots, mais en a omis certains et a bouleversé l'ordre des autres, si bien qu'il est difficile d'interpréter les écarts par rapport au texte source. La chose est d'autant plus difficile, d'une façon générale, que l'édition disponible, celle de Keil, est basée sur trois manuscrits dont les relations ne sont pas établies très clairement : *B* (Berne, BB, 432), *M* (Munich, BSB, clm 14666) et *L* (Leyde, Voss. 37 O). Ces trois témoins partagent des erreurs que l'on retrouve dans le *De uerbo* : *facito* au lieu de *factito* en 4, 74 ; *accidunt* pour *accedunt* en 4, 74 ; ajout de *per* en 17, 291 ; *dicite* en 17, 304 ; *siscima* en 27, 467 (en caractères grecs, ΣΥΣΚΗΜΑ, dans la tradition directe)[58] ; *apulo* (déformation

---

[57] *GL* 5, 332.

[58] L'éditeur, Keil, a corrigé le texte de Consentius (380, 29) en σύστημα, terme mieux attesté. Cela dit, en amont du côté grec, si BÉCARES BOTAS (*Diccionario*) ne connaît pas συσκημα, il relève en revanche le verbe συσχηματίζω (AP. DYSC., *Pron.* 15, 24 ; *Adu.* 128, 25 ; 131, 3) et le substantif συσχηματισμός (AMMON., *In Arist. De int.* 65, 8), appliqués aux astres comme à la déclinaison. C'est une famille de termes techniques dont le sens correspondrait bien à la mise en figure ordonnée de plusieurs éléments. En aval, on lit bien *siscema* chez Malsachanus (210, 3), glosé par *configuratio*. Tout plaide donc pour l'adoption de la leçon ?σύσχημα? dans le texte de Consentius.

d'*Apollo*) en 33, 535; *auertor* en 44, 688. Il reviendra aux éditeurs de Consentius de dire s'il s'agit d'erreurs d'archétype. Les rapprochements avec les témoins directs ne sont guère concluants car le *De uerbo* partage quelques variantes rejetées par Keil avec chaque manuscrit:

> – avec *M* seul en 12, 201 (*moram*), 17, 288 (*geritur*) et 32, 524 (*actiuum*)
> – avec *M* et *L* en 13, 208-209 (*coniunctatiui*)
> – avec *B* seul en 32, 517 (*passiua sunt intellectu*)
> – avec *B* et *L* en 32, 523 (*passionem*), 33, 539 (*trachunt*) et 44, 687 (*inludere*)
> – avec *B* et *M* en 17, 298 (*impersonalis*).

Pour épuiser la question, il faut souligner deux passages problématiques pour lesquels le DV peut utilement éclairer l'histoire du texte de Consentius: 366, 24 et 374, 12.

Consentius 366, 22-26	*De uerbo* 33, 534-537
quaedam eius modi sunt, ut, nisi persona adiecta sit, plenum intellectum non habeant, ueluti pingit, quis? Apelles [ap(p)ollo *BML*]; declamat, quis? Cicero. quaedam uero e contrario eius modi sunt, ut ad plenitudinem intellectus, a quo scilicet administrentur, opus non sit adiectione personae, ut pluit tonat: sine dubio enim intellegitur deus.	Sunt quaedam quae indigent personam ut pungit – quis? – apulo, quod ter⟨t⟩iae personae speciale est; quaedam nulla administrantis persona[m] indigent cum sint actiua ut tonat pluit: procul dubio enim intellegitur deus.

Le *De uerbo* a entièrement réinterprété le passage de Consentius. Il ne se contente pas de ne pas connaître le peintre Apelle, il a aussi cru lire une opposition d'attributs divins: Dieu pleut et tonne, Apollon pique.

Consentius 374, 12-13	*De uerbo* 10, 154-156	*ad Cuimnanum* 13, 24-25
modus autem est quem Graeci ἔγκλισιν [ENKTEKIN *M* NKTHCIN *L* HKΘACIN *B*] dicunt, conuersio scilicet et transfiguratio eius syllabae quae ultima in uerbo est.	Modus difinitur secundum Consentium: modus est quem greci metatessin [metessin *m1*] dicunt, conuersio scilicet et transfiguratio eius syllabae quae ultima est in uerbo.	Modus autem est, quem Greci ἔκτισιν [HKTHΣΣIN *cod.*] dicunt, conuersio scilicet et transfiguratio eius syllabae, quae ultima est in uerbo.

Nous avons cité les manuscrits de Consentius dans l'ordre qui a été adopté par Keil dans son apparat critique, mais il est évi-

III – LES SOURCES ET PARALLÈLES 137

dent qu'il faudrait adopter l'ordre inverse. Ces trois témoins et le commentaire *ad Cuimnanum* suggèrent de reconstruire une leçon ἔκτασιν, «allongement», qui était celle qu'adoptait le précédent éditeur de Consentius, Sichard (voir l'apparat de Keil *ad loc.*). La restitution des éditeurs de l'*Expossitio latinitatis*, ἔκτισιν «amende», qui n'a pas de sens dans ce contexte, est probablement une coquille pour ἔκτασιν. Ce dernier terme est parfaitement compréhensible dans un contexte grec comme dénomination morphologique du mode puisque le subjonctif est formé par allongement de la voyelle thématique, brève à l'indicatif, et l'optatif par l'ajout d'un /i/ et la formation d'une diphtongue qui aboutit également à une voyelle longue[59]. Certes, son correspondant sémantique exact serait *productio* et non *conuersio* ni *transfiguratio*, mais ces derniers termes ne sont pas non plus des calques de ἔγκλισις (il faudrait *inclinatio* ou *declinatio*, attestés par ailleurs dans ce genre de contexte[60]). Il nous paraît donc préférable de partir d'ἔκτασιν, texte de Consentius, du moins dans la branche de la tradition que transmettent l'édition de Keil et *ad Cuimnanum*. Reste donc la leçon isolée *metatessin* du *De uerbo*. Une nouvelle édition de Consentius pourra peut-être nous dire s'il s'agit d'une trace d'une autre branche de la tradition, sans doute alors une branche corrigée par un savant carolingien qui aurait remplacé le texte corrompu de son manuscrit de Consentius par μετάθεσις, un terme technique passe-partout dès lors qu'il s'agit de transformation ou transposition d'un type ou d'un autre. Il paraît en effet peu probable que le grammairien auteur du *De uerbo* ait de sa propre initiative corrigé un terme grec.

La contribution de Consentius au *De uerbo* est vraisemblablement plus large que ce qui ressort des parallèles littéraux, pourtant assez nombreux. Son *de uerbo* constitue avec celui de Donat la base de la doctrine grammaticale exposée dans le *De uerbo*. En effet, les mentions de Consentius dans le *De uerbo* introduisent aussi bien des paraphrases justes sur le fond mais très éloignées de Consentius sur la forme (1, 20; 91, 1606-1607 et 1615) que des citations littérales (1, 23-24; 10, 154-156). Il en va logiquement de même en ce qui concerne l'utilisation tacite de cet auteur.

---

[59] Chez BÉCARES BOTAS (*Diccionario*), les références sont à des emplois phonétiques. Néanmoins, l'une d'elles, AP. DYSC., *Adu.* 161, 10, désigne bien la quantité d'une marque morphologique.

[60] Schad cite *inclinatio* = *modus* avec DIOM. 334, 12 et 338, 13 et PRISC., *Ars* 2, 421, 17.

138   INTRODUCTION

3. Approfondissements du traitement des *accidentia*

Si la synthèse de Donat et Consentius constitue la base de l'exposé sur les *accidentia*, le *De uerbo*, toujours à la suite de ses sources immédiates, le complète pour les notions les plus subtiles à l'aide de traités conservés légèrement postérieurs, que nous avons pris le parti de traiter dans l'ordre chronologique, qui se trouve constituer aussi un ordre logique. En résumé, la présence de Charisius est si légère qu'elle en devient hypothétique, tandis que celle de Diomède est assurée et enrichit la terminologie. Priscien est utilisé dans le chapitre sur les *uerba gerendi* dont on sait qu'il a exploité des sources différentes des autres. Isidore de Séville sert à motiver la terminologie.

Charisius et Diomède

La philologie moderne regroupe souvent Charisius et Diomède sur des critères externes et internes. Tous deux sont des grammairiens orientaux inconnus par ailleurs[61]. Tous deux sont situés chronologiquement entre Donat et Priscien. Sur le plan interne, si leurs traités suivent des plans différents, ils ont en commun de nombreux éléments. Ces recoupements font penser que Diomède a utilisé une source de Charisius ou Charisius et sa source[62]. La transmission des textes jusqu'à nos jours, en revanche, diffère totalement. Un seul manuscrit complet de Charisius est conservé, en très mauvais état. Diomède en revanche a connu le succès à l'époque carolingienne puis humaniste, ce dont témoigne une abondante tradition manuscrite.

Il est difficile de se prononcer sur l'utilisation de Charisius pour l'étude des accidentia du *De uerbo*. Charisius apparaît à deux reprises sous le nom de Flavianus dans des passages qui peuvent venir de Malsachanus. En outre, on lit en 21, 360 une tournure rare, *in accusatiuum funguntur*, qui pourrait être inspirée de Charisius[63] (332, 12.15 = *GL* I, 254, 2.4).

---

[61] Résumé des hypothèses dans KASTER, *Guardians of langage*, n° 200, p. 392-394 et n° 47, p. 270-272.

[62] BARWICK, *Remmius Palemon*, p. 7-9 et, plus précisément sur le verbe, 17-19, où Barwick note la proximité entre les traitements de Diomède et Martianus Capella.

[63] Emploi que j'ai commenté dans CONDUCHÉ, 'La terminologie', p. 63.

III – LES SOURCES ET PARALLÈLES

La présence de Diomède, en revanche, est indiscutable. Il est représenté par des extraits assez longs : par exemple, presque tout le développement sur l'*ussurpatiua species* (395, 30–396, 13) est cité, réparti entre les paragraphes 22, 23 et 24 du *De uerbo*. La grammaire de Diomède apporte une terminologie complémentaire, des précisions sémantiques et des éléments de syntaxe[64]. Comme on l'a déjà souligné, Diomède n'est jamais nommé et lorsque ses extraits sont introduits par un nom, c'est celui de Probus, qui ne recouvre pas toujours Diomède. Les extraits de Diomède sont normalement communs avec l'*Expossitio latinitatis*. Nous n'en avons relevé que cinq absents de ce dernier texte : 18, 308-312 ; 18, 313-315 (qui peut venir plutôt d'*ad Seuerum*) ; 20, 353-354 (assez générique) ; 42, 661-662 et 43, 676-677 (ces deux derniers, des exemples d'expressions repérables ailleurs). Néanmoins, pour les raisons que nous avons exposées ci-dessus, *ad Cuimnanum* sous la forme que nous lui connaissons aujourd'hui ne peut être l'intermédiaire exclusif entre Diomède et le *De uerbo*.

En dépit du caractère probablement indirect et en tout cas problématique de la tradition de Diomède suivie par le *De uerbo*, il est bon de signaler ici une possible contribution au texte de la source :

– Diomède 335, 15-16 : tempus est uicissitudo rerum t r i f o r m i t e r [*Keil* : triformium *codd.* triformi *edd. ante Keil*] mutabilitate conprehensa...
– *De uerbo* 36, 2 : tempus est uicissitudo t r i f o r m i s rerum u i s i b i - l i u m motatione conprehensa...

Sur le plan paléographique, la leçon *triformium* des manuscrits de Diomède utilisés par Keil peut aisément provenir d'un écrasement des deux adjectifs *triformis* et un autre en *-ium* l'un sur l'autre. Cette leçon de la tradition directe de Diomède est inacceptable : les objets du monde ne sauraient être triples mais c'est le temps qui est divisé en trois (passé, présent, futur). Il est donc possible que l'adjectif *triformis* qualifie soit *mobilitas/mutatio* soit *uicissitudo*. La première solution est celle qu'ont retenue les édi-

---

[64] Pour les modes : *exortatiuus, subiunctatiuus, adfirmatiuus, concessiuus, relatiuus, significatiuus, pronuntiatiuus* ; pour la diathèse : *effectus, depossitiuum, absolutiuum* ; pour le temps : *instans, inchoatiuum* ; pour la syntaxe : *simplex expossitio, administratio*. Il semble que, par le relai de Diomède plutôt que de Charisius, se diffuse la terminologie que BARWICK, *Remmius Palemon*, p. 112-113, fait remonter à Palémon.

140 INTRODUCTION

teurs anciens, la seconde est celle que suggère le *De uerbo*. En outre, la désinence de *triformium* suggère la présence dans le texte d'un adjectif au génitif pluriel qualifiant *rerum*. De ce fait, peut-être le *De uerbo* nous a-t-il conservé le texte authentique de Diomède pour ce passage. Cela dit, en l'absence de confirmation externe, on ne peut exclure absolument l'hypothèse d'une reformulation clarificatrice de la part du compilateur du *De uerbo*.

Priscien

Priscien a une présence très limitée dans le *De uerbo*. Celui-ci s'est tourné deux fois vers l'*Institutio de nomine pronomine et uerbo*, manuel destiné aux enfants qui a connu en Occident un succès presque immédiat et une large diffusion[65]. L'auteur du *De uerbo* pouvait donc vraisemblablement y accéder sans trop de difficultés. En revanche, l'allusion au huitième livre de la grande grammaire (20, 351), dont la diffusion commence semble-t-il avec Alcuin, est plus inattendue[66]. La phrase où cette allusion est insérée, pour laquelle nous n'avons pas trouvé de parallèle, est au demeurant d'interprétation difficile.

Isidore de Séville

Dans l'environnement du *De uerbo*, les indices qui évoquent l'évêque de la Séville wisigothique sont nombreux. L'élément codicologique qui contient le *De uerbo* inclut aussi un extrait du livre premier des *Étymologies*. L'introduction de notre traité manie des concepts dialectiques concernant la définition qui lui ont peut-être été transmis par ces mêmes *Étymologies*. Il faut à présent ajouter à cela les citations directes du livre premier des *Étymologies*. Du chapitre 9 de ce livre, qui résume la doctrine élémentaire sur le verbe, le *De uerbo* a retenu les éléments de motivation du vocabulaire technique pour les termes suivants : *forma, meditatiua, modus, coniugatio, genus*. Il a repris la définition du verbe comme expression d'un acte ou d'un dit, la définition contrastive des *formae* et des modes accompagnée de l'argument en faveur de l'ordre *formae*-modes et la description de l'engendrement circulaire actif-passif.

---

[65] Jeudy, 'L'Institutio'.
[66] Sur Alcuin et la redécouverte de Priscien, voir Law, *Grammar and grammarians*, p. 136-137 et Holtz, 'L'émergence'.

III – LES SOURCES ET PARALLÈLES

4. Traitement des flexions

Les sources des troisième et quatrième parties ne coïncident que partiellement avec celles des deux premières parties. En effet, ni Donat ni Consentius ni Isidore ne fournissent le détail des flexions verbales et il ne semble pas que Priscien ait été mis à contribution dans cette partie du *De uerbo*. En revanche, nous y retrouvons Diomède et Eutychès.

L'exposé sur les quatre modèles de conjugaison est formé, comme nous l'avons montré ci-dessus, de la combinaison de modules de trois types :

> – les règles générales et la récitation des modèles de conjugaison, modèles dont nous avons mis en évidence le caractère largement original ;
> – les formations de parfaits qui remontent à deux sources, principalement Charisius ou Diomède (certainement pas leur source commune) et ponctuellement Martianus Capella ;
> – les listes de verbes arrangées dans deux ordres alphabétiques, celui de l'initiale, qui trouve ses racines au livre 5 de Charisius, et celui de la finale du thème d'*infectum*, qui remonte probablement à un dépouillement d'Eutychès[67].

La fin du traité, partie consacrée aux verbes irréguliers, aux diverses ambiguïtés et au participe, ne retiendra pas spécialement l'attention pour les raisons que nous avons exposées plus haut de dépendance directe vis-à-vis de Malsachanus.

Charisius et Diomède

Pour les raisons exposées plus haut, il est parfois difficile de faire la différence entre ce qui vient de Diomède et ce qui vient de Charisius. Leur proximité est grande en particulier dans l'exposé des formations de parfait et les raisonnements doivent s'appuyer sur des éléments aussi légers que l'ordre d'énumération des catégories et la présence de deux ou trois exemples distinctifs dans une série de plus de dix. Les conclusions présentées ici n'ont donc que la force des hypothèses.

---

[67] Le livre 5 de Charisius est d'authenticité douteuse mais la présence de traductions grecques dans les listes de verbes par conjugaison garantit, si ce n'est l'authenticité charisienne, au moins l'ancienneté de telles listes : HOLTZ, 'Sur les traces de Charisius'.

142 INTRODUCTION

Au demeurant, la présence de Diomède dans les formations de parfaits (paragraphes 48, 60, 66-68, 71 et 77) semble indirecte et due à l'intermédiaire de Malsachanus. C'est ainsi qu'à la deuxième conjugaison (par. 60) on suit l'ordre de Charisius avec l'insertion d'une note de Diomède sur les préfixés (60, 995-1000); à la quatrième conjugaison en revanche on suit l'ordre de Diomède avec l'insertion d'une note de Charisius sur les parfaits de *eo*, *queo* et de leurs composés. Ces deux montages sont aussi présents dans le traité de Malsachanus.

Charisius, en revanche, a été mis à contribution directement lors d'une étape intermédiaire entre Malsachanus et le *De uerbo*. On le devine dès l'exposé sur le parfait des verbes de la première conjugaison à l'insertion de l'exemple *probo probaui* (48, 749) venu de Charisius dans la liste de Malsachanus. Plus massive est l'utilisation de Charisius pour la présentation des parfaits de la troisième conjugaison (par. 66-68 puis 71). En effet, si le plan est fourni par Martianus Capella, comme nous allons le voir, les exemples qui complètent l'exposé de ce dernier sont pris dans la grammaire de Charisius.

Martianus Capella

Le *De uerbo* appelle à reprendre la question de l'utilisation de Martianus Capella dans la grammaire dès la première renaissance carolingienne et même avant[68]. L'exposé technique de Grammatica, au livre 3 des *Noces de Philologie et de Mercure*, comprend un développement sur les formations de perfectum. Ce développement est organisé par modèle de conjugaison et, à l'intérieur de chaque modèle, les verbes sont classés par finale de thème d'infectum: les voyelles (e, i, u) puis les consonnes (sans distinction). La question a été ouverte par Burkhard Taeger il y a maintenant quarante ans[69]. Il a repéré deux passages de l'exposé technique du livre 3 des *Noces de Philologie et Mercure* dans le commentaire anonyme *ad Cuimnanum* et un dans un texte du manuscrit qui s'est avéré depuis être un témoin de l'appendice sur les conjugaisons à la grammaire de Tatwine. Dans son chapitre sur le temps verbal, l'auteur du commentaire *ad Cuimnanum* a inséré le passage de Martianus Capella sous une forme contrac-

---

[68] Pour utiliser la périodisation de RICHÉ et VERGER, *Des nains*, p. 31-36.
[69] TAEGER, 'Exzerpte'.

III – LES SOURCES ET PARALLÈLES

143

tée. Taeger notait que ce texte de l'*Expossitio latinitatis* ne forme pas une famille avec celui de Tatwine, ni avec les extraits ajoutés à la recension Φ de l'*Institutio saecularium litterarum* de Cassiodore. Il faut à présent ajouter Malsachanus et l'auteur du *De uerbo* à la liste des grammairiens utilisateurs du livre 3 de Martianus Capella et vraisemblablement les ajouter parmi les utilisateurs directs quoiqu'ils ne le nomment pas.

L'auteur du *De uerbo* n'a, sauf erreur de notre part, pas utilisé d'autre passage de Martianus Capella que l'exposé sur les formations de parfait. Deux textes ont pu le guider vers l'encyclopédiste : l'*Expossitio latinitatis ad Cuimnanum* et la *Congregatio* de Malsachanus. Il est néanmoins exclu que Malsachanus soit la source du *De uerbo* sur ce point, puisque la majeure partie des extraits de Martianus Capella dans le *De uerbo* sont absents de Malsachanus. La question ne se pose pas ainsi pour *ad Cuimnanum*, puisque ce dernier, qui suit Malsachanus sur la formation des parfaits de tous les modèles de conjugaison, a au contraire un choix plus large que le *De uerbo*. Il faut donc revenir au détail de la formulation des types de parfaits de la troisième conjugaison. Dans le tableau, nous avons mis en italiques les correspondances entre Martianus Capella et le *De uerbo*, à l'exclusion du commentaire *ad Cuimnanum* et en gras les innovations partagées par ce commentaire et le *De uerbo*. Nous avons en outre souligné ce qui est commun à Martianus Capella et à *ad Cuimnanum* à l'exclusion du *De uerbo*. L'image qui en ressort nous paraît suffisante pour établir un usage de Martianus Capella indépendant d'*ad Cuimnanum* par le *De uerbo*. En revanche, les deux textes médiévaux ne partagent qu'une seule innovation, ce qui paraît insuffisant à établir une relation directe entre eux.

Martianus 3, 317-319	*ad Cuimnanum* 18, 147-177	*De uerbo* 66-68
tertiae coniugationis ⟨correptae⟩ verba, quae indicativo modo tempore praesenti persona prima io litteris terminantur, ea praeteritum perfectum et plusquamperfectum <u>sex modis</u> enuntiant. primus est, *qui tertiae coniugationis productae integram*	Sed i ante o habentium in praeterito absolutiuo <u>sex modi</u> sunt : Primus est, qui **iecto o** ui adsumit syllabam, ut cupio cupiui ; II. modus est, qui o iecit ultimam et praeeuntem uocalem (<u>siue motet siue non motet</u>) producit, ut facio feci, fugio fugi, **ie-**	Ea uero quae i ante -o habent sex formis in preterito perhibentur fieri. Prima, *quae regulam quartae coiugationis sequitur* et indicatiui *modi regulam in productionem uertit* -ui ultima syllaba adsumpta et **-o primae personae ablata** ut cupio cupiui,

Martianus 3, 317-319	*ad Cuimnanum* 18, 147-177	*De uerbo* 66-68
regulam sequitur: hic est, qui imperativi *modi* + *regulam in productionem uertit* et in absoluta specie assumit vi syllabam et in exacta veram, ut cupio cupivi cupiveram. haec eadem *tamen interdum* sublata v littera in absoluta specie et *geminata i*, in exacta vero *correpta eadem* pronuntiantur, ut *cupii cupieram*. secundus modus est, qui primae positionis verbi o litteram deponit et praeeuntem syllabam <u>seu mutata vocali seu perseverante</u> producit, ut facio feci, fugio fugi: in exacta vero specie i deposita et in e mutata ram syllabam assumit, ut feceram, fugeram. tertius modus est, cum i et o in u et i convertuntur, ut elicio elicui elicueram. quartus depositis io litteris praeeunte consonante per s geminum enuntiatur, ut percutio percussi percusseram; quintus, qui per x, ut aspicio aspexi aspexeram; sextus, qui per geminationem syllabae enuntiatur, ut pario peperi pepereram.	**cio ieci**; III. modus est, cum o et i in u et i conuertuntur, ut elicio elicui; IIII. est, qui depossitis i et o praeeunte consonante per geminum s enuntiatur, ut percutio percussi; V. per x, ut aspicio aspexi; VI. modus est, qui per geminam syllabam, ut pario peperi.	sapio sapiui. Sed aliquando in preterito *i geminat ut cupii*, quam litteram motat *in e correptam* in plusquam ut *cupieram*. Secunda est quae instanti tempore prima syllaba corripit et eandem in preterito producit, -o primae personae depossito ut facio feci, fugio fugi, **iecio ieci**. Tertia, quae i et o in u et i conuertit ut eliceo elicui, rapio rapui. Quarta, quae depossitis i et o litteris et preunte consonante per geminum s conuerso, addito -i, enuntiatur ut percutio percussi. Quinta, quae per X enuntiatur ut aspicio aspexi. Sexta, quae geminat sill⟨abam⟩ ut pario peperi.
tertiae coniugationis correptae verba, quae indicativo modo tempore praesenti persona prima uo litteris terminantur, ea praeterito et absoluto et exacto duobus modis enuntiantur. et est primus, cum primae positionis verbi o	In uo tertiae correptae terminatae praeterito II sunt modi: Primus, in quo o in i conuertitur, ut est induo indui, inbuo inbui; II., qui per x enuntiatur, ut instruo instruxi.	Quae autem in ⟨u⟩o terminantur binos ostendunt modos: primus, qui motat -o primae personae in -i ut induo indui, metuo metui, minuo, statuo, arguo argui, diruo dirui, ac[t]uo, exuo; secundus, qui per X enuntia-

III – LES SOURCES ET PARALLÈLES

145

Martianus 3, 317-319	*ad Cuimnanum* 18, 147-177	*De uerbo* 66-68
in i commutant, ut in-duo indui indueram; secundus, qui per x pronuntiatur, ut instruo instruxi instruxeram.		tur ut fluo fluxi, instruo instruxi, additis prepos-sitionibus in- con- ad-.
tertiae coniugationis correptae verba, quae indicativo modo tem-pore praesenti persona prima o littera nulla alia vocali praecedente ter-minantur, ea indicativo modo tempore praete-rito specie absoluta et exacta duodecim modis declinantur. et est primus, qui tertiae coniugationis productae integram formam sequi-tur, ut supra ostendi-mus in his verbis, quae tertiae coniugationis correptae indicativo modo tempore praesenti persona prima io litteris termi-nantur; ut enim est cupio cupivi cupive-ram, sic peto petivi pe-tiveram. haec quoque v litteram interdum sub-trahunt et i geminant, ut *petii* petieram. se-cundus est, cum o in i convertitur ⟨...tertius est⟩, qui primae positio-nis verbi *o litteram in i commutat* et praeeuntem syllabam *seu mutata uocali seu perseuerante* producit, *deposita etiam conso-nante*, si fuerit media, in quam *prima uocalis desinat*, ut ago egi ege-ram, lego legi legeram. eorum autem, quae n consonantem deponunt, exempla sunt haec:	In o uero correpta ter-minata nulla uocali an-tepossita in absolutiuo perfecto XII modis ter-minantur. Et est primus modus (qui in producta repperitur), ut est peto petiui; II. est modus, qui o in i conuertit et praeeuntem syllabam motata uocali producit, ut est ago egi; III. est, qui denique o in i ⟨commutat⟩ et praeeuntem syllabam producens commotans que uocalem excludit consonantem, ut est frango fregi; IIII. est, qui mediam deponit consonantem uocali correpta, ut findo fidi, scindo scidi; V. modus o depossito u et i adsu-mit, ut molo molui, colo colui; VI., qui de-possito o s et i sumit, ut carpo carpsi, scribo scripsi, nubo nubsi; VII., qui o depossito cum consonante prae-cedente u et i post duo ss sumit, ut meto mes-sui; VIII., qui similiter profertur, sed per unum s sine u ante i, ut trudo trusi producto u; VIIII., qui per x enuntiatur, ut expungo expunxi; X., qui per geminationem primae syllabae, ut pungo pupungi, curro cucurri; XI., qui uerbo-rum conpossitorum ulti-	Verba igitur consonan-tes ante -o habentia dudenis deferunt uarie-tatibus. Prima, quae quartae est ut peto pe-tiui uel *petii*. II., quae *motat ⟨-o⟩ in -i* et preuntem syllabam, *siue motata uocali seu perseuerante*, producit ut ago egi, emo emi. Tertia, quae similiter -o in -i uertit, *depossitaque media consonante in qua prima uocalis dissi-nit*, producit uocalem ut frango fregi. Quarta, quae et ipsa -o in -i conuertit et, deposita n ea consonante, corripit uocalem ut findo fidi, scindo scidi. Quinta, quae, deposita -o lit-tera, adsumit u et i ut colo colui, molo molui. VI. quae, deposita -o, adsumit s et i ut scribo scripsi, carpo carpsi. VII. quae, deposita t et o, adsumptis u et i litte-ris, per geminum -ss-enuntiatur ut meto mes-sui. VIII. quae simili correptione per unum s, *preunte uocali pro-ducta*, declinatur ut trudo trusi. VIIII. quae per geminationem pri-mae sillabae profertur ut pungo popungi, curro cucurri. X. quae uerborum conposito-rum ultimam geminat sillabam ut perdo per-

Martianus 3, 317-319	*ad Cuimnanum* 18, 147-177	*De uerbo* 66-68
frango fregi fregeram, fundo fudi fuderam. quartus est, qui mediam consonantem deponit et praeeuntem vocalem corripit, ut findo fidi fideram, scindo scidi scideram. quintus o littera deposita u et i assumit, ut molo molui molueram, colo colui colueram. sextus, qui, deposita o, s et i assumit, ut carpo carpsi carpseram, scribo scripsi scripseram. septimus, qui o deposita et praeeunte consonante per s geminum pronuntiatur, ut meto messui messueram. octavus, qui simili correptione per unum s *praeeunte uocali producta* declinatur, ut trudo trusi truseram. <u>nonus</u>, qui per x annuntiatur, ut expungo expunxi expunxeram, ungo unxi unxeram. <u>decimus</u>, qui per geminationem primae syllabae profertur, ut pungo pupugi pupugeram, curro cucurri cucurreram. <u>undecimus</u>, qui verborum compositorum ultimam syllabam geminat, ut trado tradidi tradideram, reddo reddidi reddideram. <u>duodecimus</u>, qui in formam passivorum resolvitur, ut fido, fisus sum es est, fisus eram eras erat.	mam syllabam geminat, ut reddo reddidi, credo credidi; <u>XII.</u> modus, qui in formam passiuorum resoluitur, ut fido fisus sum, cerno certus sum.	didi, trado tradidi, reddo reddidi, indo, addo, credo, prodo, abdo, ⟨c⟩ondo. XI. quae in formam passiuorum resoluitur ut fido fissus sum, confido, difido. XII. quae per x enuntiatur ut expugno expunxi.

Le tableau permet de voir que l'*Expossitio latinitatis* et le *De uerbo* ont puisé indépendamment l'un de l'autre à une source commune incluant ces passages de Martianus Capella. Néanmoins, les deux grammaires médiévales ont en commun deux lé-

III – LES SOURCES ET PARALLÈLES   147

gères innovations dans la présentation des verbes de la troisième conjugaison mixte. Il nous semble possible de démontrer que la source commune des deux traités est directement le texte de Martianus Capella tel que nous le possédons, avec ses erreurs d'archétype. La démonstration repose sur les deuxième et troisième modes de nupt. 3, 319 (formations de parfait des verbes à thème consonantique par altération de la voyelle radicale). Le texte de Martianus Capella a subi un accident de transmission qui a brouillé la distinction entre deuxième et troisième modes. Néanmoins, tous les éléments, à l'exception de l'introduction du troisième mode, sont présents, et nous permettent de reconstruire le texte suivant sans supposer de lacune supplémentaire (nous indiquons les déplacements par des parenthèses) :

> secundus est, [cum o in i convertitur] qui primae positionis verbi o litteram in i commutat et praeeuntem syllabam seu mutata vocali seu perseverante producit, [deposita etiam consonante, si fuerit media, in quam prima vocalis desinat] ut ago egi egeram, lego legi legeram. ⟨tertius est,⟩ (cum o in i convertitur, deposita etiam consonante, si fuerit media, in quam prima vocalis desinat) ; eorum autem, quae in consonantem desinunt, exempla sunt haec : frango fregi fregeram, fundo fudi fuderam.

Cette restitution préserve autant que possible la lettre du texte transmis, dont la syntaxe oblige à coordonner *commutat* avec *producit* à l'intérieur d'une relative et à rassembler la circonstancielle subordonnée par *cum* avec l'ablatif absolu. Cela dit, il est entendu que *conuertere* et *mutare*, ici, sont équivalents et interchangeables et que la restitution proposée, sur le fond, est accessible à quiconque est familier des règles et des classements de la grammaire latine tardo-antique. Or on constate que, dans la formulation de la règle du deuxième mode, l'anonyme *Ad Cuimnanum* écrit *o in i conuertit* tandis que le *De uerbo* a *motat in i*. Ce flottement nous semble indiquer que le texte que lisait les deux grammairiens présentait déjà le déplacement que nous observons dans la tradition directe de Martianus Capella et que chacun des grammairiens a, indépendamment de l'autre, rétabli la succession des règles en procédant à ses ajustements syntaxiques et lexicaux individuels[70].

---

[70] Il est donc possible de faire l'économie de l'hypothèse, proposée par SHANZER, 'Tatwine', d'une utilisation par *ad Cuimnanum* d'un texte de Martianus Capella antérieur à l'archétype de la tradition directe.

148 INTRODUCTION

L'utilisation de Martianus Capella par le *De uerbo* ne se limite pas à ces insertions massives. Dès la présentation des parfaits de deuxième conjugaison (par. 60), le *De uerbo* s'est livré au montage suivant :

- 60, 973-975 : formation en *-ui-* d'après Martianus Capella (3, 315) dans des termes qui excluent une dépendance totale à Malsachanus (222, 16-21) ;
- 60, 975-1003 : Malsachanus (221, 18–222, 23), qui a lui-même fait le montage :
  - Charisius (317, 2-318, 5) pour la base du traitement et son plan
  - Diomède (367, 15-17) pour la note sur les verbes composés
  - Martianus Capella (3, 315) pour les deux dernières formations.

Mais c'est à la troisième conjugaison que le travail du *De uerbo* est le plus spectaculaire. Si l'on introduit à présent Charisius, Malsachanus et le paragraphe 71 dans une comparaison avec le paragraphe 68, le tableau est le suivant (les exemples en italiques sont ceux de Martianus Capella, ceux en gras sont ceux de Charisius) :

Charisius 317, 19-320, 20 (extraits)	Malsachanus 226, 27-228, 11	*De uerbo* 68	*De uerbo* 71
septima forma est qua perfectum in i litteram cadit duce uocali quae loco consonantis est, uelut cupio cupis cupiui, sapio sapis sapiui et sapui, peto petis petiui ⟨et petii⟩, **quaero quaeris quaesiui, tero teris triui,** pono ponis ⟨posiui et⟩ posui.	[8] Alia sunt, quae in i litteram cadunt praecedente u loco consonantis, ut *peto petiui, cupio cupiui,* **quaero quaesiui,** sapio sapiui, **tero triui,** pono possiui et possui ; sed consuetudine u subtrahitur et i geminatur, ut cupii petii dicamus, ut in quarta facitur, cuius similitudo in hac coniugatione uidetur.	Prima, quae quartae est ut *peto petiui uel petii.*	Prima species haec est : *peto petiui* repeto expeto, **quero quaesiui** require exquiro conquero, **tero triui** contero, appeto conpeto.

III – LES SOURCES ET PARALLÈLES

Charisius 317, 19-320, 20 (extraits)	Malsachanus 226, 27-228, 11	*De uerbo* 68	*De uerbo* 71
sexta forma est qua perfecto prima syllaba ex correpta producitur, uelut fugio fugis fugi, **rumpo rumpis rupi, fundo fundis fudi, cudo cudis cudi** σφύρᾳ κόπτω, **uinco uincis uici,** capio capis cepi, **lego legis legi**, facio facis feci, iacio iacis ieci, **sperno spernis spreui, lino** linis leui, **emo emis emi, cerno cernis creui**, sero seris seui et serui, scindo scindis scidi, incipio incipis incepi, **frango frangis fregi, satago satagis sategi, uerro uerris uerri** σαρῶ, **sino** sinis siui.	[6] Alia sunt, quibus prima syllaba correpta perfecto producitur, ut **lego legi**, cerno creui, **emo emi**, sperno spreui, sero seui, sino siui, **uerro uerri, satago sategi**, lino linui, *ago egi*, sero serui, frango fregi; sic est fundo, fugio, rumpo, facio, iacio, capio, incipio et alia.	II., quae motat ⟨-o⟩ in -i et preuntem syllabam, siue motata uocali seu perseuerante, producit ut *ago egi*, **emo emi**.	Item **lego legi, rumpo rumpi, cudo cudi, emo emi, uerro uerri, satago sategi**.
	[10] Alia forma est, quae o in i uertit depossita -que media consonante, in qua prima uocalis desinit, producit uocalem, ut *frango fregi* et alia.	Tertia, quae similiter -o in -i uertit, depossitaque media consonante in qua prima uocalis dissinit, producit uocalem ut *frango fregi*.	Item sperno spreui, cerno creui, cresco creui, discerno discreui, uinco uinci, fundo fundi, sino sini, lino lini uel linui, *frango fregi*.
	[11] Alia forma est, quae o in i conuertit et deposita media consonante corripit uocalem, ut *findo fidi, scindo scidi*.	Quarta, quae et ipsa -o in -i conuertit et, deposita n ea consonante, corripit uocalem ut *findo fidi, scindo scidi*.	Item *findo fidi, scindo scidi*.
est prima qua in i cadit perfectum tempus nulla duce consonante, uelut **colo colis colui, alo alis alui,... uomo uomis uomui,**	[1] Alia enim sunt uerba, quae in i litteram cadunt nulla duce consonante, ut *colo colui, molo lui,* **alo lui,** *malo lui, uomo mui, tremo*	Quinta, quae, deposita -o littera, adsumit u et i ut *colo colui, molo molui*.	Item *colo colui, molo molui*, **alo alui, texo texui, uomo uomui, tremo tremui, fremo fremui**.

Charisius 317, 19-320, 20 (extraits)	Malsachanus 226, 27-228, 11	*De uerbo 68*	*De uerbo 71*
tremo tremis tremui, fremo fremis fremui,... texo texis texui,...	**mui**, sterto stertui, incumbo bui, statuo tui, arguo gui, diruo rui, induo dui, metuo tui, minuo nui, acuo acui, exuo ui, consuo sui, auctuo tui, necto tui, pecto tui, meto messui.		
quinta forma est qua perfectum in si litteras cadit, uelut **sumo sumis sumpsi, mitto mittis misi, laedo laedis laesi, scribo scribis scripsi**, allido allidis allisi, **carpo carpis carpsi, mergo mergis mersi, parco parcis parsi, spargo spargis sparsi, trudo trudis trusi, rado radis rasi**, sarpo sarpis sarpsi ἄμπελον σκαλεύω, euado **euadis euasi, ludo ludis lusi, plaudo plaudis plausi, cedo cedis cessi**, cludo cludis clusi, **premo premis pressi**, promo 0320 promis prompsi, **uro uris ussi, gero geris gessi**, demo demis dempsi, ⟨quatio quatis	[5] Alia sunt, quae in si cadunt, ut **parco parsi, plaudo plausi, cedo cessi**; sic est **sumo, mitto, ledo**, *scribo*, nubo, *carpo*, **mergo, spargo, trudo**, rado, **ludo lussi**, erudo, **premo**, percutio si, promo promsi, **uro**, gero, demo, concutio, facesso, capisso (sed compositum ademo ademi facit).	VI. quae, deposita -o, adsumit s et i ut *scribo scripsi, carpo carpsi*.	Item *scribo scripsi*, **nubo nupsi, sumo sumsi, mito** misi, lambo lambsi, **ledo lesi**, incubo incubui, **mergo mersi, parco parsi, spargo sparsi, rodo rossi**, sculpo sculpsi, *carpo carpsi*, scalpo scalpsi, **euado euassi, trudo** re- detrussi, **ludo lussi**. labo lapsi, **plaudo plausi, gero gessi, uro ussi, premo presi, caedo caessi**.

III – LES SOURCES ET PARALLÈLES

Charisius 317, 19-320, 20 (extraits)	Malsachanus 226, 27-228, 11	*De uerbo* 68	*De uerbo* 71
quassi: sed in usu non est⟩, concutio concutis concussi, **nubo nubis nupsi**, facesso facessis facessi, uiso uisis uisi, capesso capessis capessi.			
		VII. quae, deposita t et o, adsumptis u et i litteris, per geminum -ss- enuntiatur ut *meto messui.*	Item pono possui conpono reappono de-, *meto messui.*
		VIII. quae simili correptione per unum s, preunte uocali producta, declinatur ut *trudo trusi.*	
quarta forma est qua perfectum in xi litteras cadit, uelut **dico dicis dixi, rego regis rexi, pingo pingis pinxi, pungo pungis punxi, lingo lingis linxi**, fingo fingis finxi, **frigo frigis frixi, meio meis mixi, stringo stringis strinxi**, iungo iungis iunxi, **adfligo adfligis adflixi** προσαράσσω, **pollingo pollingis pollinxi** σιροπλοκῶ, **pergo pergis perrexi, cingo**	[4] Alia sunt, quae xi syllaba finiuntur, ut extingo extinxi, pingo pinxi, lingo, linxi, fingo nxi, mungo nxi, iungo nxi, tingo tinxi, ungo nxi, ango nxi, rego xi, dilego xi, frigo frixi, adfligo xi, pergo perrexi, neglego xi, aspicio exi, cogo coxi uel coegi, coco coxi, pecto pexi, fluo xi, construo xi, uiuo uixi, figo xi, surgo xi.		Item **dico dixi**, duco duxi – sed imperatiuae auctoritate poetarum dic et duc faciunt, ratione uero face duce – **rego rexi, pingo pinxi, pungo punxi, lingo linxi, frigo frixi, meio mixi, stringo strinxi, adfligo adflixi, tingo tinxi, pergo perrexi, polingo polinxi, cingo cinxi, dilego dilexi**, texo texi, **cocco coxi**, nexo nexi, **pecto pexi, surgo sur-**

Charisius 317, 19-320, 20 (extraits)	Malsachanus 226, 27-228, 11	*De uerbo* 68	*De uerbo* 71
cingis cinxi, diligo diligis dilexi, fluo fluis fluxi, struo struis struxi οἰκοδομῶ, sugo sugis suxi θηλάζω, figo figis fixi, **uiuo uiuis uixi**, ungo ungis unxi, **tingo tingis tinxi**, uergo uergis uerxi συντείνω ῥέπω, **surgo surgis surrexi**, ango angis anxi ἄγχω, aspicio aspicis aspexi, **coquo coquis coxi, pecto pectis pexi**.			**rexi, uiuo uixi**, uecho uexi, tracho traxi redis-.
secunda forma est qua perfecto prima syllaba iteratur, uelut **curro curris cucurri, disco discis didici, cano canis cecini, tango tangis tetigi, tendo tendis tetendi, pendo pendis pependi** ἀποτιννύω ἐναπαιωροῦμαι, **pello pellis pepuli, tundo tundis tutundi** κόπτω, **pungo pungis pupugi uel pupungi** κεντῶ, **parco parcis peperci, pedo pedis pepedi** πέρδομαι, **fallo fallis fefelli, cado cadis**	[2] Alia prima syllaba iterantur, ut *curro cucurri,* posco poposci, **disco dedici,** tendo tetendi, *pungo pupungi* (sed expungo expunxi facit), **pendo pependi,** tondo totondi, pedo pepedi, **pello pepuli, parco peperci,** pario peperi, **fallo fefelli,** psallo psisilli, **cano cecini, cado cecidi, tango tetigi, tollo tetuli** sed et tuli).	VIIII. quae per geminationem primae sillabae profertur ut *pungo popungi, curro cucurri.*	Item *curro cucurri*, psallo psissilli, **cano cicini,** *pungo pupungi,* **tango tetigi, tondo totondi, pendo pependi, disco didici, tendo tetendi, pello pepulli,** | 101va | **pedo pepedi, fallo fefelli, cado cecidi, tollo tetulli**.

III – LES SOURCES ET PARALLÈLES

Charisius 317, 19-320, 20 (extraits)	Malsachanus 226, 27-228, 11	*De uerbo* 68	*De uerbo* 71
cecidi, 0319 caedo caedis cecidi ἀναιρῶ, **tollo tollis tetuli**.			
tertia forma est qua perfecto iteratio syllabae secundae est, uelut addo addis **addidi**, reddo reddis reddidi, **condo** condis **condidi, trado tradis tradidi, credo credis credidi, abdo** abdis abdidi, **prodo prodis prodidi**, ⟨perdo perdis perdidi, indo indis indidi⟩.	[3] Alia sunt, quae postrema syllaba iterantur, ut **addo addidi**, *reddo reddidi*, **prodo prodidi**; sic est **trado, credo**, uendo, obdo, tondo tondedi, perdo, **condo**.	X. quae uerborum conpositorum ultimam geminat sillabam ut perdo perdidi, *trado tradidi, reddo reddidi*, indo, **addo, credo, prodo, abdo, ⟨c⟩ondo**.	Item, modico distamine, **credo credidi**, *trado tradidi*, **addidi condidi, abdo** *redo redidi* **abdidi, prodo prodidi**.
	[7] Alia sunt, quae cadunt in similitudinem primi ordinis, ut pasco paui, sterno straui.		Item pasco paui, sterno straui, prosterno et si alia.
	[12] Alius modus est, qui in forma passiuorum resoluitur, ut *fido fisus sum*, confido confisus sum, defido defisus sum et alia.	XI. quae in formam passiuorum resoluitur ut *fido fissus sum*, confido, difido.	Item neutra passiua *fido fissus sum* fui eram, sic difido confido – sed his uerbis trea sunt participia ut fidens fissus fissurus.
		XII. quae per x enuntiatur ut expugno expunxi.	

Malsachanus et l'auteur du *De uerbo* ont suivi des démarches inverses. Le premier s'attache au plan de Charisius en complétant ses exemples et il a ajouté à la fin trois catégories venues de Martianus Capella : deux variantes de catégories précédentes cor-

154 INTRODUCTION

respondant aux modes 3 et 4 de Martianus Capella et le semi-déponent. On repère l'ajout à la réduction brutale du nombre d'exemples par catégorie et à l'intrusion du masculin *modus* pour annoncer la dernière. L'auteur du *De uerbo*, à l'inverse, a repris le plan de Martianus Capella, dont il avait adopté entièrement la présentation au paragraphe 68 en ajoutant déjà quelques exemples puisés chez Charisius, mais il en a ôté les parties descriptives ainsi que le huitième mode, et y a inséré les exemples de Charisius, dont il a conservé les parfaits, contrairement à Malsachanus. Nous sommes dans une situation où les deux grammairiens médiévaux ont nécessairement utilisé chacun directement les deux sources tardo-antiques : Malsachanus ne pouvait retrouver le plan de Charisius à partir d'un montage semblable à celui du *De uerbo* et le *De uerbo* ne pouvait rétablir le plan de Martianus Capella à partir de celui de Malsachanus. Les deux médiévaux sont pourtant trop proches pour être totalement indépendants l'un de l'autre : ils ont tous deux fait précéder cette présentation des parfaits d'une liste de verbes de la troisième conjugaison à peu près identique. Il faut donc supposer une relation directe entre ces deux derniers en plus de la relation de chacun aux deux sources antiques. Il nous semble que cette relation doit aller de Malsachanus, qui ajoute trois entrées de Martianus Capella, vers le *De uerbo*, qui pousse beaucoup plus loin la synthèse de ses deux sources.

Eutychès

De façon encore plus prononcée, le *De uerbo* d'Eutychès est arrivé à notre *De uerbo* par deux voies : à travers Malsachanus et par un dépouillement auquel on trouve des parallèles dans les grammaires de Tatwine et de Clément Scot et dans l'*Ars Ambianensis*.

Le *De uerbo* d'Eutychès est un traité focalisé sur une question précise, l'assignation des verbes latins au modèle de conjugaison qui est le leur à l'*infectum*. L'auteur, Eutychès, se présente comme un grammairien élève de Priscien et paraît avoir exercé en Orient. Son traité est conçu comme un ouvrage de référence en deux livres. Le premier constitue un exposé sur la dérivation des verbes sur base nominale et des noms sur base verbale. Le second est un répertoire organisé dans l'ordre alphabétique de la finale du radical, qui indique le modèle de conjugaison suivi par chaque verbe

III – LES SOURCES ET PARALLÈLES

étudié, souvent en s'appuyant sur des exemples littéraires. Les deux livres ont été exploités par les grammairiens du haut Moyen Âge, le premier pour ses listes de suffixes et de vocabulaire, le second pour ses exemples de verbes des première et troisième conjugaisons.

Tous les éléments suivants se retrouvent dans le *De uerbo*, du plus général au plus ponctuel :

- l'adoption de quatre modèles de conjugaison, avec l'argument d'Eutychès *verbatim* (27, 459-461) alors que celui-ci est absent du texte de Malsachanus
- la constitution de listes de verbes des première et troisième conjugaisons par ordre alphabétique de la finale du radical à partir du livre 2 (50 ; 53 ; 54 ; 70, 1194-1197), comme le fait aussi Tatwine
- les principes de distinction des conjugaisons (95-97), repris de Malsachanus
- la liste des suffixes de formation verbale (8, 128-129) largement présente chez les grammairiens du haut Moyen Âge
- la liste des déponents de la troisième conjugaison (75, 1326-1335), d'après un passage qui a beaucoup circulé
- l'idée de faire de l'infinitif futur la base de la dérivation sur le thème du supin (19, 335)
- une liste de verbes de la quatrième conjugaison (80)
- des listes de déponents de la deuxième conjugaison (63, 1065-1068), présente aussi chez Malsachanus
- une liste de verbes inchoatifs (74, 1291-1295)
- la liste des disyllabes en -eo (64, 1093-1094)
- les modèles de conjugaison variables des composés de *do* (48, 763-764)
- les formes de la troisième conjugaison d'*orior* et *potior* (73, 1260).

On peut noter, à condition de ne pas en tirer une conclusion de trop grande portée, les particularités du texte d'Eutychès cité par le *De uerbo*.

- Il remonte à l'archétype des manuscrits conservés, contenant des passages athétisés par Keil : *tardo* et *cordo* (54, 834-835 = Eut. 471, 4 et 8).
- Là où il s'éloigne du texte de Malsachanus, il peut partager des erreurs avec le manuscrit *P*, Paris, BnF, lat. 7498 : *fatuo* (95, 1699 = 450, 6 = 462, 29), *alterco* (96, 1749 = 462, 8).

156   INTRODUCTION

C. Synthèse

Le *De uerbo* nous semble être un traité composé à partir de la
Congregatio Salcani filii de uerbo (Malsachanus). Ce dernier texte
aurait servi au grammairien tantôt de base à condenser ou ampli-
fier pour rédiger son propre texte, tantôt de patron pour le montage des sources. L'auteur du *De uerbo* a en outre utilisé un ou
plusieurs commentaires exégétiques sur Donat, dont probablement une version de l'*Expossitio latinitatis ad Cuimnanum* et
peut-être l'*Ars Ambrosiana* ou un texte étroitement apparenté. En
revanche, les rapports du *De uerbo* avec les grammairiens anglo-
saxons Boniface et Tatwine et les grammairiens de la renaissance
carolingienne sont plus lointains et peuvent s'expliquer par une
simple communauté de culture grammaticale. En outre, il est nécessaire de supposer que le compilateur a lui-même contrôlé au
moins une partie des sources ultimes, tardo-antiques, de ses
sources immédiates : très probablement Donat, Consentius et Isidore de Séville, peut-être à l'occasion Diomède, Servius, Pompée
et Priscien. Il utilise vraisemblablement de première main mais
sans les nommer, ou à travers une simple excerption, Martianus
Capella et Eutychès. En somme, l'auteur du *De uerbo* aurait utilisé, parmi les grammaires tardo-antiques conservées, celles que
Vivien Law donnait comme largement connues avant la renaissance carolingienne, auxquelles il convient d'ajouter le livre 3 de
Martianus Capella[71]. En revanche, une telle documentation n'était
certainement pas disponible partout. Il convient donc sans doute
de situer la composition du *De uerbo* dans un *scriptorium* plutôt
riche, sans exclure la possibilité qu'une telle compilation ait pu
être destinée à un l'enseignement dans un centre secondaire où
elle aurait tenu lieu de complément aux manuels élémentaires.

---

[71] Law, *Grammar and grammarians*, p. 39. La connaissance de l'exploitation du livre 3 des *Noces de Philologie et Mercure* avant même la renaissance
carolingienne a émergé progressivement depuis Taeger, 'Exzerpte', mais il
nous semble que cette étude en confirme l'ampleur décisive en ajoutant aux
auteurs repérés jusqu'ici Malsachanus et le *De uerbo*.

CHAPITRE IV

PRINCIPES D'ÉDITION

Sur la base du manuscrit et des traités parallèles, nous avons cherché à présenter un texte lisible et syntaxiquement complet tout en limitant nos interventions au strict minimum. Nous avons tacitement développé les abréviations mais signalé dans l'apparat critique toutes les restitutions et délétions de notre fait inférieures à un mot. Les autres sont indiquées dans le texte par les crochets chevrons ⟨ ⟩ et droits [ ] suivant l'usage.

En cas de faute d'orthographe ou de grammaire explicable par le changement linguistique, nous avons conservé les graphies du manuscrit, sauf correction du copiste lui-même[1]. Toutes les corrections interlinéaires que nous n'avons pas retenues dans le texte sont notées dans l'apparat critique car nous n'excluons pas qu'elles s'appuient sur un témoin du traité à nous inconnu. Nous avons également signalé dans l'apparat le texte des sources lorsqu'il est nécessaire à la bonne compréhension du texte.

La numérotation des paragraphes est de notre initiative et nous n'avons reproduit ni les majuscules du manuscrit, que le lecteur peut facilement retrouver en consultant la reproduction en ligne, ni la ponctuation, ajoutée dans un second temps et qui parfois contredit le découpage du premier copiste. Les titres centrés, en revanche, correspondent aux intertitres du manuscrit.

Trois apparats accompagnent le texte. L'apparat critique comprend les leçons écartées de la copie principale et de sa correction, ainsi que les conjectures trop incertaines pour être retenues dans le texte. L'apparat des sources antiques inclut les références des sources tant littéraires et bibliques que techniques jusqu'à

---

[1] Ainsi *coiugatio*, constamment utilisé à la place de *coniugatio*, est un témoignage possible de l'amuïssement de /n/ implosif, probablement accompagné de la nasalisation de la voyelle précédente. On en retrouve soixante occurrences dans le texte de l'anonyme *ad Cuimnanum*, également transmis par un manuscrit unique. Une recherche rapide dans les bases de données permet de repérer la forme également dans la *Chronique* du pseudo-Frédégaire, livre II, 57, dans un texte hiberno-latin, *Pauca problesmata de enigmatibus ex tomis canonicis – Praefatio et libri de Pentateucho Moysi (textus longior)*, *praef.* 2, 53, 4 et à 13 reprises dans les manuscrits *F* ou *N* de la tradition du *De metris* d'Aldhelm.

158 INTRODUCTION

Isidore de Séville inclus (donc à l'exclusion des textes du volume de suppléments des *Grammatici Latini*). L'apparat des sources et parallèles médiévaux est limité aux éléments susceptibles de contribuer à l'établissement du texte du *De uerbo* ou de sa source immédiate. Nous avons donc privilégié les correspondances littérales, en signalant les écarts mineurs dans la formulation par la mention *paene ad lit.* En cas d'absence de parallèle textuel strict mais de présence d'une terminologie ou d'une série d'exemples typés, nous avons signalé les parallèles par un *cfr.*

REMERCIEMENTS

La présente édition, entamée en 2014, est le fruit d'un travail de recherche post-doctorale mené grâce à une pension de la Fondation Thiers (Institut de France et CNRS) pour les années 2015-2018. Ce travail a été grandement facilité par l'accueil que m'ont offert le laboratoire d'histoire des théories linguistiques (UMR 7597 du CNRS et de l'Université Paris-Diderot) et sa directrice, Émilie Aussant.

Je tiens à remercier les maîtres qui ont encouragé mon projet, Louis Holtz, Anne-Marie Turcan-Verkerk et Anne Grondeux, ainsi que les conservateurs du département des manuscrits de la Bibliothèque nationale de France, qui m'ont permis de consulter longuement le manuscrit.

Ma reconnaissance spéciale va à tous ceux qui ont généreusement pris de leur temps pour lire tout ou partie de mon travail, le corriger et l'enrichir de leurs conseils : François Dolbeau, Guillaume Bonnet, François Ploton-Nicollet, Paolo De Paolis, ainsi que les deux relecteurs choisis par Brepols, éditeur que je remercie d'accueillir cette édition dans une de ses collections majeures.

Cécile Conduché
http://htl.linguist.univ-paris-diderot.fr/laboratoire/membres/conduche
Fondation Thiers – UMR 7597 Histoire des théories linguistiques – Université Paris-Diderot

BIBLIOGRAPHIE

1. Sources

Ad Cvimn. = ANONYMVS AD CVIMNANVM, *Expossitio latinitatis* – ed. B. Bischoff, B. Löfstedt (*CC SL*, 133D), Turnhout, 1992.

AGROEC. = AGROECIVS, *Ars de orthographia* – ed. M. Pugliarello, Milano, 1978.

Ambr. = *Ars Ambrosiana: commentum anonymum in Donati partes maiores* – ed. B. Löfstedt (*CC SL*, 133C), Turnhout, 1982.

AMMON., *In Arist. De int.* = AMMONIOS, *In Aristotelis De interpretatione commentarius* – ed. A. Busse, Berlin, 1897.

AP. DYSC., *Adu.* = APOLLONIOS DYSCOLE, Περὶ ἐπιρρημάτων – ed. R. Schneider, *Grammatici Graeci*, II/1, Leipzig, 1878, p. 119-210.

AP. DYSC., *Pron.* = APOLLONIOS DYSCOLE, Περὶ ἀντωνυμίας – ed. R. Schneider, *Grammatici Graeci*, II/1, Leipzig, 1878, p. 3-116.

Appendix Probi IV – ed. F. Stok, Napoli, 1997.

Ars bob. = *Ars Bobiensis* – ed. M. De Nonno, *La grammatica dell'Anonymus Bobiensis*, Roma, 1982.

PS. ASPER = PS. ASPER, *Ars grammatica* – ed. H. Keil, *Grammatici Latini*, V: *Artium scriptores minores*, Lipsiae, 1868, p. 547-554.

AVDAX = AVDAX, *Excerpta* – ed. H. Keil, *Grammatici latini*, VII, Lipsiae, 1880, p. 320-362.

PS. AVG., *Ars breu.* = *Ars breuiata* – ed. G. Bonnet, *Abrégé de la grammaire de saint Augustin*, Paris, 2013.

PS. AVG., *Sermo 128* = ed. R. Étaix, *Revue des études augustiniennes*, 26 (1980), p. 82-87.

BEDA, *De arte metrica* – ed. C. B. Kendall (*CC SL*, 123A), Turnhout, 1975, p. 81-141.

BOETHIVS, *Opuscula sacra* – ed. A. Galonnier, Louvain – Paris, 2013.

BONIFATIVS, *Aenigmata* – ed. E. Dümmler (*MGH, Poetae Latinae aeui Carolini*, 1), Berolini, 1881, p. 1-23.

BONIFATIVS, *Aenigmata* – ed. Fr. Glorie (*CC SL*, 133), Turnhout, 1968, p. 278-343.

CASSIOD. *Inst.* = CASSIODORVS, *Institutiones* – ed. R. A. B. Mynors, Oxford, 1937, 1961.

CHAR. = CHARISIVS, *Artis grammaticae libri V* – ed. K. Barwick, Lipsiae, 1964 (2ᵉ éd. revue et corrigée – 1ʳᵉ éd. en 1925).

162 BIBLIOGRAPHIE

CLEM. SCOT. = *Clementis Ars grammatica* – ed. J. Tolkiehn (*Philologus*, Suppl. Bd. 20, 3), Leipzig, 1928.

CONSENT. = CONSENTIVS, *Ars* – ed. H. Keil, *Grammatici Latini*, V: *Artium scriptores minores*, Lipsiae, 1868, p. 338-404.

De uerbo ad Seuerum – ed. M. Passalacqua, *Tre testi grammaticali Bobbiensi*, Roma, 1984, p. 21-60.

DIOM. = DIOMEDES, *Ars grammatica* – ed. H. Keil, *Grammatici Latini*, I, Lipsiae, 1857, p. 297-529.

Disticha Catonis – ed. Baehrens, *Poetae latini minores*, III, Lipsiae, 1881, p. 214-236.

DON., *Mai.* = AELIVS DONATVS, *Ars maior* – ed. L. Holtz, *Donat et la tradition de l'enseignement grammatical*, Paris, 1981, p. 603-674.

DON., *Min.* = AELIVS DONATVS, *Ars minor* – ed. L. Holtz, *Donat et la tradition de l'enseignement grammatical*, Paris, 1981, p. 585-602.

DON. ORT. = DONATVS ORTIGRAPHVS, *Ars grammatica* – ed. J. Chittenden (*CC CM*, 40D), Turnhout, 1982.

Expl. in Don. = *Explanationes in artem Donati* – ed. H. Keil, *Grammatici Latini*, IV, Lipsiae, 1864, p. 486-565.

EVT. = EVTYCHES, *Ars de uerbo* – ed. H. Keil, *Grammatici Latini*, V: *Artium scriptores minores*, Lipsiae, 1868, p. 447-489.

FIN. METR. = METRORIVS (dub.), *De finalibus metrorum* – ed. D. Corazza, *Commentarium de ratione metrorum*, Hildesheim, 2011, p. 31-64.

ISID., *Etym.* = ISIDORVS HISPALENSIS, *Etymologiarum siue Originum libri XX*, ed. W. M. Lindsay, Oxonii, 1911.

ISID., *Etym.*, II = ISIDORE OF SEVILLE, *Etymologies. Book II. Rhetoric* – ed. P. K. Marshall, Paris, 2012.

ISIDORVS IVNIOR = ISIDORVS – ed. U. Schindel, *Die Lateinischen Figurenlehren des 5. bis 7. Jahrhunderts und Donats Vergilskommentar*, Göttingen, 1975, p. 204-241.

LAVR. = *Ars Lauresbamensis. Expositio in Donatum maiorem* – ed. B. Löfstedt (*CC CM*, 40A), Turnhout, 1977.

MACROBE = MACROBIVS THEODOSIVS, *De uerborum Graeci et Latini differentiis uel societatibus excerpta* – ed. P. De Paolis, Urbino, 1990.

MALS. 1905 = *Congregatio Salcani filii de uerbo* – ed. M. Roger, *Ars Malsachani: traité du verbe publié d'après le ms. lat. 13026 de la Bibliothèque nationale*, Paris, 1905.

MALS. 1965 = *Congregatio Salcani filii de uerbo* – ed. B. Löfstedt, *Der Hibernolateinische Grammatiker Malsachanus*, Uppsala, 1965.

MARIVS VICTORINVS, *Liber de definitionibus* – ed. A. Pronay, Frankfurt – Berlin, 1997.

PS. MAR. VICTORIN., *Ars* – ed. H. Keil, *Grammatici Latini*, VI, Lipsiae, 1874, p. 187-215.

BIBLIOGRAPHIE 163

MART. CAP. – ed. J. Willis, Leipzig, 1983.

MAX. VICTORIN. = MAXIMVS VICTORINVS (dub.), *De ratione metrorum* – ed. D. Corazza, *Commentarium de ratione metrorum*, Hildesheim, 2011, p. 5-30.

Multiplex latinitas: testi grammaticali latini dell'alto Medioevo – ed. L. Munzi (*AION Quaderni*, 9), Napoli, 2004.

MVR. = MVRETHACH (MVRIDAC), *In Donati 'Artem maiorem'* – ed. L. Holtz (*CC CM*, 40), Turnhout, 1977.

POMP. = POMPEIVS GRAMMATICVS, *Commentum Artis Donati* – ed. H. Keil, *Grammatici Latini*, V : *Artium scriptores minores*, Lipsiae, 1868, p. 81-312.

PRISC., *Ars* = PRISCIANVS CAESARIENSIS, *Institutiones grammaticae* – ed. M. Hertz apud H. Keil, *Grammatici Latini*, II-III, Leipzig, 1855-1858, p. 1-377.

PRISC., *Fig.* = PRISCIANVS CAESARIENSIS, *De figuris numerorum quos antiquissimi habent codices* – ed. M. Passalacqua, *Opuscula*, Roma, 1987, p. 1-18.

PRISC., *Inst.* = PRISCIANVS CAESARIENSIS, *Institutio de nomine prenomine et uerbo* – ed. M. Passalacqua, *Opuscula*, Roma, 1987, p. 5-41.

PRISC., *Part.* = PRISCIANVS CAESARIENSIS, *Partitiones duodecim versuum Aeneidos* – ed. M. Passalacqua, Roma, 1999, p. 43-128.

PRVD., *C. Symm.* = AVRELIVS PRVDENTIVS CLEMENS, *Contra Symmachum* – ed. M. P. Cunningham (*CC SL*, 126), Turnhout, 1966, p. 182-250.

REMIG. = REMIGIVS AVTISSIODORENSIS, *In Artem Donati minorem* – ed. W. Fox, Lipsiae, 1902.

SEDVL. SCOT., *Donat. Mai.* = SEDVLIVS SCOTTVS, *In Donati 'Artem maiorem'* – ed. B. Löfstedt (*CC CM*, 40B), Turnhout, 1977.

SEDVL. SCOT., *Donat. Min.* = SEDVLIVS SCOTTVS, *In Donati 'Artem minorem'; in Priscianum; in Eutychem* – ed. B. Löfstedt (*CC CM*, 40C), Turnhout, 1977, p. 1-54.

SERV. *Centimeter* = SERVIVS MAVRVS HONORATVS, *Centimeter* – ed. M. Elice, Hildesheim, 2013.

SERV. *Comm.* = SERVIVS MAVRVS HONORATVS, *Commentarius in artem Donati* – ed. H. Keil, *Grammatici Latini*, IV, Leipzig, 1864, p. 405-448.

SMAR. = SMARAGDVS, *Liber in partibus Donati* – ed. B. Löfstedt, L. Holtz, A. Kibre (*CC CM*, 68), Turnhout, 1986.

TATV. = *Ars Tatuini* – ed. M. De Marco (*CC SL*, 133), *Ars*, Turnhout, 1968, p. 3-93.

VIRG. GRAMM., *epit.* = VIRGILIVS GRAMMATICVS, *Epitomae* – ed. B. Löfstedt, *Opera omnia* (*Biblioteca Teubneriana*), Monachii – Lipsiae, 2003.

164 BIBLIOGRAPHIE

2. Littérature secondaire

Barwick, K., 'Clemens ed. Tolkiehn', *Gnomon*, 6 (1930), p. 385-395.

Bécares Botas, V., *Diccionario de terminología gramatical griega*, Salamanca, 1985.

Bermon, E., *La signification et l'enseignement*, Paris, 2007.

Bischoff, B., *Katalog der Festländischen Handschriften des neunten Jahrhunderts*, Wiesbaden, 1998-2014.

Biville, F., *Les emprunts du latin au grec*, I, Paris, 1990.

Bognini, F., 'Trier, Bistumsarchiv, Abt. 95, Nr. 16', in *Meminisse iuvat. Studi in memoria di Violetta de Angelis* – ed. F. Bognini, Pisa, 2012, p. 163-192.

Bonnet, G., 'La grammaire anonyme de Bobbio: copie ou œuvre originale?', *Revue d'histoire des textes*, n.s. 1 (2006), p. 73-107.

Brumberg-Chaumont, J., 'The logical and grammatical contribution to the reflection on individuality in Late Antiquity', in *Individuality in Late Antiquity* – ed. J. Zachhuber, A. Torrens, Burlington, 2013, p. 63-90.

Carracedo Fraga, J., *El tratado «De uitiis et uirtutibus orationis» de Julián de Toledo*, Santiago de Compostella, 2015.

Cinato, F., http://archivesetmanuscrits.bnf.fr/ark:/12148/cc8514n, 2009-2010.

—, http://archivesetmanuscrits.bnf.fr/ark:/12148/cc87895, 2009-2010.

—, *Priscien glosé: l' 'Ars grammatica' de Priscien vue à travers les gloses carolingiennes* (*Studia artistarum*, 41), Turnhout, 2015.

Conduché, C., 'La terminologie grammaticale du haut Moyen Âge: apports du traité *De uerbo* du manuscrit Paris, BnF, lat. 7491, fol. 89ra-207va', *Archivum latinitatis medii aevi*, 73 (2015), p. 55-77.

—, 'Comment naissent les temps du verbe?', in *Le sens du temps. The Sense of Time* – ed. P. Bourgain, J.-Y. Tilliette, Genève, 2017, p. 501-519.

Delatour, J., *Les livres de Claude Dupuy*, Lyon – Paris, 1998.

De Nonno, M., 'La raccolta grammaticale del Codice Napoletano IV A 17 e il testo dell'Anonymus Bobiensis', *Rivista di filologia e di istruzione classica*, 111 (1983), p. 314-329.

—, 'Note all'editio princeps dell'Anonymus ad Cuimnanum', *Latomus*, 55 (1996), p. 638-653.

De Paolis, P., 'Un manuale scolastico da Corbie', in *Vestigia notitiai. Scritti in memoria di Michelangelo Giusta* – ed. E. Bona, C. Lévy, G. Magnaldi, Alessandria, 2014, p. 81-106.

Desbordes, F., *Idées grecques et romaines sur le langage*, Lyon, 2007.

Dolbeau, F., 'Comment travaillait un compilateur de la fin du VIIIe siècle: la genèse du *De ortu et obitu patriarcharum* du Pseudo-Isidore', *Archivum latinitatis medii aevi*, 56 (1998), p. 105-126.

BIBLIOGRAPHIE 165

FLOBERT, P., *Les verbes déponents latins: des origines à Charlemagne*, Paris, 1975.

FÖGEN, Th., 'Der Grammatiker Consentius', *Glotta*, 74 (1997-1998), p. 164-192.

GARCEA, A., 'Substance et accidents dans la grammaire de Priscien', in *Priscien. Transmission et refondation de la grammaire de l'Antiquité aux Modernes* – ed. M. Baratin, B. Colombat, L. Holtz (*Studia artistarum*, 21), Turnhout, 2009, p. 125-138.

GIAMMONA, C., *Ars Ambianensis. Le tre redazioni delle* Declinationes nominum, Hildesheim, 2016.

GOLDSCHMIDT, V., *Le système stoïcien et l'idée de temps*, Paris, 1979[4].

GOURINAT, J.-B., *La dialectique des stoïciens*, Paris, 2000.

GRONDEUX, A., ' *Corpus dicitur quidquid videtur et tangitur*: origines et enjeux d'une définition', *Voces*, 14 (2003), p. 35-76.

—, 'Influences de Consentius et Priscien sur la lecture de Donat. L'exemple des *res proprie significatae* (VIIe-IXe siècles)', in *Priscien. Transmission et refondation de la grammaire de l'Antiquité aux Modernes* – ed. M. Baratin, B. Colombat, L. Holtz (*Studia artistarum*, 21), Turnhout, 2009, p. 445-461.

HAVET, L., *Manuel de critique verbale appliquée aux textes latins*, Paris, 1911.

HERZOG, R. et P. L. SCHMIDT (ed.), *Handbuch der lateinischen Literatur der Antike*, München, 1989-.

HOLTZ, L., 'Tradition et diffusion de l'œuvre grammaticale de Pompée, commentateur de Donat', *Revue de philologie, de littérature et d'histoire anciennes*, 45 (1971), p. 48-83.

—, 'Sur trois commentaires irlandais de l'*Art majeur* de Donat au IXe siècle', *Revue d'histoire des textes*, 2 (1972), p. 45-72.

—, 'Sur les traces de Charisius', in *Varron grammaire antique et stylistique latine* – ed. J. Collart, Paris, 1978, p. 225-233.

—, *Donat et la tradition de l'enseignement grammatical*, Paris, 1981.

—, 'L'émergence de l'œuvre grammaticale de Priscien et la chronologie de sa diffusion', in *Priscien. Transmission et refondation de la grammaire de l'Antiquité aux Modernes* – ed. M. Baratin, B. Colombat, L. Holtz (*Studia artistarum*, 21), Turnhout, 2009, p. 37-55.

HOVDHAUGEN, E., '*Genera verborum quot sunt?* Observations on the Roman Grammatical Tradition', in *The History of Linguistics in the Classical Period* – ed. D. J. Taylor, Amsterdam – Philadelphia, 1987, p. 133-147.

JEUDY, C., 'L'*Institutio de nomine, pronomine et verbo* de Priscien. Manuscrits et commentaires médiévaux', *Revue d'histoire des textes*, 2 (1972), p. 73-144.

166   BIBLIOGRAPHIE

—, 'Le Florilège grammatical inédit du manuscrit 8° 8 de la Bibliothèque d'Erfurt', *Archivum latinitatis medii aevi*, 44-45 (1983-1985), p. 91-128.

KASTER, R. A., *Guardians of langage: the grammarian and society in late antiquity*, Berkeley, 1988.

LAMBERT, P.-Y., 'Deux notes sur Virgile le grammairien', in *Mélanges François Kerlouégan* – ed. D. Conso, N. Fick, B. Poulle, Besançon – Paris, 1994, p. 309-319.

LAW, V., 'Malsachanus reconsidered: a fresh look at a Hiberno-Latin grammarian', *Cambridge Medieval Celtic Studies*, 1, 1981, p. 83-93.

—, *The insular Latin grammarians*, Woodbridge, 1982.

—, 'The Sources of the *Ars Donati quam Paulus diaconus exposuit*', *Filologia mediolatina*, 1 (1994), p. 71-80.

—, *Grammar and grammarians in the early Middle Ages*, London, 1997.

LÖFSTEDT, B., 'Zur Grammatik in Paris Bibl. nat. ms Lat. 7491', *Peritia*, 12 (1998), p. 95-97.

LUHTALA, A., 'Grammar and dialectic: a topical issue in the ninth century', in *Iohannes Scottus Eriugena: The Bible and Hermeneutics* – ed. G. Van Riel, C. Stell, M. Richter, Leuven, 1996, p. 279-301.

—, 'Early Medieval Commentary on Priscian's *Institutiones grammaticae*', *Cahiers de l'Institut du Moyen-Âge grec et latin*, 71 (2000), p. 115-188.

—, *Grammar and Philosophy in Late Antiquity*, Amsterdam, 2005.

MCNALLY, R. E., '*In nomine dei summi*: seven hiberno-latin Sermons', *Traditio*, 35 (1979), p. 121-143.

MALTBY, R., *A lexicon of ancient Latin etymologies*, Liverpool, 1991.

MARENBON, J., *From the circle of Alcuin to the school of Auxerre*, Cambridge, 1981.

MORELLI, C., 'I trattati di grammatica e retorica del cod. Casanatense 1086', *Rendiconti della Reale Accademia dei Lincei. Classe di scienze morali, storiche e filologiche*, 19 (1910), p. 287-328.

MUNZI, L., *Custos latini sermonis* (*AION* – *Quaderni*, 16), Pisa – Roma, 2011.

NICOLAS, C., 'Traces du duel en latin d'après Servius, *Aen.* 2, 1', in *Fragments d'érudition* – ed. A. Garcea, M.-K. Lhommé, D. Vallat, Hildesheim, 2016, p. 171-190.

OMONT, H., 'Recherches sur la bibliothèque de l'église cathédrale de Beauvais', *Mémoires de l'Institut national de France. Académie des inscriptions et belles-lettres*, 40 (1916), p. 1-93.

OSTMEYER, K.-H., 'Typologie und Typos: Analyse eines schwierigen Verhältnisses', *New Testament Studies*, 46 (2000), p. 112-131.

BIBLIOGRAPHIE

RICHÉ, P. et J. VERGER, *Des nains sur des épaules de géants*, Paris, 2006.

ROSELLINI, M., 'Prisciano e il futuro del congiuntivo', *Philologus*, 153 (2009), p. 300-309.

ROSIER, I., 'La terminologie linguistique latine médiévale', in *Histoire des idées linguistiques 2* – ed. S. Auroux, Liège, 1992, p. 590-597.

SABBADINI, R., 'Spogli ambrosiani latini', *Studi italiani di filologia classica*, 11 (1903), p. 165-388.

SCHAD, *Lexicon* = S. SCHAD, *A lexicon of Latin grammatical terminology*, Pisa, 2007.

SHANZER, D., 'Tatwine: An Independent Witness to the Text of Martianus Capella's *De grammatica*', *Rivista di filologia ed istruzione classica*, 112 (1984), p. 292-313.

STOTZ, P., *Handbuch zur lateinischen Sprache des Mittelalters*, IV, München, 1998.

SZERWINIACK, O., 'Des recueils d'interprétations de noms hébreux chez les Irlandais et le Wisigoth Théodulf', *Scriptorium*, 48 (1994), p. 187-258.

TAEGER, B., 'Exzerpte aus Martianus Capella in einer frühen hibernolateinischen Grammatik', *Beiträge zur Geschichte der deutschen Sprache und Literatur*, 100 (1978), p. 388-420.

—, 'Multiplex enim ut lex Dei etiam Latinitas', *Studi medievali*, 32 (1991), p. 1-91.

TAYLOR, D. J., *Declinatio: a study of the linguistic theory of Marcus Terentius Varro*, Amsterdam, 1975.

THUROT, C., *Extraits de divers manuscrits latins pour servir à l'histoire des doctrines grammaticales au Moyen Âge*, Paris, 1869.

VEZIN, J., 'Les relations entre Saint-Denis et d'autres scriptoria pendant le haut Moyen Âge', in *The Role of the Book in Medieval Culture* – ed. P. Ganz, Turnhout, 1986, p. 17-39.

VISSER, L., 'Heritage and Innovation in the Grammatical Analysis of Latin', *Historiographia linguistica*, 38 (2011), p. 5-35.

WARNTJES, I., *The Munich Computus: Text and Translation: Irish Computistics Between Isidore of Seville and the Venerable Bede and its Reception in Carolingian Times*, Stuttgart, 2010.

WEST, M. L., *Textual Criticism and Editorial Technique*, Stuttgart, 1973.

LIBER DE VERBO

CONSPECTVS SIGLORVM

P Paris, Bibliothèque nationale de France, lat. 7491, fol. 89ra-107va (s. IX[in])

|In nomine dei summi.   89ra

1. DE VERBO

Nomen huius partis uerbum uocatur. Quibus modis sonorum sensus demonstratur? Sane IV: aut enim ethimologia intellegitur
5 sonus, si primitiuus sit; aut cognicione; aut partibus conpositis; aut interpretatione, si extraneus uideatur. Ferunt autem hunc sonum quem uerbum dicimus bino sensu intellegi: aut enim diriuatiuum est a uerbo quod est uerbero – quod et ipsud diriuatur a nomine quod est uerber – sed oriendi locus in clausulis non tam
10 apercius habetur; aut primitiuum est quod cognitione nominis eiusdem sensus intellegitur, quod est uerber. Sed uerbum propriae aeris est; uerber uero unius cuiusque rei corporalis est. Vel quare haec pars meruit nomine uerbi uocari, cum in omni sono aer et palatum lingua uerberatur? Haec est aut quod multiplex sit
15 in declinatione; aut, secundum Pompeium, que eo frequentius utimur in loquendo: ut "uolo ire et uidere amicum meum de foro", et in Prouerbis: recurre, festina, suscita amicum tuum; aut haec pars, quae maxima est in partibus, preuilegio quodam pre omnibus partibus debuit haec nomine censeri, cum secundum
20 Consentium tota latinitas uerbum nominatur. Haec pars X nominibus uocatur: pars orationis, | pars precipua, membrum maxi-   89rb mum, caput, fundago, crepido, ministratrix, significatrix, principalis pars, uerbum. Duae sunt principales partes orationis: nomen et uerbum, que coniunte loqutionem efficiunt; reliquae autem
25 apendices sunt.

1, **15/17** frequentius – foro] POMP. 97, 10-12   **17** recurre – tuum = Prou. 6, 3 (recurre *Mals.*] discurre *Vulg.*)   **20** tota – nominatur] cfr CONSENT. 367, 4   **23/24** duae ... efficiunt] CONSENT. 338, 6-7   **24/25** reliquae ... sunt] ISID., *Etym.* 1, 6, 1

Loc. par.: 1, **12/14** cfr *Ambr.* 92, 6-9   **15/17** frequentius – foro] *Ambr.* 92, 12   frequentius – meum ... et in prouerbis – tuum] MALS. 196, 7-10 ; CLEM. SCOT. 101, 3 *cod. R*   **15/16** *Ad Cuimn.* 12, 25-26 (*paene ad lit.*)   **18** preuilegio quodam] *Ad Cuimn.* 12, 25   **22** caput – crepido] *Ad Cuimn.* 12, 14-15

1, **3** partis *scripsi*] artis *P*   **4** demonstratur *scripsi*] demonstatur *P* **23** duae *P^{a.c.}*] duae enim *P^{p.c.}*

172 LIBER DE VERBO 2

2. DE DIFINITIONE VERBI

Consentius dicit: "uerbum est pars orationis factum aliquod ha-
bitumuae significans". Donatus autem sic difiniuit: "uerbum est
pars orationis cum tempore et persona sine casu, aut agere ali-
30 quid aut pati aut neutrum significans." Definitiones secundum
oratores XV sunt; secundum uero grammaticos tres tantum: haec
est difinitio rei substantialis, et difinitio qualitatis, et definitio soni.
Haec autem difinitio substantiae est in qua sunt III modi: discernit in paribus; discernit in semet ipsa; proprium ostendit. Discer-
35 nit enim in paribus et discernit in semet ipso quando dicit cum
tempore et persona sine cassu; proprium autem ostendit quando
dicit aut agere aliquid, aut pati, aut neutrum sigificans. Vt quid
protinus de uerbo loquens tempus cum persona sociatum exponit. Ideo sociasse ea dicuntur quia secerni non possunt, ut Flacus
40 dicit: "uerbo in primis accidunt tempora cum personis sociata,
nec omnino secerni a se possunt, quin simul uis uerbi desolua-
tur". In participiis tempora sunt, a personis detracta, et in pronominibus personae sunt, quae non indigent temporibus; in uerbo
unum sine altero non potest fieri ne uis uerbi interiat. Tribus ob
45 causis subiecit 'sine casu': ut abiciat sensum estimantium declinationem uerbi casum debere nominari cum casus in uerbo non
est; ut excludat sensum estimantium casum accusatiuum infinitiuo modo fieri, ut 'da mihi bibere, da mihi manducare', tam-
quam | diceret 'da mihi potum' uel 'uictum', et 'nostrum uiuere   89va
50 triste', et 'iocundissimum est solis currere in die estiuo', et 'legere
et non intellegere non est legere'; et ut discernat a tribus partibus

---

2, **27/28** uerbum – significans] CONSENT. 365, 29   **28/30** uerbum – sig-
nificans] DON., *Mai.* 632, 7-8   **40/42** uerbo – desoluatur] DIOM. 334, 7-8
  42 tempora sunt – detracta] DIOM. 334, 9 (*paene ad lit.*)   **43** personae –
temporibus] DIOM. 334, 9-10 (*paene ad lit.*)   **47/49** *Expl. in Don.* 502, 32–
503, 2 (*paene ad lit.*)   **50/51** legere – legere] cfr *disticha* 84 (Baehrens)

Loc. par.: 2, **27/28** *Ad Cuimn.* 12, 90-92   **28/30** CLEM. SCOT. 102, 2
uerbum – significans] MALS. 194, 21-22   **37/44** *Ad Cuimn.* 12, 32-39
(*paene ad lit.*)   **42/44** MALS. 195, 6-8 (*paene ad lit.*); CLEM. SCOT. 102, 5
  44/50 cfr *Ambr.* 92, 32–93, 47   **48** da – manducare] SMAR. 112, 66   **48/
51** da mihi bibere ... et nostrum – solis currere ... et legere – non est legere]
VIRG. GRAMM., *Epit.* VII, 95; MALS. 195, 15-17; CLEM. SCOT. 102, 7

2, **35** paribus $P^{p.c.}$] partibus $P^{a.c.}$ **48/49** tamquam *scripsi*] tamque *P*

LIBER DE VERBO 2-4

quae per casus flectuntur, nomen, pronomen, participium. Dicendo autem 'agere aliquid' et reliqua, uerborum V genera hic ostendit: quando enim dicit 'agere', actiuum et deponens et dime-
55 dium commune ostendit; dicendo 'pati', passiuum et dimedium commune significat; dicendo 'neutrum', neutrale ostendit.

3. DE ACCIDENTIBVS VERBI

Verbo accidunt VII: qualitas, coiugatio, genus, numerus, figura, tempus, persona. Quid haec VII in uerbo efficiunt? Qualitate os-
60 tenditur cuius modi uel formae sit uerbum; coiugatione, si primae an secundae an tertiae an quartae; genere, si actiuum uel neutrum an passiuum an commone an deponens; numero, quis quiue loquntur; figura, si simplex sit an conposita; tempore, quando quid factum sit aut dictum; persona, si prima an secunda an tertia.
65 Qualitas uerborum in modis et in formis constituta est, sed modi declinationes uerborum, formae uero intellectus uel sensus intelleguntur. Ideo ab aliis prius ponuntur formae dicentes: "unde scimus quid sit declinatio nisi prius dedicerimus quid sit sensus?"

4. Formae igitur latinae linguae IIII sunt: nam et his graeca lin-
70 gua defecit. Duplex enim uerborum forma cum his est, id est perfecta et frequentatiua. Sciendum quid facit has formas, hoc est quia plurimum defert utrum uerbum unum opus significet, quod

---

3, **58/59** uerbo – persona] DON., *Mai.* 632, 6-7   **65** qualitas – constituta est] DON., *Mai.* 633, 5   **65/68** modi – sit sensus] ISID., *Etym.* 1, 9, 3   **67/68** unde – sensus] SERG. [Cass.] 91, 5-6 (Stock)

4, **69** formae – quattuor sunt] DON., *Mai.* 633, 6   **69/70** nam – defecit] CONSENT. 375, 30-31, *Donati codd. nonnulli*   **72/75** CONSENT. 376, 1-4 (*paene ad lit.*)

Loc. par.: **52/56** *Ad Cuimn.*12, 75-84 (*paene ad lit.*); MALS. 194, 22–195, 4 (*paene ad lit.*); CLEM. SCOT. 102, 3; SMAR. 112, 82–113, 86

3, **58/59** MALS. 196, 12-13; *Ad Cuimn.* 12, 134-135; cfr CLEM. SCOT. 103, 1   **65/68** MALS. 196, 14-17   **65/67** cfr CLEM. SCOT. 103, 3   **65** qualitas – est] *Ad Cuimn.* 13, 2; 290

4, **69** formae – sunt] MALS. 196, 19   **70/75** *Ad Cuimn.* 13, 301-309 (*paene ad lit.*)

3, **65** modi $P^{p.c.}$] modo $P^{a.c.}$

4, **71** hoc $P^{p.c.}$] haec $P^{a.c.}$ **72** quia $P^{p.c.}$] quod $P^{a.c.}$ **72/73** quod perfectae $P^{p.c.}$] quod est p. $P^{a.c.}$

174 LIBER DE VERBO 4-6

perfectae formae est, ut facio, an consuetudinem operis ostende-
rit, quod frequentatiuae formae est, ut facito. His accidunt in la-
75 tino | eloquio meditatiua et inchoatiua.   89vb

5. Meditatiua sunt quibus non est actus sed agendi paratus et
meditatus ostenditur, ut 'amaturio': de futuro enim cogitatur, licet
et in presenti dicatur, ut 'ad scolam ibo deinde lecturio'. Haec
forma a meditatione mentis procedit et quartae coiugationis est et
80 frequenter neutralis est et in 'urio' tantum terminatur; et ab infinitiuo futuro uel a participio incipit oriri. Meditatiua uerba ab
omni coiugatione oriuntur: ab actiuis primae coiugationis, ut 'amo
amaturio'; a saecundo raro inueniuntur, legitur tantum 'docturio';
a tertia, ut 'lego lecturio' 'minuo minuturio'; ab anomali, ut 'edo
85 essurio'; a quarta, ut 'dormio domiturio'. Et haec uerba per omnia
tempora currunt.

6. Inchoatiua ab inchoando dicta quae uim incipiendi habent,
ut 'palleo pallesco', id est pallere incipio, 'calesco', calere incipio:
tunc enim dicas quando ballenium aut aliam rem quamlibet cali-
90 dam intras. Inchoatiua a prima coiugatione actiui generis, ut 'amo
crasso amasco crassesco'; a neutro, ut 'gelo gelas gelasco', significatione passiua; a secunda coiugatione, maxime a neutralibus
uerbis, ut 'caleo calesco' 'ferueo feruesco'; a commonibus, ut
'uereor ueresco'; a deponenti, ut 'missereor misseresco'; a tertia

---

5, 76/77 meditatiua – amaturio] CONSENT. 376, 4

6, 87 uim incipiendi] DIOM. 343, 2.24

Loc. par.: 5, 76/77 meditatiua sunt – amaturio] *Ad Cuimn.* 13, 308   77/
78 de futuro – lecturio] MALS. 196, 24–197, 1; cfr CLEM. SCOT. 106, 2   79/
81 quartae – est ... in urio tantum terminatur ... ab infinitiuo – oriri] MALS.
197, 18-20 (*paene ad lit.*); CLEM. SCOT. 108, 2   81/85 cfr CLEM. SCOT. 108, 1;
cod. lat. Monac. 6415, fol. 28v   84/85 a tertia – dormiturio] MALS. 197, 17-18

6, 87/90 MALS 197, 1-3; cfr CLEM. SCOT. 106, 3   87/88 inchoatiua – id est]
Ad Cuimn. 13, 348-349   90/98 MALS. 197, 21–198, 2; cfr CLEM. SCOT. 109, 1-3

---

74 frequentatiuae $P^{p.c.}$] et f. $P^{a.c.}$ facito *ut uidetur* $P^{p.c.}$ *Consentii
codd.*] facio $P^{a.c.}$

5, 80 tantum $P^{p.c.}$] tamen $P^{a.c.}$ 83 saecundo P] -da *fort. scribendum*
84 edo $P^{p.c.}$] *non leg.* $P^{a.c.}$

6, 88 pallere ... calere *scripsi*] pallescere ... calescere P   89 ballenium
P] balleneum *Mals.*, balneum *fort. scribendum*

LIBER DE VERBO 6-7

95 coiugatione, ut 'gemo gemesco'; a deponenti, ut 'labor laberis
lauasco'; a quarta, 'dormio dormesco'; et inueniuntur a nomine
appellatiuo, ut 'porpura porporasco' 'ignis ignesco'; a propria 'An-
tonius antonesco'. | Haec uerba neutralia sunt et tertiae tantum   90ra
coiugationis et in 'sco' solam desinunt et preteritum tempus non
100 habent, quia que inchoantur preteritum non habent, et plus quam
perfectum et unum futurum, modi coniuntatiui, et participium futurum et duo uerba posteriora gerendi. His enim V regulis ostenditur inchoatiua forma: si a neutrali uerbo originem sumat; si in
'sco' sillabam exeat; si tertiae correptae sit; si careat preterito per-
105 fecto et plus quam perfecto et participio futuro, ut est 'feruesco';
si enim aliter fuerit non erit inchoatiuae sed perfectae. Etsi a neutralibus maxime uerbis haec uerba oriuntur ab aliis tamen generibus oriri non uetat. Dicunt autem hec uerba a secunda persona
diriuari et mutare uocalem, ut 'crasso as crassesco' et reliqua.

110   **7.** Perfecta forma a perficiendo dicta est, ut 'lego': tunc enim
dicendum est quando in presenti tempore legas. Verba autem
huius formae quae non sunt anomale uel difectatiua sub IV coiugationibus inueniri solent, nec non in V generibus, nunc a se nunc
a quibusdam originibus: oriuntur a se, ut 'lego legis'; a nomine
115 quod est lex, ut 'lego legas'; ab aduerbio que est ⟨intro⟩, 'intro as',
'temere temero as'; a uerbo, ut 'uello uellico as'. Haec autem

---

100 quia – non habent] DON., *Mai.* 633, 9-10 ; CONSENT. 376, 16   102/
105 his enim – feruesco] cfr SERG. [Cass.] 91, 11-17 (Stock)

Loc. par.: 100 que – habent] MALS. 198, 11-12 ; cfr CLEM. SCOT. 109, 3-4
102/106 MALS. 198, 9-14 ; *Ambr.* 103, 363-368 (*paene ad lit.*)   106 si enim
aliter – perfectae] CLEM. SCOT. 109, 4   106/108 MALS. 198, 14-15 (*paene ad
lit.*) ; cfr CLEM. SCOT. 109, 1   108/109 MALS. 198, 18-21 (*paene ad lit.*) ; cfr CLEM.
SCOT. 111, 6

7, 110/111 MALS. 197, 3-4 ; cfr CLEM. SCOT. 106, 4   111/121 MALS. 197, 7-15 ;
Ambi. 374 ; cfr CLEM. SCOT. 107, 1-4   111/113 uerba – solent] *Ad Cuimn.*
13, 330-331

---

96 inueniuntur $P^{p.c.}$] -nitur $P^{a.c.}$ **97** propria *P*] proprio *conieci*
98 tantum *conieci*] om. $P^{a.c.}$, tamen *ut uid. add.* $P^{p.c.}$ **99** -iugatio –
tempus *om. in textu sed in marg. inf. suppl.*   coniugationis] -tio *P*   so-
lam $P^{a.c.}$] solum $P^{p.c.}$ desinunt $P^{a.c.}$] dissinunt $P^{p.c.}$ **100** quia que $P^{p.c.}$]
quamquam *ut uid.* $P^{a.c.}$ **109** crassesco $P^{p.c.}$] -sasco $P^{a.c.}$

7, **114/115** nomine quod $P^{p.c.}$] n. que $P^{a.c.}$ **115** aduerbio que *P*] a. quod
fort. scribendum

176 LIBER DE VERBO 7-8

forma III uocales ante 'o' uel 'or' habet: 'e' 'i' 'u', ut 'doceo' 'lanio'
'inbuo'; et 'o' ante 'o' duobus grecis uerbis, ut 'reboo inchoo';
consonantes autem omnes, exceptis 'f' 'k' 'q', ut 'libo' 'placo' 'redo'
120 'propago' 'tracho' 'alo' 'amo' 'diclino' 'usurpo' 'libero' 'lasso' 'lacto'
'laxo'; 'i' et 'u' pro consonantibus, ut 'aio' 'soluo'.

8. Frequentatiua forma a frequentando dicta. Perfecta enim
opere, postea frequentatur, ut 'lego lectito'. Adsiduam enim in
agendo uim habet et iterat effectum uelut est 'merso', | id est se-   90rb
125 pius mergo. Hanc formam iteratiuam dicunt ex consuetudine fre-
quentati et iterati operis huius. Verba primae tantum coiugationis
sunt et actiuae significationis et ab omni genere uerborum ueniunt. Terminantur autem in 'tito' uel in 'to' precidente consonante
uel in 'so' uel in 'exo' uel in 'lo' uel in 'zo' in grecis, ut 'lectito'
130 'cursito' 'merso' 'nexo' 'sorbillo' 'zetizo' (id est quero). 'Viso' tamen 'uisis' tertiae coiugationis a 'uideo' uenit, sed putatur 'uiso'
facere 'uissito'. Diriuantur autem a quattuor coiugationibus et a
quinque generibus, ut 'uoco uocito', 'uolo uolito', 'exerceo exer-
cito', 'habeo habito', 'algeo algito', 'lego lectito', 'uiuo uictito', 'fa-
135 cio facito', 'sapio sapito', 'curro cursito', 'uesco uescito', 'ineo
inito', 'adeo adito', 'dormio dormito' – quanquam 'dormito' magis
pro meditatiuo aut inchoatiuo dicatur. Sunt sine origine perfectae
formae, ut 'petisso' 'uagillo'; sunt quasi diminutiua a perfectis, ut

---

7, **117/118** III – inchoo] cfr EVTYCH. 449, 18-23   **119** consonantes autem –
libo] MART. CAP., *Nupt.* 3, 311   **121** i et u – aio] DON., *Mai.* 639, 6

8, **123/125** DIOM. 344, 28-30   **128/130** EVTYCH. 449, 5-7   **130/132** cfr
EVTYCH. 449, 7-15   **136/137** quanquam – dicatur] CONSENT. 376, 30-31 (*paene
ad lit.*)   **137/139** sunt – sugillo] cfr DON., *Mai.* 633, 11-13   sunt – sorbillo]
DIOM. 345, 22-23 (*paene ad lit.*)

Loc. par.: 8, **122** cfr PS. ASPER 48, 23; MALS. 197, 4-5; CLEM. SCOT. 106, 5;
REMIG. 47, 8   **123/125** *Ad Cuimn.* 13, 342-344 (*paene ad lit.*)   **126/**
130 cfr CLEM. SCOT. 110, 1   **128/130** in tito – sorbillo] cfr *Ambr.* 102, 356-358;
MALS. 198, 23-25 (*paene ad lit.*); *Ad Cuimn.* 13, 334   **132/136** (*exempla*)] MALS.
198, 24-199, 4   **136/137** *Ad Cuimn.* 13, 393   **137/141** cfr CLEM. SCOT. 111, 3-4
      sunt sine – sugillo] *Ad Cuimn.* 13, 423/424; 416/417 (*paene ad lit.*)   **137/**
138 sunt sine – petisso uagillo] MALS. 199, 4-5

---

119 redo] sedo *Mals.*   **121** soluo] saluo *Mals.*

8, **124** iterat $P^{p.c.}$] iteratur $P^{a.c.}$ **125** iteratiuam $P^{p.c.}$] iter actiuum $P^{a.c.}$
130 tamen $P^{p.c.}$] tantum $P^{a.c.}$ *ut uid.*   **131** uideo $P^{p.c.}$] uido $P^{a.c.}$ uiso
$P^{a.c.}$] uisso $P^{p.c.}$ **134** uictito $P^{p.c.}$] uictato $P^{a.c.}$ **135** cursito *scripsi*] currito *P*

LIBER DE VERBO 8-10

'sorueo sorbillo', 'sugero sugillo'; sunt tertiae contra regulam, ut
140 'facisso is', 'capisso is', 'lacisso is'; sunt a nomine quod dicitur
'grecus' 'grecizo', 'imnus imnizo'. Inueniuntur in uno gradu, ut
'facisso' 'lacesso', et tunc tertiae sunt; aliquando in duobus gradibus ut 'scribo scriptito'; aliquando in tribus gradibus, ut 'curro
curso cursito' 'labo labso lapsito' 'cano canto cantito'; aliquando
145 in quattuor, ut 'dormio dormiturio dormesco dormito' – sed haec
raro euenit.

9. Has formas quidam uerborum generibus uel significationibus praue adplicant ideo: nam forma propriae sensum tenet uel
genus, ut puta 'lecturio' quasi meditantis sensus est, et cauendum
150 est legentibus ne una de his pro alia posita solocismum incurrant.
Formae sunt dicte eo quod nos suis agnicionibus forment.

10. DE MODIS

Modi sunt dicti eo quod admodum | nos docent suis significa-   90va
tionibus. Modus difinitur secundum Consentium: "modus est
155 quem greci metatessin dicunt, conuersio scilicet et transfiguratio
eius syllabae quae ultima est in uerbo". Modi autem qui sunt?
Capacitates diuersae nuntiationis actuum in uerbis. Qualitatem

---

139/140 CONSENT. 376, 22-23 (*paene ad lit.*)

9, 147/148 formas – adplicant] CONSENT. 375, 31-32   **148/149** cfr ISID.,
Etym. 1, 9, 3   **151** ISID., *Etym.* 1, 9, 3

10, 153/154 ISID., *Etym.* 1, 9, 4   **154/156** CONSENT. 374, 12-13

Loc. par.: **139/140** MALS. 198, 25   **140/141** MALS. 199, 5-6   **142/
146** MALS. 199, 6-10; cfr CLEM. SCOT. 110, 13-15

9, 149/150 MALS. 199, 11-12

10, 154/156 *Ad Cuimn.* 13, 24-25 (*paene ad lit.*); MALS. 199, 15-16; CLEM.
SCOT. 104, 1   **157** *Ambr.* 94, 92-93 (*paene ad lit.*)

---

140 capisso *scripsi ex Eut. 482, 25* (*capesso*)] cupisso *P*   **141** imnus imnizo *Mals.*] inmus inmuzo *P*   **143** scriptito *Mals.*] scriptizo *P*

9, 150 incurrant $P^{p.c.}$] -rat $P^{a.c.}$ *Mals.*   **151** informent *Isid. Etym. 1, 9, 3*]
forment *P*

10, 155 metatessin $P^{p.c.}$] mettessin $P^{a.c.}$ **157** nuntiationis $P^{p.c.}$] nuntiatio his $P^{a.c.}$ actuum $P^{p.c.}$] actiuum $P^{a.c.}$

178   LIBER DE VERBO 10-11

autem in modis bipertitam esse Probus adfirmat dicens: "qualitas
uerborum aut finita aut infinita est". Finitiua uerbi qualitas est cum
160 quasi difinitiua et simplici utimur expossitione ipsa distinccione
per se sine alterius conplexu, ut 'accuso as at'. Infinitiua sane
qualitas est in qua haec uniuersa confusa sunt, ut 'legere'. Item
finita sunt quae notant certam personam, certum numerum, certum tempus, ut 'lego' 'scribo'; infinitiua, in quibus haec uniuersa
165 confusa sunt, ut 'legere' 'scribere'.

11. Modos quidam putant legitimos V uel VI esse; alii VII, alii
X, alii XI estimant, quorum nomina haec sunt: indicatiuus, imperatiuus, optatiuus, coniunctatiuus, infinitiuus, inpersonalis. Indicatiuus quid est? Capacitas quaedam actuum in uerbis. Indicatiuus
170 quare dicitur ille? Quod intellegimus in eius dictionibus indictionem, ut lego. Indicatiuus, qui et pronuntiatiuus, dicitur eo quod
per eum indicamus uel pronuntiamus quid facimus, ut 'lego'. Non
ipse indicat uerbum nec indicatur sed loquendi modus ⟨est⟩ per
quem indicamus quid agimus. Alii dicunt quod indicat uel pro-
175 nuntiat VII quae uerbo accidunt, qui ideo finitiuus dicitur quia per
se sine alterius modi conplexu omnia difiniuit. Futurum autem
tempus huius modi non recte indicatiuus dicitur secundum quosdam, qui non indicat sed promittit. Hinc promissiuus modus uocatur, ut faciam, sed hoc tribus ob causis modus fieri non potest:
180 quia nullus mo|dus cum uno tempore constat; quia que promit-   90vb

---

158/159 qualitas – est] CHAR. 209, 28-29; CONSENT. 374, 1   159/161 DIOM.
338, 17-19 (paene ad lit.)   162/165 CONSENT. 374, 1-3

11, 171 indicatiuus – dicitur] DON., Mai. 632, 9; CONSENT. 374, 16   175/
176 DIOM. 338, 18

Loc. par.: 158/159 Ad Cuimn. 13, 17-18 (paene ad lit.); cfr Ambr. 94, 94–
95, 103   159/161 Ad Cuimn. 13, 30-32 (paene ad lit.)   162/165 Ad Cuimn.
13, 18-20 (paene ad lit.); cfr Ambr. 94, 100–95, 103

11, 171/172 MALS. 199, 18-19   174/176 Ad Cuimn. 13, 33-34 (paene ad lit.)
180/183 cfr Ambr. 97, 163-172

---

158 bipertitam scripsi] bibertitam P

11, 166 legitimos scripsi] -mor P   170 ille conieci] illi P   quod $P^{p.c.}$]
quodam uel quidam $P^{a.c.}$ indictionem P] indicationem fort. scribendum
171 dicitur] dictus est Mals.   173 indicat uerbum scripsi] indicatur P
modus $P^{p.c.}$] modos $P^{a.c.}$ 175 dicitur $P^{p.c.}$] dictus ut uid. $P^{a.c.}$
178 indicat $P^{p.c.}$] dicat $P^{a.c.}$

LIBER DE VERBO 11-12 179

timus bona esse debent ut ne acirologiam incurramus dicentes
'uram' 'adfligam' 'cruciabo'; quia Greci, quibus Latinorum regulae
sunt, eum pro modo non conputant.

12. Imperatiuus dictus est quia externo officio imperantis uti-
185 mur quod est animo cordis imperantis. Hic autem modus imperii
regalis iure antecederet omnes modos nisi indicantis ueritatem
nature preiret modus. In hac autem imperatiua qualitate plurali
numero III personae necessario adhibentur: conserit enim se
prima cum aliis ut 'amemus' et, dum imperat, se quoque in idem
190 ministerium uocat, quem quidam exortatiuum dicunt esse sermonem, ut cum dicimus 'faciamus' 'legamus'. Futurum quoque eius
imperatiui dissimile est a ceteris futuris quia imperamus in futurum
ut in perpetuum fiat, ut 'facito' 'legito', id est semper fac semper
lege; quem sermonem nonnulli mandatiuum dicunt, quando ter-
195 tiae personae imperatur: nemo enim in absenti imperat sed mandat. Hic modus prima persona non habet, nec preteritum, quia
nemo semet ipsum ⟨aut⟩ in preterito imperat, sicut pronomen fi-
nitiuum 'ego' uocatiuum non habet. Dicunt hunc modum pressens non habere, nisi nuntiatione tantum, quia imperat antequam
200 fiat quod imperatur – sicut ait Celsus: "qui dicit 'fac', hic prope-
rat; ille etiam moram sinit qui dicit 'facito'".

---

182 uram – cruciabo] CONSENT. 374, 29-30

12, 184 externo officio imperantis] DIOM. 338, 27-28 **187/191** plurali –
legam] DIOM. 338, 31-34 (*paene ad lit.*) **191/194** DIOM. 339, 13-16
195 DIOM. 339, 1; CONSENT. 377, 29-30 (*paene ad lit.*) **199/201** CONSENT.
374, 35-375, 2

Loc. par.: 12, **184/185** *Ad Cuimn.* 13, 52-53 (*paene ad lit.*) **185/**
187 cfr *Ambr.* 96, 147-151 **187/189** in hac – amemus] *Ambr.* 95, 128-130
(*paene ad lit.*) **188/191** *Ad Cuimn.* 13, 58-61 (*paene ad lit.*) **190/**
191 quem quidam – faciam] cfr CLEM. SCOT. 104, 6 **194/196** *Ambr.* 96, 140-
142 (*paene ad lit.*); *Ad Cuimn.* 13, 73-78 (*paene ad lit.*) **196/197** MALS.
199, 21-22; cfr *Ambr.* 95, 125-131 **197** *Ad Cuimn.* 13, 55-56 (*paene ad lit.*)
198/201 *Ambr.* 96, 136-138 (*paene ad lit.*); *Ad Cuimn.* 13, 61-65

---

182 quia $P^{p.c.}$] qui $P^{a.c.}$

12, 186 modos *scripsi*] modus *P* **189** aliis $P^{a.c.}$] alis $P^{p.c.}$ **195/**
196 mandat $P^{p.c.}$] mendat $P^{a.c.}$ **197** aut *Mals.*] *om. P* **200/201** quod
imperatur – facito *om.* $P^{a.c.}$ *restit. partim super lineam partim in marg. inf.*
200 sicut *scripsi ex coniectura Cinato*] S : ut *P*

LIBER DE VERBO 13-14

13. Optatiua qualitate tum utimur cum a diis aliquid exposcimus, unde et optando dicitur. Notandum quod ideo preteritum tempus optatiuus habet: persepe enim optamus non modo ut ha-
205 beamus quod cupimus, uerum etiam inaccusantes fatum nostrum de quibus|dam, que quoniam non habuerimus in potestatem, habere non possumus quae uellimus, uelut est 'utinam scripsissem ut proficerem', 'utinam uenissem ut audirem'. Tempora ergo coniunctatiui modi temporibus optatiui respondent et sic semper
210 coniuncte pronuntiantur, indicatiuo ambos regente: quaecumque enim optatiui sunt eadem et coniunctatiui. Dicunt autem alii optatiuum ideo dictum esse, eo quod aduerbium optandi coniunctum habet utinam, ideoque geminasse sensum una litteratura, quia nouissime repertus est. Hic modus optantis est.

215 **14.** Coniunctatiua siue subiunctatiua species dicta quod per se sensum non exprimat, nisi super addatur alius sermo. Ideo subiunctatiua quia uel subiungit sibi uel subiungitur necessario sermone ut 'cum dicam dixerim dixero'; necdum hic finitus sermo finietur hoc modo: 'cum dixero uenies' 'cum fecero accipies'. In
220 hac qualitate preteriti perfecti et futuri temporis eadem declinatio est sed ea accentus distingit: acuto enim accentu perfectum declinatur; futurum uero circumflectitur, quasi 'cum dixerímus' et 'cum dixerîmus'. Hoc quoque inspiciendum est: cum inposueris indicatiuum modum cuiuscumque temporis, non statim alius in-

---

13, **202/203** DIOM. 340, 4-5 (*paene ad lit.*)   **204/208** persepe – audirem] DIOM. 340, 18-22   **210/211** CONSENT. 375, 7-8

14, **215/216** quod per se – alius sermo] DIOM. 340, 24-25   **217/218** Subiungit – sermone] DIOM. 340, 25-26   **218/219** cum dicam – accipies] DIOM. 338, 20-23   **219/223** DIOM. 340, 29-32 (*paene ad lit.*)

Loc. par.: 13, **202/203** *Ad Cuimn.* 13, 83 (*paene ad lit.*)   **204/208** persepe – audirem] *Ambr.* 98, 201-205; *Ad Cuimn.* 13, 95-99   **210/211** *Ad Cuimn.* 13, 119-120   **211/213** MALS. 199, 26-27

14, **215/219** *Ad Cuimn.* 13, 106-112 (*paene ad lit.*)   **216/218** ideo – sermone] *Ambr.* 98, 214-215   **219/223** *Ambr.* 99, 229-232 (*paene ad lit.*)

13, **206** in potestatem *scripsi*] inpostm P   **207** possumus $P^{p.c.}$] possimus $P^{a.c.}$

14, **215** siue $P^{p.c.}$] sine $P^{a.c.}$ **217/218** sermone $P^{p.c.}$] sermoni $P^{a.c.}$ *ut uid.*   **219** finietur $P^{p.c.}$] finetur $P^{a.c.}$ **221** ea P] eas *fort. scribendum*

LIBER DE VERBO 14-15

181

225 dicatiuus ab alio uerbo sed coniunctiuus eum sequetur, ut cum
dicimus 'nestio quid fecisti': eruditius enim est 'nescio quid fa-
cias', uel 'nescio quid feceris'. Inspiciendum est enim quoniam
instruatur sermo indicatiui; interiecta parte orationis, id ⟨est⟩ 'quid
quare cur' et reliqua similia, subiunctatiua statim species sequitur.
230 Ideo haec species reuelatiua dicitur quia indicatiuus reuelat con-
iunctatiui sensum – uel contra. | Item in coniunctatiua, in prete- 91rb
rito, adfirmatiua species declaratur ut, cum nolimus cum alio de-
sentionem facere, non negantes uerborum contrauersia, sed quasi
sit factum adfirmamus cum dicimus 'fecerit' 'dixerit', id est 'cre-
235 dere fecisse' uel 'dixisse dico' neque dixerit neque fecerit.

15. Infinitiua sane qualitas uerbi dicta est quae nec tempora nec
personas habet difinitas nec numeros, ut 'legere': legere enim ego
et tu et ille potest, ut puta 'legere uolo' 'legere uis' 'legere uult';
ita 'legere' et unus et plures dicunt; item legere possum odie et
240 eri potui et cras potero. 'Legisse' et 'lectum ire': quamuis et ipsa
per numeros et per omnes personas indistintiua difinitiuam tamen
temporum speciem habent. Huius preteritum tres deferentias non
recipit, sed dicunt alii inperfectum fieri in presenti tempore, perfectum autem et plusquamperfectum in preterito conputari. Futu-
245 rum uero eius in actiuis et neutralibus dificulter inuenitur. In hac
autem specie incedunt uerba sub significatione cassuum, ut apud
Persium "da mihi bibere" tale est ac si diceret 'da mihi potum',

---

226/227 nestio ... feceris] Diom. 395, 17   **228/229** interiecta – sequitur]
Diom. 395, 23-24   **233/235** Diom. 396, 16-18

15, **236/237** cfr Consent. 374, 6-7   **237/240** Consent. 374, 3-5   **238** legere uolo – uult] Pomp. 216, 6-7   **240/242** Consent. 375, 16-18

Loc. par.: **233/235** *Ad Cuimn.* 13, 261-263

15, **236/242** *Ambr.* 99, 233-239 (*paene ad lit.*)   **236/240** *Ad Cuimn.*
13, 130-132   **240/242** *Ad Cuimn.* 13, 141-142 (*paene ad lit.*)   **245/**
249 cfr *Ambr.* 92, 34–93, 40

226 eruditius $P^{p.c.}$] eruditus $P^{a.c.}$ **227** quoniam *scripsi*] qm *P* quomodo *fort. scribendum*   **228** id *P*] id est *conieci*   **231** contra $P^{p.c.}$] con-
iunctatiuis $P^{a.c.}$ *ut uid.*   **235** dico *scripsi*] đ *P*   neque dixerit neque fecerit *P Diom.*] neque dixit neque fecit *fort. scribendum*

15, **236** uerbi *scripsi*] uerba *P*   **239** odie $P^{a.c.}$] hodie $P^{p.c.}$ **242** preteritum *scripsi*] pereteritum *P*   **243** presenti *scripsi*] persenti *P*   **246** cassuum *scripsi*] cassum *P*

182 LIBER DE VERBO 15-16

quoniam uerbum quod est da non potest iungi nisi accusatiuo
casui. Scire tamen debemus quoniam ille infinitiuus modus est et
250 facit elocutionem grecam, latinam autem numquam: quoties enim
illam uolueris facere, grece loqueris; et haec loqutio apta est poe-
tis [apta hilliricis, longe remota est a communi sermone; et haec
infinitiua trachunt sensum nominum. Alii autem 'perpetuum', alii
autem 'impersonatiuum', alii 'significatiuum' hunc modum dicunt.
255 Ideo itaque hic modus 'impersonalis' non dicitur quod in se per-
sonae sunt, quamquam con|fuse, in inpersonali uero non sunt nisi   91va
pronomina: infinitiuo iunguntur uerba, impersonali autem pronomina.

16. Impersonalis dictus est quod personis propris non enun-
260 tietur sed extrinsecus necessario adduntur ei pronomina quia a
pronominae personam et numerum accipit, ut 'legitur a me' 'legitur a nobis'. Ideo autem modus putatur quia uenit a uerbo quod
est lego. Ideo autem non est modus quia per omnes modos currit, congregata omni tertia persona singulari ex omni modo. Hinc
265 Donatus ait: hunc quidam modum pro genere ac significatione
uerbi accipiunt, cuius uerba in 'at', in 'et', in 'it', in 'tur' terminantur et ab uno uerbo duplicia ueniunt, ut 'legit' et 'legitur', 'sedet'
et 'sedetur'. Quae autem in 'at', in 'tur', in 'it' finiuntur ab indicatiuo oriuntur presenti, ut 'iuuo iuuat' 'lego legitur' 'contingo con-

---

249/252 scire – sermone] POMP. 213, 12-16   253/254 DIOM. 340, 34.37.38

16, 259/260 DIOM. 338, 2-3   263/264 ideo – currit] cfr CONSENT. 370, 27-28
265/266 hunc quidam – cuius uerba] DON., *Mai.* 632, 12   269/
270 lego – contingit] DON., *Mai.* 633, 2

Loc. par.: 249/252 *Ambr.* 93, 47-51 *(paene ad lit.)*   253/254 *Ad Cuimn.*
13, 128-129   255/258 MALS. 200, 7-12 *(paene ad lit.)*   257/258 infinitiuo –
pronomina] cfr CLEM. SCOT. 105, 1

16, 260/262 *Ad Cuimn.* 13, 172-177 *(paene ad lit.)*; MALS. 200, 13-14   262/
264 MALS. 200, 15-17   266/274 MALS. 200, 19-27 *(paene ad lit.)*

---

251 loqutio *scripsi*] loquto $P^{a.c.}$ loquuto $P^{p.c.}$ **256** in inpersonali $P^{p.c.}$]
inpersonali $P^{a.c.}$ nisi $P^{p.c.}$] nisi et $P^{a.c.}$

16, **260** quia $P^{p.c.}$] qui $P^{a.c.}$ **261** me $P^{p.c.}$] meo $P^{a.c.}$ *ut uid.*   **263** est
$P^{p.c.}$] *om.* $P^{a.c.}$ modos *scripsi*] modus P **264** congregata $P^{p.c.}$] congre-
gati $P^{a.c.}$ **265** significatione $P^{p.c.}$] significationem $P^{a.c.}$ **266/267** terminantur $P^{p.c.}$] terminatur $P^{a.c.}$ **267** uno $P^{p.c.}$] huno $P^{a.c.}$ **269** iuuo *Don.*]
iubo P

LIBER DE VERBO 16-17   183

270 tingit' – deserit tamen significationem uerbi a quo oritur. Quae
uero in 'et', duas formas habent: aliquando enim ab indicatiuo
ueniunt, ut 'habeo habet' 'lateo latet'; aliquando a se, ut 'pudet'
'tedet' 'penitet' 'liquet', quamuis antiqui 'pudeo' 'tedeo' 'peniteo'
'liqueo' dixerunt; 'miseret' autem, utrum a 'misseror' an a 'mise-
275 rior' ueniat, incertum est – sed dicunt 'miseret' a uerbo 'miseror',
'miserior' autem a 'miseret' impersonali uenire. Illud noueris quod
non aliter declinatur impersonalis nisi adiectis pronominum casibus et numeris: ea que in 'it' exiunt datiuo casui discreminantur,
ut 'contingit mihi tibi nobis' reliqua; quae uero in 'at', accusatiuo,
280 ut 'iubat me te illum nos uos illos' – interdum tamen interpositis
uel nominibus, ut 'stat sententia me', uel uerbis infinitiuis, ut si dicas 'stat renouare me' (casus omnes personae per datiuum discreminantur, ut 'stat sententia mihi tibi illi nobis uobis illis'); quae in
'et' exeunt, quaedam accusatiuo discernuntur, ut 'decet me te il-
285 lum', quod inpersonale est ut ipse | Donatus ait – originem non   91vb
habet a uerbo – quaedam datiuo, ut 'libet mihi tibi illi'.

17. Ea que in 'tur' exeunt discriminationem personarum multis
modis habent: nam nunc ablatiuum trachunt, ut 'geritur a me' et
reliqua; nunc accusatiuum cum prepositione, ut 'geritur per me
290 per te per illum', ut Terrentius ait: "per quem res geritur"; nunc
per datiuum, ut 'dicitur mihi tibi illi' – sed cum dicis 'dicitur mihi'
quasi tu paciaris, cum uero dicas 'dicitur per me' tibi tu aministras
actum: tale est ac si dixeris 'dico'. Item alte inspiciendum est in

---

270 CONSENT. 371, 6-17 (*paene ad lit.*)   270/273 quae uero – ueniunt ...
aliquando a se – penitet] cfr DON., *Mai.* 633, 2-3   270/271 quae – habent]
CONSENT. 371, 26-27   274/275 miseret – incertum est] CONSENT. 372, 6-7
276/286 CONSENT. 380, 11-13.15-23; DON., *Mai.* 633, 3; 638, 10-12

17, 287/291 ea quae – tibi illi] CONSENT. 380, 23-28   290 TER., *Phormio* 28

Loc. par.: 274/276 miseret autem – uenire] *Ambr.* 100, 288-290 (*paene ad
lit.*)   276/278 illud – numeris] *Ad Cuimn.* 13, 183   278/286 MALS. 200, 27–
201, 5 (*paene ad lit.*)   279/283 quae uero – illis] cfr *Ad Cuimn.* 19, 276-281

17, 287/289 ea quae in tur – geritur per me] MALS. 201, 6-8   293/301 *Ad
Cuimn.* 13, 203-207 (*paene ad lit.*)

---

272 habeo habet] sedet *Mals.*   lateo $P^{p.c.}$] leteo $P^{a.c.}$ 273 liquet $P^{p.c.}$
Malsachani cod. N²] liqet $P^{a.c.}$ licet *Mals.*   274 misseror $P^{p.c.}$ *ut uid.*] mis-
serer $P^{a.c.}$ 279 ut contingit $P^{p.c.}$] contingit $P^{a.c.}$

17, 292 aministras $P^{p.c.}$] aministra $P^{a.c.}$

184 LIBER DE VERBO 17-18

impersonalibus quod ea que in 'tur' exiunt exhibent similitudinem
295 passiuorum in uocibus cum sint actiuorum significationis, ut 'geritur', ut est "per quem res geritur": utrum ad rem an ad Formio-
nem qui acturus est nos trachit intellectus, incertum est; si ad For-
mionem, genus est impersonalis uerbi ab actiuo, id est a 'gero', ut
'geritur gerebatur' et reliqua; si ad rem nos trachit intellectus quae
300 gerenda est, erit passiuum uerbum indicatiui futuri, id est 'gerar
gereris geretur'. Ergo, cum sit impersonale genus, significat aliquid quasi actum; cum uero sit passiuum genus in ipsa re aper-
tum est. Haec duplex intellegentia etiam infinitiuo modo euenit,
ut ait Cicero "rem agi dicite", et Virgilius "iam est tempus agi res":
305 si adtendamus uocem, uenit hoc ab infinitiuo modo passiuo; si
uero contemplemur eos per quos agitur, uenit ab impersonali
quem diximus.

18. Item sciendum est quod quaedam impersonalia quodam
modo plurali numero funguntur, quoties in rem sane intenduntur
310 quasi possessiua, ut cum dicimus 'decet me penula' item 'decent
nos penulae' et similia quae alia significatione et primam | admit- 92ra
tunt personam, ut cum dicimus 'ego te deceo' et 'tu me deces'.
Item sciendum est quod ipsa declinatio impersonalis quae in 'tur'
exit a neutralibus, ut ait Probus, figuratur, quia ipsa neutra pas-
315 siuum ex se aliter non faciunt. Infinitiuus et impersonalis sic
deferunt: cum nec utrumque certas difiniat personas, infinitiuus
modus est, impersonalis non est modus sed genus est uerbi; infinitiuus non accepit pronomina, impersonalis secernit personas
iunctis pronominibus; item infinitiuus non currit per modos, im-

---

296/301 CONSENT. 373, 3-9   303/304 haec duplex – agi res] CONSENT.
373, 13-15 (ad uerb. codd. Consentii *BM*)   305/307 CONSENT. 373, 15-18 (*paene
ad lit.*)

18, 308/312 DIOM. 397, 16-20   313/315 DIOM. 398, 31-35 (*paene ad lit.*)

Loc. par.: 299/300 MALS. 201, 12-13 (*paene ad lit.*)

---

294 quod $P^{p.c.}$] que $P^{a.c.}$ 296 res $P^{p.c.}$] om. $P^{a.c.}$ 303 infinitiuo
$P^{p.c.}$] infiniuo $P^{a.c.}$

18, 310 decent *Diom.*] decet *P*   311 penulae $P^{a.c.}$] pennulae $P^{p.c.}$ alia
P] tali *Diom.*   312 deceo ... deces *Diom.*] decet ... decet *P*   314/315 passiuum $P^{a.c.}$] passiua $P^{p.c.}$ 316 utrumque *P*] uterque *fort. scribendum est*
319 modos $P^{p.c.}$] modus $P^{a.c.}$

LIBER DE VERBO 18-20 185

320 personalis currit. Hic quoque modus impersonalis ab omni genere
uerborum, excepto passiuo, diriuari solet.

19. DE VERBIS GERENDI

Gerendi uerba: ut 'amandi amando amandum amatum amatu'.
Haec accipiuntur aliquando pro infinitiuis modis uerborum: 'ue-
325 natum Aeneas unaque miserrima Dido in nemus parant ire', pro
'uenari' uel 'ad uenandum'; et potestatem habeo ponendi animam
meam pro ouibus meis; et 'scientia interpretandi poetas'; et prin-
cipium loquendi deum; pro 'ponere' et 'interpretari' et 'loqui'.
Apparet ergo quod sensu infinitiui funguntur cuius utpute locum
330 in textu historiae tenent. Nunc, quoniam de his omnibus Donatus
reticuisse dinoscitur, quid ceteri senserint inserere utile est. Haec
ergo uerba nascuntur a participio presentis temporis, 's' in 'd'
conuersa et addita 'i' uel 'o' uel 'um', ut 'amans amandi amando
amandum.' Item sunt alia similia a participiis preteriti temporis,
335 ut 'amatum amatu'; aliquando infinitiuis futuri temporis oriun-
tur, | ut 'amatum ire', abiectis 'ire' syllabis, item 'amatu', abiectis   92rb
'm' et 'ire' litteris ⟨et⟩ syllabis.

20. Gerendi ideo dicuntur quia agunt ut nomina et aliquando
ut uerba, uel quia agunt ut uerba quibus oriuntur, uel quia non
340 solum gerunt ut uerba sed et necessitatem agendi significant quasi
amandum, id est necesse est amare. Ergo meruerunt dici gerendi
quia non solum gerunt ut uerba quibus oriuntur sed etiam con-
pellunt nos in agendi studium, uel quia actum et pasionem in una

---

19, **324/325** uenatum – ire] Verg., *Aen.* 4, 117-118   **326/327** Ioh. 10, 18.15
327 Avdax 321, 6; Ps. Mar. Victorin., *Ars* 188, 1   **327/328** Os. 1, 2   **331/**
334 Prisc., *Opusc. I* 34, 2-4   **334/337** Prisc., *Opusc. I* 34, 4-6   **335** infinitiuis – oriuntur] Evtych. 452, 7

20, **338/341** cfr Cledon. 19, 31

Loc. par.: 19, **323** *Don. ort.* 136, 423-424   **324/326** cod. lat. Monac.
6415, fol. 39v   **326/328** Mals. 202, 18-20 (*paene ad lit.*)   **331/334** Tatv.
3, 971-974   Mals. 202, 8-9; *Ad Cuimn.* 19, 169-172;

20, **338/344** cfr *Don. ort.* 136, 424–137, 426

19, **329** ut pute *P*] utpote *fort. scribendum*   **332** s *Diom. Mals.*] sed *P*
333 i *P^{p.c.}*] id est *P^{a.c.}*   **337** syllabis *P^{a.c.}*] *expunct. P^{p.c.}*

20, **339** quia non *P^{p.c.}*] que non *P^{a.c.}*   **340** significant *P^{p.c.}*] -cat *P^{a.c.}*
343 quia actum *P^{p.c.}*] que a. *P^{a.c.}*

186   LIBER DE VERBO 20-21

nuntiatione significant, ut Pompeius ait. Item eadem ipsa 'tipici'
345 dicuntur, quod nomen ita apparet esse grecum cum y litteram
grecam in sui principio habet: nullum enim latinum hoc habere
dinoscitur; ergo 'tipici' dicuntur quia tipum, id ⟨est⟩ similitudinem,
significationis nominis adhibent, uel quia participiis similia sunt
quia et ipsi casus similes casibus nominis habent. Illud quidem
350 nomen facit diriuationem, 'tipicus a m.' Quae et 'sopina nata' secundum Priscianum nominantur, que sopinantur a significatione
nominis in significationem uerbi, uel aecontra a significatione
uerbi in significationem nominis uertuntur. Item 'participalia' dicuntur quia participiis similia sunt.

355   **21.** Cum uero uerba fuerint, necesse est ut uerbi accidentia recipiunt. Ita quod sint qualitatis infinitiuae – qualitas enim aut finitiua aut infinitiua est – uel formae unde uenit. Coiugatione sunt
dificentia uel, licet a specialibus coiugationibus oriri uideantur,
sicut | in participiis pro accidenti sibi coniugatio non conputatur,   92va
360 ita huic. Et actiuae significationis: in accusatiuum enim funguntur; uel quidam dicunt seruare originem uerbi cuiuscumque generis fuerit; sed cum ueniunt ab actiuis, actum et passionem in
una eademque uoce conplent. Pompeius enim et Seregius quasi
quodam consensu deferentiam inter participia passiuorum futura
365 et uerba gerendi ostendentes dixerunt participia passionem tantum habere; participalia uero actum et passionem significare;
exemplisque utuntur dicentes: "frigidus in pratis cantando, rumpitur angis'; hic 'cantando' non 'dum cantat' sed 'dum cantatur'

350/353 cfr PRISC., *Ars* 2, 412, 16-18   353/354 DIOM. 342, 4-5

21, **365/369** cfr SERV., *Don.* 412, 21-26; POMP. 218, 19-24   **367/368** frigidus – angis] VERG., *Buc.* 8, 71

Loc. par.: 344/348 cod. lat. Monac. 6415, fol. 37r; *Don. ort.* 140, 523-526
349/350 cod. lat. Monac. 6415, fol. 37r   350/353 cfr *Don. ort.* 140, 532-535

21, **355/356** cfr *Don. ort.* 197, 19–198, 1   **356/357** cfr *Don. ort.* 198, 40–
199, 46   **362/363 cfr** MALS. 202, 3   **367/369** cantando – dum cantatur]
MALS. 202, 3-5

---

346 principio *P*ᵖ·ᶜ·] principi *P*ᵃ·ᶜ·   **348** similia *P*] similes *fort. scriben-*
dum   **349** casibus *P*ᵃ·ᶜ·] cassibus *P*ᵖ·ᶜ·   habent *scripsi*] habentur *P*
21, **356** quod *P*ᵖ·ᶜ·] que *P*ᵃ·ᶜ·   **357** uenit *P*ᵃ·ᶜ·] ueniunt *P*ᵖ·ᶜ·
367 exemplisque *P*ᵖ·ᶜ·] exemplesque *P*ᵃ·ᶜ·

LIBER DE VERBO 21-22

significat; item 'cantando, tu, illum', id est 'dum cantas'". Probus
370 uero in his actum tantum fieri docet, excludens passionem; sed
notandum quod Probus in his que a neutro uel a deponenti ueniunt merito et recte exclussit, non ab his quae ab actiuo ueniunt:
ille enim ita ait "'ad declamandum eo' cum dico, dico sane tantum ut declamem, non ut declamer, nam 'declamer' nihil est; item
375 'ad loquendum eo', 'ut de alio loquar' quia absolutiuum est".

22. Item, ut ait Probus, haec participia non sunt sed propria
sermonis species: participia enim cum sint, alia recipiunt, et personam et numerum, ut ab his legendis; at gerendi uerbum infinitiuum est, nihil eorum recepit, ut cum dicimus legendo proficio
380 in omni genere, item, in numero, legendo proficimus et his similia. Item participia presentis temporis uel preteriti sunt, nullus cer-
tae personae dicantur. Cum participalia infinita sunt numeris et
personis, a passiuis quidem non ueniunt, nisi forte quae ueniunt
ab actiuis occuparent significationem | eorum que a passiuis ue-   92vb
385 nissent, uel communem sensum uendicant actiua et passiua. Igitur cum dicis 'legendo proficit', id ⟨est⟩ 'dum legit', 'legendi causa
uenit', id est 'ut legat'. Et in his omnibus tale est ac si dixiset 'legere'; 'legendum tibi est' id ⟨est⟩ 'necesse est ut legas': in hoc necessitas legendi intellegitur. Cum a neutrali uerbo uel deponenti
390 ueniat, casum ipsius generis seruabit et totam legem seruitutis; et
cum ab actiuo accusatiuum regit, ut potestatem habeo ponendi
animam meam pro 'ponere'; a commune, 'uenatum' pro 'uenari',

---

369 cantando tu illum] Verg., *Buc.* 3, 25   369/375 cfr *ad Seuer.* 45-46

22, 376/381 Diom. 396, 9-13 (*paene ad lit.*)   385/387 Diom. 395, 30–396, 1
388 legendum tibi – legas] Diom. 396, 1-2   391/393 Ioh. 10, 18; cfr Verg.,
Aen. 4, 117-118

Loc. par.: 22, 376/381 *Ad Cuimn.* 13, 251-257 (*paene ad lit.*); *Don. ort.*
199, 61-67   386/387 legendo – legat] *Ad Cuimn.* 13, 245-246; *Don. ort.*
145, 655-656; cod. lat. Monac. 6415, fol. 38v   388 legendum – legas] *Ad
Cuimn.* 13, 246-247; *Don. ort.* 145, 656-657; cod. lat. Monac. 6415, fol. 38v

---

369 significat *scripsi*] signifat *P*   370 tantum *coni. Keil Gramm. Lat. IV
p. XXIV*] tam *P*   371 que *P^{p.c.}*] qui *P^{a.c.}*   375 loquendum *P^{p.c.}*] loquendo *P^{a.c.}*   quae *scripsi*] quia *P*

22, 377 alia *P*] talia *Diom.*   378 ut ab his *Diom.*] et ab his *P*   at *Diom.*]
ait *P*   381 nullus *P^{a.c.}*] nullius *P^{p.c.}*, nulli *fortasse scribendum*   384 eorum que *P^{p.c.}*] e. quia *P^{a.c.}*   385 communem *P^{a.c.}*] commonem *P^{p.c.}*

188   LIBER DE VERBO 22-24

ut supra dixi. 'Venatum' quoque tradunt magis pro nominis poni
uice et pro uerbi minus dicimus. "Primum omnium Deum timen-
395 dum et diligendum", ita intellegis : "necesse est ut timeamus uel
diligamus Deum", uel "necesse est timere uel diligere Deum".
Haec gerendi uerba apud Grecos cum articulis coniuncta, ut ait
Priscianus, infinitiuum significant ; apud nos uero absque articulis
hoc ipsum agunt, ut Priscianus adnotat.

400   **23.** Magis nomina sunt quam uerba et his fere modis nomina
esse intelleguntur : primum quo nominis significatum tenent ; secundo quo prepositiones recipiunt [recipiunt] ; tertio quo articu-
los accipiunt. Addunt quidam quartum, quod ea quae in o desinunt producuntur, cum uero in uerbis sepe corripiuntur, nisi forte
405 sint monosyllaba. Sero, quod fere omnia quae nomina accidunt
reciperi uideri licebit, unde et appellatiuae qualitatis esse dicun-
tur | et diriuatiua et quasi uerbialia et generis neutri uel generis   93ra
omnis, ut Probus ait, conparatione carentia, numeri singularis uel
pluralis et figurae semplicis uel conpositae, iuxta originis legem.
410 Et casus recipiunt, nam pro plenis intellectu nominibus posita
significant : genetiuum ut 'amandi' quasi 'amoris' ; ablatiuum
'amando' quasi 'amore' ; accusatiuum 'amandum' quasi 'amorem'
uel 'amationem'. Item alia forma accusatiui 'amatum', 'amorem'
uel 'amationem', alia ablatiui ut 'amatu', 'amore' uel 'amatione'.
415 Fere his cassibus ussurpantur uerba quae apud †proprios† leguntur.

    24. Haec uerba ueniunt : ab actiuo ut 'cantando' ; a passiuo mi-
nus, dum 'cantando' etiam passionem possit significare ; a neutro
ut 'enatando exercetur', id est 'dum natat', 'enatandi causa uenit',
420 id est 'oportet ut natat' – hic enim quasi quidam necessitas ualet –

397/399 cfr Prisc., *Opusc. I* 34, 1-2

24, 417/423 Diom. 396, 5-9 (*paene ad lit.*) ; Pomp. 218, 35–219, 4

    Loc. par.: 23, **400/403** cfr *Don. ort.* 142, 587-597 ; 142, 600-601   **415/**
416 cfr *Ad Cuimn.* 13, 247-248 ; *Don. ort.* 145, 657

    24, **417/420** enatando – ut natat] *Don. ort.* 145, 661-662 ; cfr cod. lat.
Monac. 6415, fol. 38r

    23, **403** addunt $P^{p.c.}$] ad $P^{a.c.}$ at *fort. scribendum*   **405** nomina accidunt
P] nominibus a. *fort. scribendum*   **411** significant *scripsi*] signifant P

LIBER DE VERBO 24-25

item 'uapulandi causa uenit' et 'uapulandum', licet 'nator' 'uapu-
lor' non dicitur; a deponenti ut 'loquendi' reliqua; a communi ut
'uenandi' et actum et passionem habet. Plerique docent gerendi
uerba non posse traduci ab anomalis uerbis quae non regulariter
425 decurrunt, uel quae participiis deficiunt. Alia uerba gerendi sunt.
Ideo dicuntur quia alienata sunt a uerborum accedentibus – persona enim et tempore priuata sunt – alienata a participiis – nec
enim genus nec tempus abere possunt – alienata a nominibus –
non enim per omnes casus ire possunt, nec genus, nec numerum
430 proprium ostendere possunt. In aliis de his quedam | uoluntas   93rb
rerum est, in aliis necessitas, in alis ueritas naturae ostenditur.

25. Hucusque legitimus modi. Qui autem plus numerant modos addunt promisiuum et exortatiuum et concessiuum et relati-
uum et percunctatiuum modum, quos in supra dictis enumeraui-
435 mus. Noueris tamen futurum optatiui coniunctatiui et indicatiui
pro imperatiuo poni. Hinc dictum est 'non adorabis deos alienos'
et alia similia. Percunctatiuus autem putatur hoc modo fieri: cum
aduerbium interrogandi quod est 'ne' indicatiuo modo iunctum
fuerit ut 'legesne' 'habesne'. Defectio autem per modos ut 'cedo
440 cedite', id ⟨est⟩ 'dic dicite'. Item 'possum' et 'aio' imperatiuum non
habent, quanquam ab alis 'possis' et 'ai' dicitur.

426/430 cfr Prisc., *Ars* 2, 409, 5-8

25, **436** Ex. 23, 24

Loc. par.: 421/422 item – uapulor] cfr *Don. ort.* 145, 663-664; cfr cod. lat.
Monac. 6415, fol. 38r   426/430 *Ad Cuimn.* 19, 160-164   430/431 in aliis –
necessitas] cfr cod. lat. Monac. 6415, fol. 36v   in aliis – rerum est] Mals.
202, 11 (*sed uide app. ad loc.*)

25, **432** Mals. 200, 12   433/435 Mals. 203, 3-4; *Ad Cuimn.* 13, 227-230
435/437 Mals. 203, 26-28 (*paene ad lit.*)   437/439 Mals. 204, 3-4 (*paene
ad lit.*); cfr Clem. Scot. 104, 6

24, **427** tempore *Ad Cuimn.*] tempora *P*   **428** abere] habere *intellege*
430 ostendere *P*$^{p.c.}$] ostende *P*$^{a.c.}$

25, **432** legitimus modi *P*] legitimi m. *Mals.* de legitimis modis *fort. scribendum*   **435** tamen *P*$^{p.c.}$] tantum *P*$^{a.c.}$ *ut uid.*   **436** imperatiuo *P*$^{p.c.}$]
imperatiui *P*$^{a.c.}$ **438** indicatiuo modo *P*$^{p.c.}$] indicatiuum et modo *aut* indi-
catio et modo *P*$^{a.c.}$ **439** habesne] iamne abis *Mals.*

190   LIBER DE VERBO 26-27

26. DE COIVGATIONE

Coiugatio est quaedam collectio uerborum simili declinatione concurrentium. Aliter coiugatio est forma quedam qua intellegitur
445 promissiuus modus quomodo debeat efferri. Hissiodorus dicit: "coiugatio dicitur pro eo quod per eam ad unum sonum multa coiungantur". Docet enim in quam syllabam exeat futurum tempus ne per inperitiam quis dicat 'legebo' pro 'legam'. Vel eo quod iungunt syllabas 'as' 'es' 'is' uel eo quod iungunt duo genera sub
450 'o' et trea sub 'r'. Coiugatio autem secundum naturam nomen operis aliquid coniungentis. Omnia enim nomina 'tio' terminata feminini generis sunt et tertiae declinationis et incorporalem rem significant et a futuro infinitiui uel a participio preterito oriuntur.

27. | Coiugationes uerborum apud grecos III species habere 93va
455 uidentur; hinc aput latinos eodem numero fieri congruit; nihilominus et uocalium numerus personis secundis, 'a e i', talem constituit eis numerum et ordinem. Reperti sunt tamen gramatici huic numero insultare dicentes tertiam correptam et productam, sed sequimur eum dicentem "confusionis discernande causa melius
460 [est] mihi uidetur quartam nominare, licet quidam eam tertiam solam, sed productam eam et correptam, appellauerunt". Discernuntur enim aut in productione secundae personae, aut per alia uera in futuro, aut in secunda persona imperatiui modi, aut in peneultima infinitiui; hinc quarta nominatur. Coiugationes per quae
465 declinantur? Per personas primum, secundo per tempora, tertio per modos. Coiugationes autem uocantur ordines, species, quali-

---

26, **443/444** Consent. 380, 29-30   **445/448** Isid., *Etym.* 1, 9, 6

27, **459/461** confusionis – appellauerunt] Evtych. 450, 10-12

Loc. par.: 26, **443/444** *Ambr.* 104, 425-426 (*paene ad lit.*); Mals. 210, 1-2; *Ad Cuimn.* 14, 5-7   **448/450** Mals. 210, 2-6   **450/451** *Ambr.* 104, 426-427 (*paene ad lit.*)

27, **454/455** Mals. 211, 1   **461/464** Mals. 211, 5.9   **466/468** Mals. 210, 19-20 (*paene ad lit.*)

26, **444** concurrentium] currentium *Mals.*   **445** promissiuus $P^{a.c.}$ *ut uid.*] promissimus $P^{p.c.}$ *ut uid.*   **447** coiungantur $P^{a.c.}$] coniung- $P^{p.c.}$

27, **457** tamen $P^{p.c.}$] tantum $P^{a.c.}$ **459** discernande $P^{p.c.}$] dicerna $P^{a.c.}$ **460** est $P^{a.c.}$] *expunct.* $P^{p.c.}$ **463** uera P] uerba *fort. scribendum*

LIBER DE VERBO 27-29   191

tates, modi, distinctiones, deferentiae, declinationes, siscima, id
⟨est⟩ collectiones, sinsugia, id est conclusio. Coiugatio V rebus ostenditur: indicatiuo modo in secunda persona et in singulari nu-
470 mero et tempore presenti et ex uocalibus in actiuo [uel conso-
nantibus] uel neutrali precedentibus 's' litteram et in passiuo et
communi et deponenti precedentibus 'ris' syllabam secunde personae.

28. DE GENERE VERBORVM

475 Genera uerborum ideo dicta quia gignunt: nam actiuo adiecis
'r' et gignit passiuum; rursum passiuo adimis et gignit actiuum.
| Aliter, genera uerborum, quae ab alis significationes dicuntur,   93vb
tropice in uerbo uocantur, hoc est per similitudinem: nam quem
ad modum in nominibus per sexum exploratur genus, ita in uerbo
480 per effectus id est per significationes genera dicuntur. Dicente
ethimologico: "sunt autem uerba mentis signa quibus homines
cogitationes suas inuicem loquendo demonstrant." Sicut autem
nomen significat personam, ita uerbum factum dictumque personae. Genera uerborum quinque sunt: actiuum, passiuum, neu-
485 trum, commune, deponens.

29. Actiua sunt quae o littera terminantur. Actiuum ideo dicitur
quia agit ex se passiuum uel eo quod seruit casum accusatiuum.

28, **475/476** Isid., *Etym.* 1, 9, 7   **477** genera uerborum – significationes
dicuntur] Don., *Mai.* 635, 5   **481/482** Isid., *Etym.* 1, 9, 1   **484/485** Don.,
Mai. 635, 5-6 (*cum uar. lect.*)

29, **486** Don., *Mai.* 635, 7; Consent. 367, 17

Loc. par.: **468/473** Mals. 210, 7-11 (*paene ad lit.*)

28, **475/476** Clem. Scot. 112, 23   **477/480** Mals. 204, 9; Clem. Scot. 112, 1;
Ad Cuimn. 15, 6-9 (*paene ad lit.*); cfr *Ambr.*108, 550-552   **484/485** Mals.
204, 9-10

---

468 id est conclusio $P^{p.c.}$] id c. $P^{a.c.}$ **472** communi $P^{a.c.}$] com-
moni $P^{p.c.}$

28, **474** genere $P^{p.c.}$] gene $P^{a.c.}$ **476** gignit passiuum $P^{p.c.}$] gignunt p.
$P^{a.c.}$ passiuo $P^{p.c.}$] passiuum $P^{a.c.}$ *ut uid.*   **480** per effectus *scripsi*]
effectus *Diom.* perfectus $P^{a.c.}$ prefectus $P^{p.c.}$

29, **486** littera *scripsi*] litteram P **487** casum *scripsi*] c⁹sum P

192   LIBER DE VERBO 29-31

Vel secundum Probum actiua ea sunt quae dumtaxat cum alio agente sit qui patitur ut accusso as – extrinsecus enim expectat
490 pacientem – sic passiua sunt cum alio patiente penes alium sit administratio ut accussor accussaris – expectat enim extrinsecus agentem.

30. Neutra sunt quae 'o' littera terminantur, sed secundum Probum 'neutrum' in nomine, 'neutrale' in uerbo rectius dicimus. Et
495 hoc depossitiuum uel absolutiuum uocatur ut nato, ambulo: in hoc si uideatur actus, extrinsecus tamen non expectatur qui patitur; absolutiuum ideo dicitur quia in personam non diregitur, per se tantum enuntietur.

31. Communia sunt quae in 'r' litteram terminantur et in duas
500 formas cadunt agentis et patientis ut 'scrutor te scrutor a te'. Sunt tamen communia uerba in quibus duae formae dificulter ostenduntur ut 'piscor', id ⟨est⟩ pisces capio, 'aucupor', aues capio, 'uenor', id ⟨est⟩ bestias circum uenio. Sed hoc per metaforam dicitur, hoc est per translationem ab animali ad animale: sic 'uenor
505 a te' ut a bestia, | 'piscor a te' ut a pisce, 'aucupor a te' ut ab aue.   94ra Sic alia transferuntur quaecumque animantium opus representant ueluti cum dicas prima persona 'inundo inundas' uel 'prospicio is': illud ad licida, hoc ad messem pertinet, in ceteris tamen personis recte illis rebus adscribetur.

488/489 cum alio – patitur] Diom. 336, 26   **490/491** passiua – administratio] Diom. 336, 32

30, **493** neutra sunt – terminantur] Don., *Mai.* 635, 11

31, **499/500** Don., *Mai.* 636, 3-4 (*paene ad lit.*); Consent. 367, 30-31 (*paene ad lit.*)

Loc. par.: 29, **488/492** *Ad Cuimn.* 15, 198-199

30, **494** *Ambr.* 107, 540 (*paene ad lit.*)   **494/495** *Ad Cuimn.* 15, 202-203 **497/498** *Ad Cuimn.* 15, 207

31, **499/500** communia – patientis] Mals. 205, 15-16   **500/505** Mals. 205, 18-22 (*paene ad lit.*); *Ad Cuimn.* 15, 229-237 (*paene ad lit.*)

30, **496** uideatur $P^{p.c.}$] uedeatur $P^{a.c.}$ tamen $P^{p.c.}$] tantum $P^{a.c.}$

31, **500** scrutor te $P^{p.c.}$] scruor te $P^{a.c.}$ **501** tamen $P^{p.c.}$] tantum $P^{a.c.}$ communia $P^{a.c.}$] commonia $P^{p.c.}$ **506** representant $P^{p.c.}$] -tat $P^{a.c.}$ **507** prospicio P] proficio *fortasse scribendum*

LIBER DE VERBO 32-33   193

510 **32.** Deponentia, quae 'r' littera terminantur et ea dempta latina
non sunt ut 'loquor' 'luctor' 'conuiuor' 'complector'. Deponens
ideo dicitur eo quod deponit passionem uel participium in 'dus'
futurum non, ut alii grammatici dicunt, per antifrasin deponens
dici posse id per contrarietatem, eo quod numquam deponit 'r'
515 quia et commune cum non deponat similiter ualeret deponens
dici. Sed et haec motant significationes suas: nam ecce 'uapulo'
'ardeo' 'uenio' passiua sunt intellectu; item 'fungor' 'loquor' 'liquior' actiua sunt. Ex quo plerique deponens neutrale appellant
tribus ob causis: nam sicut neutrum uerbum passiuam declina-
520 tionem non habet, ita non actiuam deponens; sicut neutrale interdum passionem significat ut est 'uapulo', ita uicissim deponens
actum ut est 'metior' 'loquor'; sicut neutrale ideo actiuum non est
quia passionem non recepit, hoc est sub 'r', ita deponens passiuum non est quia non redit ad actiuum, haec est non deponit 'r'.

525 **33.** Sunt uerba sono actiua, natura passiua ut 'timeo' 'fugio'.
Sunt sono passiua natura actiua 'fugior' 'timeor'. Sunt uerba quae
actum et passionem continent ut 'sequor' 'uror': necesse est ut
administrantem et pacientem unius sit intellectus. Sunt uerba quae
non agunt extrinsecus passiuam ut 'ambulo'. | Sunt quae mon-   94rb
530 strant agentem extrinsecus et pacientem, 'sequor' 'pulsor'. Sunt
uerba quae nullam personam passiuam extrinsecus trachunt ut est
'essurio'. Sunt uerba passiua contra uoluntatem ut 'sequor', cum
uoluntate ut 'doceor'. Sunt passiua pro tempore ut 'algeo' 'estuo',

---

32, **510/511** Consent. 367, 28-29 (*paene ad lit.*)   deponentia quae – non
sunt] Don., *Mai.* 636, 1   **516/518** Consent. 367, 20-21; 368, 3; 5   **518/
524** Consent. 368, 8-14

33, **527/528** necesse est – intellectus] Consent. 366, 5-6   **528/532** Consent. 366, 6-11 (*paene ad lit.*)   **532/533** Consent. 366, 16-18 (*paene ad lit.*)
533/535 Consent. 366, 22-23 (*paene ad lit.*)

Loc. par.: 32, **510/511** deponentia – luctor] Mals. 204, 24-205, 1   **511/
516** cfr *Ambr.* 108, 565-573; Mals. 205, 2.4-6   **516/518** Mals. 205, 6-8   **518/
524** *Ambr.* 112, 678-685 (*paene ad lit.*); Mals. 205, 8-14 (*sed uide app. ad loc.*)

32, **512** deponit $P^{a.c.}$] deponat $P^{p.c.}$ **515** cum $P^{p.c.}$] *om.* $P^{a.c.}$ **517/
518** liquior *P*] liceor *Cons.* liqueor *Mals.*   **524** haec est] hoc est *Mals.*

33, **525** natura $P^{p.c.}$] neutra $P^{a.c.}$ **528** pacientem $P^{p.c.}$] pecientem $P^{a.c.}$
529 non $P^{p.c.}$] *om.* $P^{a.c.}$ **529/530** monstrant $P^{p.c.}$] monstrat $P^{a.c.}$

194 LIBER DE VERBO 33-34

quae qualitate temporis eueniunt. Sunt quaedam quae indigent
535 personam ut 'pungit – quis? – Apulo', quod tertiae personae speciale est; quaedam nulla administrantis persona indigent cum sint
actiua ut 'tonat pluit': procul dubio enim intellegitur Deus. Sunt
quaedam quae per se plenum intellectum expremunt et non indigent adiectione nominum quorum intellectum uerba trachunt ut
540 'loquor' 'uideo' 'odoror' 'audio' 'tango' 'ambulo' 'meditor' 'gusto'
'clamo'. His enim nomina adieci non est necesse hoc modo ore,
oculis, naribus, auribus, corpore, pedibus, mente, faucibus, uoce
ne sit pleonasmus. Sunt masculina natura uel consuetudine ut
'genuit' 'tondetur'. Sunt feminina natura uel consuetudine ut 'pa-
545 rit' 'nubit' 'texit' 'oriat'.

34. DE NVMERO

Numerus est multitudo ex unitatibus collecta: nam unum se-
men numeri est non numerus. Numeri uerbis accidunt duo: singularis et pluralis ut 'lego' 'legimus', quamuis quidam dicunt tem-
550 pore preterito perfecto tertia persona plurali esse pluralem et
dualem numerum ut 'legerunt' de pluralibus, 'legere' uero de
duobus dici uideatur – sed Latinorum non est haec regula sed
Grecorum. Sunt uerba per numeros dificentia ut 'faxo infit': non
enim ad pluralitatem transeunt. Verba uero pluralia tantum non
555 inuenimus. Verba quoque numero communia non leguntur ut

534/537 quaedam – deus] cfr CONSENT. 366, 24-26   543/545 CONSENT.
366, 29-32

34, 547/548 ISID., *Etym.* 3, 3, 1 (*paene ad lit.*)   548/549 numeri uerbis –
pluralis] DON., *Mai.* 637, 4   548/551 numeri – dualem numerum] CONSENT.
379, 3-5   551/552 CONSENT. 379, 7-8 (*paene ad lit.*)   553/554 CONSENT.
379, 10-11   554/555 CONSENT. 379, 11-13 (*paene ad lit.*)

Loc. par.: 33, 534/537 *Ad Cuimn.* 12, 127-129 (*paene ad lit.*)   543/545 *Ad
Cuimn.* 12, 120-122 (*paene ad lit.*)

34, 548/553 cfr CLEM. SCOT. 114, 1-4   548/552 numeri – uideatur] MALS.
206, 21-24; cfr *Ad Cuimn.* 16, 2-13   553/555 *Ad Cuimn.* 17, 30-33   553/
554 MALS. 206, 25-207, 1   555/557 MALS. 207, 2-5

---

535 apulo *P*] apollo *Consentii codd.*, Apelles *Keil*   tertiae *scripsi*]
teriae *P*   536 persona *scripsi*] personam *P*   537 enim *P*[p.c.] *om. P*[a.c.]

34, 551 legerunt *scripsi*] -rint *P*   552 latinorum *scripsi*] -narum *P*
553 numeros *scripsi*] -rus *P*   554 tantum *P*[a.c.]] tamen *P*[p.c.]

LIBER DE VERBO 34-35 195

sunt | nomina 'nubes dies', nisi in inpersonalibus ut 'legitur a me' 94va
et 'legitur a nobis', sed hic numerus extrinsecus est. Numero nomen dedit numbus et a sui frequentatione uocabulum indedit.

35. DE FIGVRA

560   Figura est habitus sonorum. Figurae uerborum duae sunt: aut
enim naturalia sunt uerba ut 'scribo', aut artificalia ut 'discribo'.
Conponuntur autem artificalia IIII modis: ex duobus integris ut
'repono', ex duobus corruptis ut 'sufficio', ex integro et corrupto
ut 'incipio', ex corrupto et integro ut 'allego'; et ex pluribus potes
565 conponere ut 'reconpono'. Sunt uerba quae conponi non possunt
ut 'aio' 'queso'. Conpositiones autem in uerbis sunt ut in nominibus: aut mutant ut 'rideo' quod est neutrale 'inrideo' autem actiuum est; aut minuunt ut 'honoro inhonoro'; aut conplent ut 'duco
induco'. Sic et [et] in nominibus conplent ut 'territus' et 'perterri-
570 tus'; motant ut 'uestis' quod femininum et fixum est 'inuestis' autem mobile et adiectum; minuunt ut 'doctus indoctus'. Sunt uerba
conposita quae possunt esse simplicia ut 'repono detraho': ex
duobus enim integris conposita sunt. Sunt item conposita quae
simplicia esse non possunt ut 'suscipio conpleo': 'cipio' enim et
575 'pleo' non sunt latina. Sunt quae perdunt suum sensum accepta
conpositione ut 'lego legi neglego exi'; sunt non perdentia ut
'clamo declamo reclamo'. Sunt motantia coiugationes ut 'sapio
sapis' quod est correptae, 'resipio' autem productae; sunt motantia genus ut 'uenio nis' quod est neutrum, 'inuenio' uero actiuum

---

557/558 cfr Isid., *Etym.* 3, 3, 1

35, 560/566 Consent. 379, 4-20 (*paene ad lit.*)   560 figurae uerborum
duae sunt] Don., *Mai.* 637, 6

Loc. par.: 35, 562/566 Mals. 207, 8-13; cfr Clem. Scot. 115, 5-7   565/
571 *Ad Cuimn.* 17, 8-17   571/575 *Ad Cuimn.* 17, 39-43 (*paene ad lit.*)   577/
580 cfr Clem. Scot. 115, 11-13

---

556 in $P^{p.c.}$ *Mals.*] om. $P^{a.c.}$ 558 numbus P] nummus *Isid.*

35, 561 artificalia $P^{p.c.}$] artificialia $P^{a.c.}$ 564 allego] alligo *Clem. Malsachani cod.* N^2 alligero *Mals. codd. NP*   567 mutant *scripsi*] mittant P
neutrale $P^{p.c.}$] -li $P^{a.c.}$ 568 minuunt $P^{p.c.}$] minunt $P^{a.c.}$ aut con-
plent] autem c. P   569 sic etet P] sicut et *fort. scribendum*   perterritus
$P^{p.c.}$] perteritus $P^{a.c.}$ 571 ut doctus $P^{p.c.}$] doctus $P^{a.c.}$ 573 enim $P^{p.c.}$]
om. $P^{a.c.}$ 574 non possunt $P^{p.c.}$] possunt $P^{a.c.}$ 578 sapis quod $P^{p.c.}$] *vix
legitur* $P^{a.c.}$

580 est; sunt non motantia ut 'doceo edoceo'. Alii dicunt defectionem
per figuram esse ut 'impleo impero' sed hoc obsordum est cum
omne uerbum si non sit conpositum habeat figuram simplicem
neque sit uerbum quod his carere possit.

36. DE TEMPORE

585 | Tempus est uicisitudo triformis rerum uisibilium motatione 94vb
conprehensa, uel spacium etatis uolubile, motusque mundi. Tempus secundum Augustinum uocatum est a temperamento IIII cre-
aturatum principalium in se mensuratarum: ignis, aer, aqua, terra.
Tempora autem anni secundum Hisiodorum IIII sunt dictaque a
590 communionis temperamento quia inuicem se humore, siccitate,
calore et frigore temperant. Genera temporum in scripturis IIII
sunt: primo [id] tempora mundi quae sunt sex et a momento in
horas et dies et septimanas et menses et annos et milia crescunt;
secundo tempora hominis id est aetatis quae sex sunt; tertio tem-
595 pora actus humani quae presens preteritum futurum dicimus;
quarto tempora sonorum quae longa et breuia dicuntur. Hinc tempus uerbi dictum est conpensatio quidem aeui hominis actui hu-
mano.

37. Tempora autem uerborum naturalia trea sunt, artificalia
600 uero V sunt. Presens dictum quod est presentibus, quod et instans
dicitur; preteritum quod ob ternitatem et longitudinem triformae

---

580/583 Consent. 379, 23-26 *(paene ad lit.)*

36, 585/586 tempus – uolubile] Diom. 335, 15-16 *(paene ad lit.)*   587/
588 cfr Isid., *Etym.* 5, 35, 1   589/591 Isid., *Etym.* 5, 35, 1

37, 599/600 cfr Consent. 377, 17; 22

Loc. par.: 580/583 *Ambr.* 122, 1023-1030 *(paene ad lit.)*

36, 586/588 *Ad Cuimn.* 18, 9-10 *(paene ad lit.)*   591/596 cfr *Ad Cuimn.*
18, 14-20

---

580 defectionem *scripsi*] defectione *P*   583 carere *P^{p.c.}*] acrere *P^{a.c.}* *ut
uidetur*

36, 586 conprehensa *scripsi*] conperhensa *P*   590 communionis *Isid.
etym. 5, 35, 1*] communis *P*   591 frigore *scripsi*] figore *P*   592 quae sunt
P^{p.c.}] quot sunt *P^{a.c.}*   597 quidem *P*] quaedam *fort. scribendum*   hu-
mano *P^{a.c.}*] homano *P^{p.c.}*

37, 600 quod est *P^{p.c.}*] quia *P^{a.c.}*   601 ternitatem *scripsi*] cernitatem *P*

LIBER DE VERBO 37-38 197

est; futurum quod adhuc restat. Sed e contrario Probus adfirmat:
"tempus in se nullum omnino direptum est cum per se in se reuoluitur et sit perpetuum unitum et indiuiduum". Sed quoniam actus
605 noster uariatur nec idem semper est indiuiduo tempore per me-
tunimiam partes temporis inponere solemus, non tempus diui-
dentes. Etenim aut agimus aut egimus aut acturi sumus. | Hinc 95ra
quod agimus in tres partiones diuidimus et dicimus instans preteritum futurum. Instans est quod et presens, cum quid maximae
610 agimus; preteritum, cum faccere difinimus et actum perficimus;
futurum, cum non adhuc agere instituimus, sed acturos nos pro-
mittimus. In preterito duo tempora sunt artificalia – artes enim
exigentibus fabulis et rebus actis seculi repperierunt: inperfectum
scilicet id est non tam perfectum, ut si aliquid agimus quod non
615 perficientes agere definimus, unde hoc tempus inchoatiuum dicitur; perfectum, hoc est cum facere desinimus et actum perficimus,
quod alii absolutiuum ali infinitiuum dicunt; plusquam autem
perfectum, quod uetustissimum dicunt, cum non solum quid egi-
mus sed longa intercapidine inueterauerit nobis. Itaque obser-
620 uandum est ne in his loquendo solocismum incedamus.

38. Sic autem has deferentias legimus in declinatione: declinabitur preterito – id ⟨est⟩ tempore – inperfecto – id ⟨est⟩ opere –,
preterito – id ⟨est⟩ tempore – perfecto – id ⟨est⟩ tempore –, plusquam – id ⟨est⟩ tempore – perfecto – tantum opere. Duo ex his
625 distant tempore, id ⟨est⟩ perfectum et plusquam; duo distant
opere, id ⟨est⟩ inperfectum et perfectum, non ut ali simpliciter
estimant has deferentias in tempore et in opere fieri. Ideo presens
antecedit duo alia tempora eo quod de presenti omnia intelleguntur.

603/604 DIOM. 335, 21-22   604/607 DIOM. 335, 22-26 (*paene ad lit.*)   609/
612 DIOM. 335, 28-30; 336, 12.15-16   614 non tam perfectum] DIOM. 335, 34-35
614/616 DIOM. 336, 12-14 (*paene ad lit.*)   617/618 cfr CONSENT. 377, 19-20

Loc. par.: 37, 602/609 *Ambr.* 115, 786-793 (*paene ad lit.*)   602/607 *Ad
Cuimn.* 18, 29-34 (*paene ad lit.*)   602/604 cfr CLEM. SCOT. 116, 2   609/
612 *Ad Cuimn.* 18, 37-41 (*paene ad lit.*)   612/616 *Ad Cuimn.* 18, 50-53 (*paene
ad lit.*)   613/615 inperfectum – definimus] *Ambr.* 116, 812-814 (*paene ad lit.*)

38, 621/627 cfr *Ambr.* 102, 343-346

---

609 quod $P^{p.c.}$] quia $P^{a.c.}$ **610** difinimus $P^{p.c.}$] difimus $P^{a.c.}$ **612** in
preterito $P^{p.c.}$] preterito $P^{a.c.}$ **616** desinimus $P^{p.c.}$] desimus $P^{a.c.}$

198   LIBER DE VERBO 39-41

630   **39.** Sunt uerba per tempora dificentia ut 'odio' 'noui' 'memini';
preterito dificiunt ut 'uerro' – non enim 'uerri' uel 'uerrui' facit
ut | Flauianus dicit; futuro defecit ut 'soleo' – non enim 'solebo' 95rb
facit. In regulis tamen grammaticorum triplex ratio defectionis est:
aut enim deficiunt per tempora ut diximus; aut enim alterius ge-
635 neris uocem sumit ut 'gaudeo gauisus sum'; aut sensus disparem
uocem coniungit ut 'fero tuli', 'ferio percussi', 'sum fui'.

    40. Maximum tempus est totus cursus seculi ut non sunt con-
digne passiones huius temporis ad superuenturam gloriam quae
reuelabitur nobis. Minimum hoc est longa sillaba quae duo tem-
640 pora habet, breuis uero unum, unde tempus est administratae rei
mora.

41. DE PERSONA

    Persona est res rationabilis quae aut loquitur aut appellatur aut
de qua relatio sit. Aliter persona est potestas animae per corpus
645 emisa auribusque collecta; 'persona' autem dicta eo quod per se
sonat. Personae autem uerbis accidunt III, quod credo diuinitus
esse inspiratum ut, quod in trinitatis fide credimus, in eloquis
inesse uideatur: prima, quae dicit 'lego'; secunda, cui dicitur

---

    39, **632/633** cfr CONSENT. 377, 36; 378, 2   **633/636** triplex ratio – sum fui]
cfr CONSENT. 378, 5-27

    40, **637/639** Rom. 8, 18

    41, **646/649** personae – III] DON., *Mai.* 638, 4   **648/649** prima quae –
legit] DON., *Mai.* 638, 4-5; CONSENT. 379, 30-31

    Loc. par.: 39, **631/632** MALS. 208, 10

    40, **637/639** non sunt – temporis] *Ad Cuimn.* 18, 21-22   **639/641** cfr *Ad
Cuimn.* 18, 23-25

    41, **643/644** MALS. 209, 23-24   **645/646** eo quod per se sonat] MALS.
209, 26; *Laur.* 83, 3; 106, 3-4; MVR. 128, 75; REMIG. 33, 13; SEDVL. SCOT., *Mai.*
187, 28; 229, 3; 230, 18   **646** *Ad Cuimn.* 19, 2   **646/649** personae – III ...
prima – legit] MALS. 208, 21-22   **646/647** quod – inspiratum] cfr PS. ASPER
47, 14 (*ad uerbum 'fidem' pertinet*); SMAR. 8, 18 (*ad numerum partium
orationis pertinet*)   **648/653** *Ad Cuimn.* 19, 3-9 (*paene ad lit.*)

    39, **631** in preterito $P^{p.c.}$] preteri P **633** tamen $P^{p.c.}$] tantum $P^{a.c.}$
635 gaudeo $P^{p.c.}$] gaudio $P^{a.c.}$

    40, **638** superuenturam $mPp.c.^2$] superuenturum $P^{a.c.}$

LIBER DE VERBO 41-43   199

'legis'; tertia, de qua dicitur 'legit'. Prima persona est precipua et
650 princeps sermonis, quam nonulli fatendi dicunt, secunda arguendi, tertia nuntiandi: hoc enim sermone me fateor quando
dico 'lego'; arguo hunc quando dico 'legis'; nuntio illum facere
quando dico 'legit'. Prima et secunda presentes sunt, tertia est absens.

655   **42.** Prima persona non eget casu sed plerumque admittit nominatiuum ut 'uerberor innocens' et pluraliter 'seruio uir fortis' –
sed talis admisio libertatis indicium est. Secunda persona trachit
uocatiuum ut 'uerberaris innocens' 'seruis uir fortis.' Tertia trahit
nominatiuum ut 'uerberatur innocens' 'seruit uir fortis'. Hae au-
660 tem trahere dicuntur | quod necessitate uel ui seruitutis intellegi-   95va
tur. Sic est: 'loquitur Cato' siue 'Cicero occidere fertur' 'Pompeius
in litore Aegipti iacuisse dicitur' 'nominatur inter auctores Celius'
'Virgilius Aenidem fecit'.

   43. Genitiuo casui sic iunguntur: 'obliuiscor iniuriae' 'memor
665 sum tui, mei, illius' 'miserior puerorum' – sed in Euangelio legitur
"miserior huic turbae" – 'pudet facti' 'piget gratiae' 'paenitet labo-
ris' 'reminiscor doloris' 'tedet operis' 'memini rerum' 'indigeo
panis'. Datiuo: 'maledico hosti' 'suadeo tibi' 'mando tibi' 'cedo

---

653 prima – sunt] Prisc., *Part.* 108, 12 (= *GL* 3, 500, 23)

42, **655/656** prima – innocens] Don., *Mai.* 638, 5-6   prima – seruio uir
fortis] Consent. 380, 4-6 (*paene ad lit.*)   **657/658** Consent. 380, 7-9 (*paene
ad lit.*)   secunda – innocens] Don., *Mai.* 638, 6-7   **658/659** tertia – inno-
cens] Don., *Mai.* 638, 7-8   **659** uerberatur – fortis] Consent. 380, 6-7
661/663 Diom. 310, 32

43, **664/668** cfr Avg., *Ars breu.* 103, 1   **666** miserior huic turbae]
Marc. 8, 2 (*Ital.* cod. bff'; *Vulg.* cod.R)   **668/671** datiuo – legibus] cfr Avg.,
Ars breu. 103, 4   **668/673** mando – aduersaris] Consent. 385, 2

Loc. par.: **649/650** prima – sermonis] cfr Mals. 208, 24

42, **655/659** cfr Clem. Scot. 117, 10-11   **655/656** prima – fortis] Mals.
209, 1-2   **658/659** Mals. 209, 3-4 (*paene ad lit.*); Tatv. 3, 447-449

43, cfr cod. Angers, BM 493, fol. 11v   **665/666** sed – turbae] Mals. 209, 6;
cfr Clem. Scot. 117, 13

42, **659** seruit $P^{p.c.}$] serbit $P^{a.c.}$ **661** occidere $P^{a.c.}$] occidi $P^{p.c.}$ occidis
$p^{p.}$ *alteram corr.*

43, **667** tedet *scripsi*] t&det P

200 LIBER DE VERBO 43-44

potenti' 'ministro parenti' 'largior amico' 'dono proximo' 'obse-
670 quor domino' 'aduersor inimico' 'gratificor illi' 'subscribo aepisto-
lis' 'adsum clienti' 'pareo legibus' 'mando propinquo' 'maledico
inimicis' 'suadeo amicis' 'inputo iudicibus' 'parco amicis' 'noceo
aduersaris'. Accussatiuo : 'decet dominum' 'penitet amicum' 'piget
inertem' 'iubeo fratem' 'calumnior illum' 'concedo pretium' et om-
675 nia fere actiua et communia ex parte agentis – item defectatiua :
'odi turpes' 'noui bonos'. Vocatiuus secundam personam accepit
ut 'Virgili scribe' 'Cicero responde'. Prima autem admittit nominatiuum ut dixi, sed quando sibi res contrariae fiunt hoc sibi acce-
dere solet: quid enim contrarius est quam liberum seruire et in-
680 nocentem uerberari? Ablatiuo sine prepositione, ut 'fruor fratre'
'potior pecunia' 'potior auro' 'utor toga'; cum prepositione 'aborreo ab illis' 'discedo a petulante' 'discrepo ab ignaro' 'absum a
stulto' 'disentio ab iniquitate' 'maledicor ab inimicis'.

44. Item uerba binos casus regunt. Genetiuum et accusatiuum,
685 ut 'obliuiscor iniuriae' et 'iniurias' 'memini numerorum' et 'nume-
ros'. | Item genetiuum et septimum: 'egeo panis' 'egeo pane'. 95vb
Datiuum et accusatiuum : 'inludere capto' et 'captum'. Accusatiuum et ablatiuum, ut 'auertor a petulante' 'auertor fortes' 'fungor
hanc rem' et 'illa'. Omnia uerba quae iunguntur acusatiuo rediunt

---

673/676 cfr AVG., *Ars breu.* 103, 2 ; *Expl. in Don.* 556, 21   **674/675** omnia
fere actiua] PRISC., *Ars* 3, 277, 3   **676/677** DIOM. 310, 34–311, 1 ; DOSITH.
426, 4 ; cfr AVG., *Ars breu.* 103, 5   **677/678** admittit nominatiuum] DIOM.
311, 1 ; DOSITH. 426, 7   **680/681** *(exempla) Expl. in Don.* 556, 27-29   fruor –
toga] cfr AVG., *Ars breu.* 103, 6   **681/683** aborreo – disentio ab] *Expl. in
Don.* 556, 30-32 ; DIOM. 315, 30-32 *(paene ad lit.)*   **682/683** discrepo – inimi-
cis] CONSENT. 385, 6

44, **684/688** CONSENT. 385, 11-16 *(paene ad lit.)*

Loc. par. : **681** potior auro utor toga] MALS. 209, 16

44, **684/686** MALS. 209, 17-19   **687/690** MALS. 209, 19-22 *(paene ad lit.)*
689/690 *Ambr.* 124, 1097 *(paene ad lit.)*

---

671 clienti *Expl. in Don. 4.556.18*] stienti *P*   **672** inimicis *scripsi*] inimis *P*
680 fruor fratre *scripsi*] fuor frate *P*   **681** toga *P$^{p.c.}$*] togo *P$^{a.c.}$*
682 ab illis *scripsi*] ab ulis *P* ab illo *Diom. 315.31 Expl. in Don. 556.31*
ignaro *P$^{p.c.}$*] ignoro *P$^{a.c.}$*

44, **686** egeo *P$^{p.c.}$*] ego *P$^{a.c.}$*   **688** auertor^1 *Consentii codd.*] auersor *Keil*
(post Sichardum)   auertor fortes *P*] a. fontes *Consentii codd.* auersor fontes *Keil (post Sichardum)*

LIBER DE VERBO 44-46 201

690 in passiua ut 'doceo te' 'neglego te', 'doceor a te' 'neglegor a te'. Ea autem quae datiuo cassui iunguntur non redeunt in passiua sed per eorum impersonalia efficiuntur passiua ut 'dicitur mihi' et similia.

45. DE QVATTVOR COIVGATIONIBVS

695 Primae coiugationis haec est agnitio: cuius prima persona indicatiuo modo tempore presenti numero singulari in genere actiuo et neutro in 'o' desinit; in genere passiuo et communi et deponenti, in 'or'; et haec finialis littera et syllaba tribus uocalibus, 'e' 'i' 'u', anteceditur omnibus consonantibus, 'b' 'c' 'd' 'g' 'h' 'l' 'm'
700 'n' 'p' 'q' 'r' 's' 't' 'x'; duabus ex his pro consonantibus positis, 'i' et 'u'. In his igitur precidentibus quot et quae genera inueniuntur in subsequenti declinationis ordine obseruabis, et per actiua in 'eo' desinentia prima declinabis ut 'creo' uerbum actiuum indicatiuo modo dictum, tempore presenti, numero singulari, figurae simpli-
705 cis, personae primae quod declinabitur sic: 'creo as at creamus tis ant' et reliqua.

46. Inpersonali genere tempore presenti, 'creatur a me a te ab illo, a nobis a uobis ab illis'; tempore inperfecto, 'creabatur a me a te ab illo a nobis a uobis ab illis'; | tempore preterito perfecto, 96ra
710 'creatum est a me a te ab illo', reliqua; et ulteriore modo, 'creatum fuit a me a te ab illo', reliqua; tempore preterito plusquam perfecto, 'creatum erat a me a te ab illo'; et ulteriore modo, 'creatum fuerat a me a te' et reliqua; tempore futuro, 'creabitur a me a te' et reliqua. Imperatiuo modo: tempore presenti, 'creetur a me'
715 et reliqua; similiter in futuro declinabitur. Optatiuo modo: tempore presenti et preterito imperfecto, 'utinam crearetur a me a te ab illo', reliqua; tempore preterito plusquam perfecto, 'utinam creatum esset a me a te ab illo', reliqua; et ulteriore modo, 'utinam creatum fuisset a me', reliqua; tempore futuro, utinam
720 'creetur a me a te', reliqua. Coniunctatiuo modo: tempore presenti, 'cum creetur a me a te', reliqua; tempore imperfecto, 'cum

---

690 doceor a $P^{p.c.}$] doceor $P^{a.c.}$ neglegor a $P^{p.c.}$] neglegor $P^{a.c.}$
691 passiua *scripsi*] passa P **692** ut $P^{p.c.}$] et $P^{a.c.}$

45, **695** coiugationis $P^{p.c.}$] -nes $P^{a.c.}$ **697** neutro *scripsi*] -tri P
702 in eo $P^{p.c.}$] in eodem $P^{a.c.}$ *ut uid.*

46, **708** creabatur $P^{p.c.}$] creatur $P^{a.c.}$ **714** creetur $P^{p.c.}$] creatur $P^{a.c.}$

202 LIBER DE VERBO 46-48

crearetur a me a te ab illo', reliqua; tempore perfecto, 'cum creatum sit a me a te'; et ulteriore modo, 'cum creatum fuerit a me a
te ab illo', reliqua; plusquam perfecto, 'cum creatum esset a me'
725 et reliqua; et ulteriore modo, 'cum creatum fuisset a me', reliqua;
tempore futuro, 'cum creatum erit a me', reliqua; et ulteriore
modo, 'cum creatum fuerit a me a te ab illo a nobis a uobis ab
illis'. Infinitiuo modo: tempore presenti, 'creari a me', reliqua;
tempore preterito, 'creatum esse a me', reliqua; tempore futuro,
730 'creatum iri a me a te' et reliqua.

47. Duo participia trachuntur a uerbo actiuo: alterum presentis temporis quod commune est trium generum, 'hic et haec et hoc
creans huius creantis'; alterum temporis futuri qui diuiditur in trea
genera ut 'hic creaturus haec creatura hoc creaturum'. Sed noue-
735 ris discrimen temporis fieri inter nomen quae est 'creatura' et par-
ticipium | eiusdem soni: nam peneultima sillaba in nomine cur- 96rb
ripitur et participio producitur ut 'creatura'. Sunt autem alia uerba
gerendi uel tipici quinque ut est genetiuus 'creandi', ablatiuo 'cre-
ando', accusatiuo 'creandum'; alia accusatiuo 'creatum', ablatiuo
740 'creatu'.

48. Sic alia actiua declinabuntur ut: 'laqueo screo laqueaui
screaui'; item neutrum 'meo as at meaui meare meauisse meatum
ire' uel 'meatum esse', reliqua; et huic similia, 'beo beaui beare
beauisse beatum ire' uel 'beaturum esse', 'enucleo enucleaui'. Sed
745 hoc meminerimus uerba primae coiugationis IIII formas habere
in preterito perfecto et plusquam perfecto et futuro coniunctatiui
et in duabus gerendi nouissimis uerbis. Prima est in qua 'a' con-

---

48, 747/753 (*exempla*) Char. 316, 9-16

Loc. par.: 47, 731 Mals. 212, 26-27

48, 741/744 Tatv. 3, 590-592 (*paene ad lit.*)   744/768 Mals. 215, 3-23;
cfr Clem. Scot. 119, 1-6   744/759 cfr *Ad Cuimn.* 18, 123-129   747/
759 cfr *Ambi.* 383, 19–384, 11

---

724 cum creatum esset $P^{p.c.}$] creatum esset $P^{a.c.}$ **725** ulteriore] ulttio P
726 cum creatum erit $P^{p.c.}$] creatum erit $P^{a.c.}$ **727** cum creatum fuerit
$P^{p.c.}$] creatum fuerit $P^{a.c.}$

47, **731** alterum presentis $P^{p.c.}$] alter p. $P^{a.c.}$ **733** qui $P^{a.c.}$] quia $P^{p.c.}$
736/737 curripitur $P^{p.c.}$] curritur $P^{a.c.}$

LIBER DE VERBO 48-49

seruatur et addita ad imperatiuum 'ui' sillaba ut 'amo amaui'
'probo probaui' 'aro araui' 'ambulo ambulaui' 'flo flaui'; secunda,
750 in qua 'a' aut excluditur aut motatur in 'u' ut 'sono sonui' 'crepo
crepui' 'plico' 'ueto' 'domo' 'cubo' 'tono' 'neco' 'mico' 'frigo' –
adiectis prepositionibus ut 'insonui increpui incubui intonui explicui replicui conplicui'. Alia ex his redeunt ad analogiam ut 'du-
plicaui dimicaui'; in alis utrumque continetur ut 'necui' et 'necaui',
755 'plicui' et 'plicaui'; tertia species, quae totidem admittit syllabas 'o'
in 'i' uersa et prima in preterito producta ut 'labo laui' 'iuui' – et
adiectis prepositionibus 'adiuuo adiuui'; quarta est in qua 'a' abie-
citur et syllaba geminatur ut 'do dedi' 'sto steti' et quae sunt conposita ut 'circumdo' 'pessumdo' item 'presto', 'pro-' 'ob-' 'in-' 're-'.
760 'Do' enim tunc primae est si cum dissyllabis | prepositionibus uel   96va
aduerbis conponuntur ab eis ut hoc ipsum quod diximus 'do circumdo'; cum monosyllabis uero uel nominibus si conpositum sit
'do', naturaliter tertiae sunt ut 'trado reddo addo perdo prodo
indo'. Item 'credo uendo retundo uenundo': in his tribus poste-
765 rioribus formis omne preteritum perfectum et plusquam in omni
modo et futurum coniunctatiui et duo uerba posteriora gerendi
non ut prima forma id est 'amaui' sed sua consuetudine declinantur.

49. Item supra dicta actiua passiua declinatione sic declinabun-
770 tur: 'creor crearis -tur'; et alia uerba sic declinantur: 'laqueor'
'screor'. Nosse tamen debemus quia, sicut neutrum actiui regulam
uocis sequitur, ita omne commune uel deponens passiui regulam
uocis emittatur, quanquam distant in significationibus quod agit et
patitur commune in una forma nuntiationis, deponens agit tan-
775 tum. Et commune habet participia quattuor, duo ab actiua significatione et duo a passiua; deponens trea participia, duo ab actu –
unum habet a forma uocis passiuae in eodem actu nihilominus.

750/751 DIOM. 366, 1-3   752/753 DIOM. 366, 6-7   756/759 labo laui –
ob in re] cfr CHAR. 316, 17-22; DIOM. 366, 7-10   760/764 EVTYCH. 473, 26–
474, 1 (*paene ad lit.*)

48, 750 sonui $P^{p.c.}$ *Mals.*] sonaui $P^{a.c.}$ 753 redeunt *Mals.*] reddunt $P^{a.c.}$
reddunt $P^{p.c.}$ 755/756 o in i *Mals.*] o m i P   761 conponuntur P] conpo-
natur *Mals.*   quod $P^{p.c.}$] quia $P^{a.c.}$ 762 si] sic P   766 et futurum
Mals.] in futuro P   duo $P^{a.c.}$] dua $P^{p.c.}$

49, 770 declinantur *scripsi*] -natur P   771 actiui *scripsi*] actiuum P

204 LIBER DE VERBO 49-51

Commune et deponens gerendi habent uerba; passiua autem ut alii minus.

780 **50.** Item in 'uo' desinentia actiua ut est 'uacuo -as -at uacuamus -tis -ant', preterito perfecto 'uacui uacuisti uacuit -mus -tis -erunt' uel '-ere'. Impersonali genere: 'uacuatur' 'uacuabatur' 'uacuatum est fuit erat fuerat' 'uacuabitur' 'uacuetur' 'uacuetur' futuro; utinam 'uacueretur', 'uacuatum esset fuisset' 'uacuetur';

785 'cum uacuetur uacueretur | uacuatum sit fuerit esset fuisset erit 96vb fuerit'; 'uacuari uacuatum esse', ulteriore modo 'fuisse', 'uacuatum iri'; 'uacuans' 'uacuaturus' 'uacuandi uacuando uacuandum' 'uacuatum uacuatu'. Et similia: 'sinuo' 'uiduo' 'tenuo' 'insinuo' 'contenuo'. Item neutra: 'estuo' 'fluctuo'. Item per communia et

790 passiua et deponentia in 'uor' desinentia ut 'uacuor uacuaris uacuatur'. Item per deponentia: 'mutuor -aris -atur'; 'motuans' 'mutuaturus' 'motuatus' 'motuandi -do -dum -tum -tu'.

51. Mox reminiscamur non declinare impersonalia a tribus – r terminatis – non quod impersonalia non haberent significa-
795 tionum suarum per omnes modos, sed quod eorum generum impersonalium nulla defert declinatio a tertiis singularibus personis omnium temporum per omnes modos, ut non tam pro quadam noui generis specie declinentur, quia non aliae sunt uoces, quam pro alia significatione intertiis singularibus. Intellegendum in his-
800 dem generibus in quibus declinantur ut dicatur commune genus impersonale, passiuum impersonale, deponens genus impersonale, in tertiis singularibus personis. Vt est in commune: 'creminatur' 'creminabatur' 'creminatum est fuit erat fuerat' 'creminabitur'; imperatiuo 'creminetur'; optatiuo utinam 'creminaretur',
805 reliqua. Per omnes modos sic est in passiua: 'creatur' 'creabatur' 'creatum est fuit', reliqua. Sic in deponenti: 'motuatur' 'motuabatur' 'motuatum est fuit', reliqua, ut diximus.

---

50 (*exempla*) EVTYCH. 450, 8-9

Loc. par.: 50, 788/789 (*exempla*) TATV. 3, 596-597

---

778 commune $P^{a.c.}$] commone $P^{p.c.}$ habent $P^{p.c.}$] habet $P^{a.c.}$

50, 780 actiua $P^{p.c.}$] actiui generis $P^{a.c.}$ 791 mutuor $P^{a.c.}$] motuor $P^{p.c.}$

51, 794 non quod $P^{p.c.}$] non quia $P^{a.c.}$ 796 tertiis *scripsi*] terteris P
797 non tam $P^{p.c.}$] nam $P^{a.c.}$ 802 tertiis *scripsi*] terteris P

LIBER DE VERBO 52-54 205

52. Item per omnes modos actiui et neutri hoc euenit ut: acti-
uum genus impersonale | appelletur intertiis eius personis, in   97ra
810 singularibus; et neutrum genus, impersonale tantundem ueluti
'iuuat me te illum nos uos illos' 'iuuabat' 'iuuauit' 'iuuauerat' et similia per omnes modos; et alterius formae sit impersonale. Ab altero declinetur genere, quod nos generis speciem appellamus, ubi
declinauimus uoces passiuas ab actiuo uel neutro in eorum signi-
815 ficatione generum ⟨a⟩ quibus ueniunt. Vnde errauerunt qui impersonalia ab omni genere ueluti pro alio modo uel genere seorsum
possuerunt, cum in omni genere nihil distat impersonale suum a
tertiis singularibus personalis, et cum nihilominus intertiis personis actiui uel neutri illud impersonale repperitur nec tamen aliud
820 seorsum declinetur. Vnde ergo remanet ut hoc tantum impersonale appellemus quandam speciem noui generis, et hoc tantum
declinetur, quod in 'r' finitur et oritur ab actiuo et neutro.

53. Item actiua in 'io' desinentia sic declinabuntur: 'nuntio -as
-at' 'nutiaui', reliqua. Sic 'satio' 'santio' 'concilio' 'repudio' 'spolio'
825 'socio' 'uario' 'nitio' 'lanio' 'depretio': haec unius formae in preterito perfecto sunt. Item neutra in 'io' desinentia: 'somnio' 'radio'
'furio' 'uitio'.

54. In 'bo': actiua, 'probo' 'titubo' 'turbo per-' 'libo'; neutra,
'cubo cubui' 'sucubo dis-' 'labo labui labare labuisse lotum ire'. In
830 'co': actiua, 'placo placaui' 'eradico eradicaui' 'seco secui secare

---

53, **824/827** (*exempla*) Evtych. 450, 15-23

54 (*exempla*) Evtych. 467, 18–485, 18

Loc. par.: 53, **824/827** (*exempla*) Tatv. 3, 593-595   **824/826** cfr *Ambi.*
383, 5-6

54, **828/851** cfr Tatv. 3, 598-634; *Ambi.* 383, 1-13; Clem. Scot. 120, 3

52, 809 tertiis *scripsi*] terteris *P*   **813** nos *scripsi*] no $P^{a.c.}$, noui $P^{p.c.}$
818 tertiis *bis scripsi*] terteris *bis P*   personalis *scripsi*] -li *P*   **819** tamen *scripsi*] tantum *P*   **820** declinetur $P^{a.c.}$] declinent $P^{p.c.}$ cum simile
in his r terminatis declinent *signo post* declinetur *interposito in marg. inf.*
add.

53, 823 in io $P^{p.c.}$] ino $P^{a.c.}$ **824** santio *P*] saucio *Eut.*   **825** nitio *P*]
uitio *Eut.*   depretio $P^{p.c.}$] depretium $P^{a.c.}$

54, 830 placaui $P^{p.c.}$] placa $P^{a.c.}$ secui $P^{a.c.}$] secaui $P^{p.c.}$ secare
scripsi] secure *P*

206   LIBER DE VERBO 54-55

secuisse sectum ire' uel 'secturum esse' 'abdico -aui' 'indico -aui'.
In 'go': actiua, 'frigo fricui' 'plico | plicui'; neutra, 'emico emicui'   97rb
'claudico claudicaui' 'pecco peccaui'. In 'do': actiua, 'sedo sedaui'
'nudo' 'tardo' 'lapido' 'emendo' 'commendo' 'circumdo'; neutra,
835 'laudo' 'exeredo' 'cordo' 'do dedi' 'circumdo' 'pessumdo'. In 'go':
actiua, 'lego legaui' 'allego' 'relego' 'collego' 'rugo' 'rumigo' 'rigo';
neutra, 'litigo' 'propago'. In 'lo': actiua 'similo' 'uolo' 'uentilo'
'uigilo' 'ualo' 'uacillo' 'conbello' 'rebello'; neutra, 'gelo' 'halo'
'exalo' 'circumuallo'. In 'mo': actiua, 'estimo' 'amo' 'firmo' 'au-
840 tumo' 'clamo'; neutra, 'hiemo hiemaui' 'domo domui'. In 'no':
actiua, 'declino' 'alieno' 'sano' 'termino' 'conglutino'; neutra,
'deuino' 'tono tonui' 'sono sonui'. In 'quo': actiua, 'aequo' 'propinquo' 'aliquo' 'antiquo'; neutra, 'reliquo'. In 'ro': actiua, 'lacero'
'libero' 'numero' 'genero' 'uro' 'obsacro' 'aro'; neutra, 'migro' 'lus-
845 tro' 'perlustro' 'erro' 'ferro'. In 'so': actiua, 'accusso' 'penso per-'
'denso'; neutra, 'curso' 'celso' 'incesso' 'merso di-' – in preterito
distant. In 'to': actiua, 'cogito' 'porto' 'puto' 'lito' 'macto' 'gesto'
'reputo'; neutra, 'nato' 'lacto' 'noto'; actiua, 'ueto uetui'; neutra,
'sto steti re- ab-'. In 'xo': actiua, 'laxo -aui' 'texo texui' 'aduexo
850 aduexui' 'uexo -ui' 'nexo'; neutra, 'laxo -aui'. In 'uo': actiua, 'leuo'
'seruo con-' 'curuo'.

     55. In 'ior': passiua, 'nuntior' 'concilior' 'repudior' 'spolior'; de-
ponentia, 'fiducior'. In 'bor': passiua, 'probor' 'titubor' 'labor' 'turbor'; deponentia, 'labor'. In 'cor': passiua, 'placor' 'necor' 'expli-
855 cor'; communia, 'suspicor'; deponentia, 'precor' 'mercor' 'grecor'.
In 'dor': passiua, 'sedor' 'lapidor' 'circumdor'; communia, 'uador';
deponentia, 'predor'. In 'gor': passiua, 'legor' 'allegor' | 'relegor'   97va
'collegor'; communia, 'uagor'; deponentia, 'suffragor' 'nugor'. In
'lor': passiua, 'stimulor' 'uentilor' 'uallor' 'appellor'; communia,
860 'osculor' 'adulor' 'emulor'; deponentia, 'gratulor' 'populor'. In
'mor': passiua, 'estimor' 'amor' 'clamor' 'firmor in-'; deponentia,

---

55 (*exempla*) EVTYCH. 450, 17–485, 9

Loc. par.: 55, 852/872 cfr TATV. 3, 688-702; *Ambi.* 386, 18–387, 1

---

836 allego $P^{p.c.}$] algo $P^{a.c.}$ **838** conbello P] conpello *fort. scribendum*
839 firmo $P^{a.c.}$] confirmo $P^{p.c.}$ autumo $P^{p.c.}$] *non legitur* $P^{a.c.}$
840 hiemo hiemaui $P^{p.c.}$] hemo hemaui $P^{a.c.}$ **846** *post* denso per-
add. $P^{p.c.}$ **851** *post* concuruo in- *add.* $P^{p.c.}$

LIBER DE VERBO 55-56   207

'rimor' ⟨in 'nor': passiua,⟩ 'conglutinor' 'terminor'; communia,
'creminor' 'uenor' 'minor'; deponentia, 'conor' 'opinor' 'patricinor'
'perigrinor' 'dignor'. Item passiua, 'aequor' 'propinquor' 'obli-
865 quor'. Item passiua, 'laceror' 'liberor' 'numeror' 'generor'; item
communia, 'exacror' 'moror de-'; item deponentia, 'moror' 'fruor'
'luctor'. Item passiua, 'pensor' 'densor'; item communia, 'causor';
deponentia 'uersor de-' 'grasor'. Item passiua, 'cogitor' 'portor'
'putor' 'uitor' 'mactor'; item communia, 'scrutor' 'amplector con-';
870 item deponentia, 'meditor'. Item passiua, 'laxor' 'nexor' 'texor'.
Item passiua, 'adiuuor' 'leuor' 'seruor' 'curuor'; item communia,
'conuiuor'.

56. Item uerba primae coiugationis in quibus non ordo generum sed alfabeti obseruatur ueluti: aro ambulo auro argento an-
875 ticipo ansporto arto aspero alieno autumo auerunco alto apto
armo agito arro [algeo] adlego ablego adiuuo aequo equito aequi-
pero aestuo adaerio aggero areto amplo arrogo adnoto aduno
abuno allo animo atamino. Beo boo – unde reboo – bello breuio
balo bailo bucino baptizo bullo blatero bassio. Cacio creo coo
880 – unde inchoo – cumulo corrusco caelo clamo clamito conglutino
consulto considero conpagino conglomero continuo contamino
capto curro curso cursito crismo caeno canto cantico cantilo
cauillo certo certito cerso cellibo claudico cachino coalo colaphizo circumdo crepo comeo. Dono dico didico duro do deebrio
885 derogo dubito diriuo degesto dirimo degero dolo de|amintro de-   97vb
texo desemino delibero delibro discrepo disserto dispero desi-
dero denostro declino distino. Educo euiscero eneruo eliuo euito
examino exaggero exubero exulcero exaspero exosso exagito
exalo exaceruo exorcizo expalmo exprobro execro expio exsulto

---

56, **874/924** cfr CHAR. 470, 24–475, 9

Loc. par.: 56, **873/925** *Coni. Paris.* fol. 5r-6r; MALS. 212, 30–214, 21;
cfr *Coni. Corb.* fol. 47ra-va

55, **869** scrutor $P^{p.c.}$] scruor $P^{a.c.}$

56, **879** baptizo ... bassio *in textu om. in marg. restit.*   **880** corrusco
$P^{p.c.}$] currusco $P^{a.c.}$ *Mals.*   **881** continuo *P Malsachani codd. PN²*] contino
Malsachani cod. N¹ Löf.   **883** claudico $P^{p.c.}$] cludico $P^{a.c.}$ coalo $P^{a.c.}$]
choalo $P^{p.c.}$ **887** educo $P^{p.c.}$] educeo $P^{a.c.}$ *ut uid.*

LIBER DE VERBO 56

890 exalto enudo enucleo erro enarro eructo educo effugio effemino
efflagito elimo emico emano erogito erogo eradico. Flamino
flagro flo fellito fugo fibro flagito fluctuo fugito fumo formido
fundo fastudio fulto foro. Galeo gesto gusto giro gipto glomero
globo gemino gemito gemo genero. Humilio honero honoro halo
895 hamo humo hareno horribilio hio honorifico heblo hebito hesito
habito hiberno. Iuuo iuuillo incerto ieiuno iacto inilligo instringo
insulto inlaqueo inrigo inflo instauro intimo inauro infizo inrito
increpo inuito insto ingemo innouo inlibo iudico inlustro inuoco
impero inpugno inploro infibulo iurgo inporto incurro inuestigo.
900 Labo lauo lasso lapso lapsito leuo lintro libero libro lanio loco lito
libo liro longo lustro latro laqueo legito lino licino limpho latito.
Medo mano moto minoro mugito milito mirifico magnifico mon-
stro machino macto mando mundo maculo memoro mitigo mi-
nito modulo mico multo mussito mutilo mocro micro medico
905 mendico | membro. Nomino numero nato no nato nectito nobi-   98ra
lito nuntio nidifico nego nocto nuto nudo nexo. Ouo oro opto
obiurgo oppugno obsecundo obtempero oblitero obturo obuallo
obstrunco ostento obsto opaco occupo orbo orno obsecro: haec
ab 'o' incipiunt et in 'o' terminantur ut de alis dicimus. Paro porto
910 paco pululo pubero patrizo puto prino palpo patito palo petulo
penetro patro profeto probo primo precipito prelino precellero
presento prerogo prouoco prospecto prolibro propero profano
propago prorogo peruoco persulto peragro pernocto perpetro.
Quasso querito quaterno quadro. Reboo redamo resono reclamo
915 rogo rogito regno regnifico rigo rapto repto roburo rumino resto
retento resulto refoculo recupero retundo reuoco reciproco ructo
rimo reuelo rugito religo reuello repudio radio roro. Sano seruo
sagito sono sonoro sero stripido santio sciscito secto segrigo se-
questro significo simbulo simulo suspito sugillo sorbillo stello
920 sibello stimulo sussurro strangulo subligo. Tempero turbo titubo
titulo tubicino tardo tollero terno tribulo tritino tribudio terebro.
Vallo uago uolo uolito uellito uechito uasto ualito uigilo uerno
uetero uelo uerso ululo uirgino uendico uibro uoluto ussito uario
ussurpo uagito uagino uapulo uacillo uertito uerbero uelico. Im-
925 nizo. Zelo zetizo.

---

890 educo] ebito *Mals.*   **892** fumo $P^{p.c.}$] fumu $P^{a.c.}$ **896** hiberno
$P^{p.c.}$] heberno $P^{a.c.}$ **897** inrigo $P^{p.c.}$] inrago $P^{a.c.}$ inrogo *Malsachani
cod. P*, inrugo *Malsachani cod. N et fort. scribendum*   **908** obstrunco $P^{p.c.}$]
obstrungo $P^{a.c.}$ **911** probo $P^{p.c.}$] om. $P^{a.c.}$

LIBER DE VERBO 57-58 209

| **57.** Item passiua : amor bachor breuior castigor donor eliuor 98rb
fungor geror humilior enitior laudor motor numeror ordinor pa-
ror quassor uel quadnor rogor satior turbor uerberor. Item communia et deponentia huius ordinis ueluti abhominor auxilior
930 arbitror auspicor aucupor asperor antestitor augurior aquor ad-
sentior aduersor adulor adpretior. Creminor conor contemplor
conuiuor contristor contionor consternor conuersor consulor conspicior consilior coniector causor comminissor cornicor. Dominor
diuersor diprecor. Epulor emulor emitor execror. Fabricor forni-
935 cor furor fabulor feneror for – quod prima persona defecit – fiducior. Glorior grassor gratulor grecor gratior gratilor gratificor. Hor-
tor holeror. Enitior indignor iocor inprecor infirmor indagor
iaculor. Lutor letor lamentor ludificor latrocinor lucror. Machinor
misseror meditor memoror mechor merchor minor miror moror
940 mutuor muneror metor murigeror. Nundinor nugor negotior. Osculor opinor adoror opitulor. Populor predor percunctor precor
prelior palor prestulor periclitor patricinor philosophor. Recor-
dor remitor reor rethoricor refragor regulor rimor ratinor. scrutor
suspicior suffragor sthomachor sector speculor sacior | stimulor. 98va
945 Testificor tutor tumultuor. Veneror uador uagor uerecundor uenor
uaticinor uersor. Sed impersonale genus ab his omnibus oritur et
gerendi modus a uerbis deponentibus et de media parte [commu-
nis]. quattuor participia a communibus, presens ut 'scrutans', preteritum 'scrutatus', futura duo 'scrutaturus scrutandus'; tria a de-
950 ponentibus, presens ut 'meditans', preteritum 'meditatus', futurum
'meditaturus'.

58. In hoc quoque ordine obseruandum est quod actiua declinatione prima et secunda persona similes sunt numero sillaba-
rum, licet tempore dispares, excepto monosyllaba ut 'amo -as'

57, **928/946** cfr CHAR. 464, 4–466, 11

Loc. par. : 57, **926/946** *Coni. Paris.* fol. 6r-v ; MALS. 217, 22–218, 15   **928/**
946 cfr *Coni. Corb.* fol. 47vb-48ra ; cfr *Ambi.* 389, 4-21   **946/951** MALS.
218, 16-21

58, **952/960** MALS. 218, 23–219, 4

57, **941** adoror] odoror *fort. scribendum*   **942** palor $P^{p.c.}$] pallor $P^{a.c.}$
945 tumultuor $P^{p.c.}$] tumultor $P^{a.c.}$ **947** modus *scripsi*] modi P

58, **953** similes *scripsi*] semel $P^{a.c.}$ semeles $P^{p.c.}$

210 LIBER DE VERBO 58-60

955 'ambulo -as' 'lanio -as' 'do -as'; passiua uero declinatione una
habundat syllaba ut 'amor -aris' 'scrutor -aris' 'meditor -ris'. Item,
quod fere duo uerba in tali declinatione 'a' †diuitant† ut 'lauor lotus sum' 'adiuuor adiutus sum'. Item, quod tertia persona pluralis
tempore perfecto 'ue' syllabam conlidit breuitatis causa ut 'ama-
960 runt' 'appellerunt' pro 'amauerunt' – et fere in alio non admittitur
ordine. Similiter tempore preterito perfecto coniunctatiui modi ut
'amarim -ris -rit' pro 'amauerim -ris -rit'. Item preterito perfecto fi-
nitiui et optatiui et coniunctatiui modorum 'ui' syllabam uidemus
ablatam ut 'parasti' pro 'parauisti', 'parassem' pro 'parauissem',
965 'parasse' pro 'parauisse'.

59. DE SECVNDA COIVGATIONE

Secundae coiugationis haec est agnitio: cuius prima persona
indicatiuo modo tempore presenti numero singulari in actiuo et
neutro in 'o' terminatur, in passiuis et communibus et deponenti-
970 bus in 'or', una littera uocali 'e' antecedente ut 'deleo' 'sedeo' 'deleor' 'uereor' 'confiteor'.

| **60.** Huius igitur preteritum perfectum in actiuis et neutris 98vb
uerbis VI formas habet: nam abiecta 's' secundae singularis personae presentis et addita sillaba 'ui' facit preteritum ut 'oleo ad-' 'de-
975 leo deles deleui'; uel conuerso 'eo' primae personae in 'ui' – sed
'u' uocalis est – ut 'niteo nitui' 'doceo' 'splendeo' 'uigeo' 'fleo' 'reo'
'teneo' 'palleo' 'horreo' 'beo' 'stupeo' 'caleo' 'torpeo' 'timeo' 'ua-
leo' 'areo' 'debeo' 'sorbeo' 'egeo' 'studeo' 'rubeo' 'censeo' 'adhi-

---

60, **975/992** (*exempla*) CHAR. 317, 2–318, 5   **976/979** (*exempla*) DIOM.
366, 22-31

Loc. par.: **962/965** MALS. 219, 4-7

59, **967/971** sedeo, uereor, confiteor] MALS. 219, 12-13

60, **972/1003** cfr *Ad Cuimn.* 18, 130-144   **975/979** cfr MALS. 221, 18-23;
Ambi. 396, 7-9; cfr CLEM. SCOT. 121, 4

---

957 diuitant] *fortasse* conuertunt *uel* euitant *scribendum*   **960** appelle-
runt] *intellege* appellarunt

59, **969** terminatur $P^{p.c.}$] terminant *uel* terminantur $P^{a.c.}$

60, **973** abiecta *scripsi*] adiecta *P*   **977** teneo $P^{p.c.}$] teno $P^{a.c.}$ caleo
Mals.] calceo *P*

LIBER DE VERBO 60

980 beo' 'chohibeo' 'prohibeo' 'inhibeo' et similia ; uel quae tempore presenti primam syllabam corripiunt et eandem perfecto producunt, 'eo' in 'i' transeuntes ut 'sedeo sedi' 'foueo foui' 'faueo faui' 'paueo paui' 'caueo caui' 'uideo uidi' 'uoueo uoui' 'pandeo pandi' 'neo neui' 'fleo fleui' 'cieo cieui' ; uel alia sunt quae motant consonantem quae fit ante 'eo' primae personae in 's', addunt 'i' ut
985 'mulgeo mulsi' 'ardeo arsi' 'hereo hesi' 'indulgeo indulsi' 'fulgeo fulsi' 'suadeo suassi' 'urgeo ursi' 'maneo mansi' – quod conseruat consonantem – 'iubeo iussi' – quod duo 's' facit ; uel alia sunt quae motant eadem consonantem, 'g' et 'c', ⟨in⟩ 'x' et addunt 'i' ut 'frigeo frixi' 'mulgeo mulxi' 'lugeo luxi' 'purgeo purxi' 'augeo auxi'
990 'pelliceo pellexi' 'luceo luxi' ; uel alia sunt quae prima syllaba iterantur uel geminantur ut 'pendeo pependi' 'mordeo momordi' 'spondeo spopondi' 'tondeo totondi'. Nullum uerbum in hoc ordine geminatum nouissima sillaba finitur ; | ideo errant qui dicunt   99ra 'prandidi' sed 'pransi'. Et haec semper prima syllaba corripiuntur,
995 ut 'totondi' et similia, que prima sillaba iterantur. Sic postrema parte cum acciperint prepositionem dissinunt iterari ut 'detondeo detondi' 'despondeo despondi' item 'tango cado' 'titigi cicidi' 'contingo contigi' 'concido concidi' – exceptis his II, 'curro' et 'posco', quoniam 'decurro' et 'deposco' 'decucurri' et 'depoposci'
1000 faciunt. Inuenimus tamen 'percurri' 'decurri' preterita perfecta sed quod frequens, melius. Est autem septima forma quae in formam passiuorum resoluitur ut 'audeo ausus sum' 'gaudeo gauissus sum' 'soleo solitus sum'. Hec autem uarietas preteriti perfecti obseruatur et in plusquam perfecto indicatiui et preterito et plus-

---

979/983 DIOM. 366, 31-33   984/987 (*exempla*) DIOM. 367, 5-9   988/990 (*exempla*) DIOM. 367, 10-12   991/992 (*exempla*) DIOM. 367, 2-3   992/994 DIOM. 355, 1-3 ; 367, 15-17 (*paene ad lit.*)

Loc. par. : 979/983 MALS. 221, 23-27 ; cfr CLEM. SCOT. 121, 5 ; (*exempla*) *Ambi.* 396, 9-12   983/987 cfr MALS. 221, 27–222, 3 ; cfr CLEM. SCOT. 121, 6 ; cfr *Ambi.* 396, 17-18   987/990 cfr MALS. 222, 3-5 ; cfr CLEM. SCOT. 121, 7 ; cfr *Ambi.* 396, 20-22   990/992 MALS. 222, 5-7 ; cfr CLEM. SCOT. 121, 8 ; cfr *Ambi.* 396, 24–397, 1   992/1000 MALS. 222, 7-15   1001/1003 MALS. 222, 21-23 ; cfr CLEM. SCOT. 121, 10

---

983 alia sunt *scripsi*] aliarum *P*   987 iussi *P$^{a.c.}$*] iusi *P$^{p.c.}$*   988 in *Mals.*] et s *P*   frigeo *P$^{p.c.}$*] figeo *P$^{a.c.}$*   993 geminatum *P*] geminata *fort. scribendum*   995 ut *P$^{p.c.}$*] u *P$^{a.c.}$*   1000 tamen *Mals.*] tantum *P*   1002 ausus *P$^{p.c.}$*] ausu *P$^{a.c.}$*

212 LIBER DE VERBO 60-62

1005 quam optatiui et coniunctatiui modi et uno futuro coniunctatiui et preterito perfecto infinitiui modi et duobus posterioribus gerendi uerbis.

61. Passiuorum uero et communium et deponentium uerborum preterita bino modo intelleguntur: aut enim 't' ante 'us' habent ut 1010 'deleor deletus sum' 'uereor ueretus sum' 'miserior misertus sum'; aut 's' ante 'us' ostendunt ut 'suadeor suassus sum' 'confiteor confessus sum' et similia. In secunda coiugatione dificulter inuenies futurum infinitiui modi et bina posteriora uerba gerendi in actiuis et neutralibus uerbis. Sed, ubi autem acciderit uerbiale nomen, 1015 considerandum est ueluti 'sedeo sedere sedisse sessum ire' uel 'sessurum esse' 'sedendi do dum sessum sessu': uerbialia enim nomina 'sesio' et 'sessor' sunt. Sic 'caueo cautum ire' facit quia 'cautus' | nomen est, et multa similia.   99rb

62. 'Doceo' uerbum actiuum indicatiuo modo dictum tempore 1020 presenti numero singulari figurae simplicis personae primae quod declinabitur sic: 'doceo ces cet docemus tis cent'. Inpersonali genere: tempore presenti, 'docetur a me a te ab illo'; imperfecto, 'docebatur a me', reliqua; perfecto, 'doctum est fuit erat fuerat'; futuro, 'docebitur a me', reliqua; imperatiuo presenti, 'doceatur', 1025 futuro, 'doceatur'; utinam 'doceretur doctum esset' uel 'fuisset' 'utinam doceatur'; 'cum doceatur doceretur doctum sit' uel 'fuerit' 'cum doctum esset' uel 'fuisset' 'cum doctum erit' uel 'fuerit'; 'doceri doctum esse' uel 'fuisse' 'doctum iri'. Gerendi uel tipicialia uerba sunt 'docendi do dum' 'doctum tu'. Participia actiui et neu-1030 tralis uerbi duo sunt: presentia ut 'docens sedens', futura 'docturus sessurus'. Verbialia autem nomina haec sunt: 'doctor' 'sessor' 'doctrina' uel 'doctio' 'sessio'. Sic declinabuntur alia uerba actiua

---

62, **1028/1029** cfr DON., *Min.* 594, 12

Loc. par.: 62, **1019/1021** MALS. 219, 15-17   **1021/1033** cfr MALS. 220, 13-24

1005 coniuncatatiui modi $P^{p.c.}$] c. modo $P^{a.c.}$

61, 1015 sessum ire *scripsi*] sersum ire P **1016** sessurum *scripsi*] sensurum P **1017** nomina $P^{p.c.}$] nominae $P^{a.c.}$

62, 1028 tipicialia *scripsi*] *tipici alia* P **1029** actiui *scripsi*] actiua P

LIBER DE VERBO 62-63

et neutralia secunde coiugationis per ordinem alfabeti. 'Arreo -sco' 'arceo -sco' 'admoneo -sco' 'adhibeo' 'appareo' 'arceo' 'ab-steneo' 'albeo -sco' 'aneo -sco' 'adoleo -sco' 'ardeo -sco' 'audeo' 'adhereo' 'adrideo' 'augeo' 'algeo'. 'Barreo' 'blandeo -sco'. 'Conti-ceo' 'clareo -sco' 'contineo -sco' 'caneo' 'caleo' 'careo' 'cieo' 'cen-seo' 'coerceo' 'candeo' 'caueo' 'cohibeo' 'censeo' 'caleo'. 'Deleo' 'degeo' 'debeo' 'displiceo' 'deleo' 'disileo' 'desedeo' 'dureo -sco'. 'Efferueo -sco' 'edoceo' 'eliceo' 'extorqueo' 'exhibeo' 'exoleo -sco' 'exorreo -sco' 'egeo' 'exegeo' | 'exerceo'. 'Ferueo -sco' 'faueo' 'foueo' 'floreo -sco' 'fredeo -sco' 'fremeo' 'foeteo' 'fulgeo' 'frigeo' 'fleo' 'frondeo'. 'Grandeo' 'garreo' 'geo'. 'Habeo' 'hibeo' 'hebeo' 'hareo' 'horreo -sco'. 'Indulgeo' 'inhereo' 'indegeo' 'inlucreo -sco' 'inoleo -sco' 'incaleo -sco' 'incaneo -sco' 'inhibeo -sco' 'iubeo'. 'Lugeo' 'luceo -sco' 'largeo' 'langeo' 'lineo' uel 'lino' 'latepateo'. 'Moneo' 'mugeo' 'maneo' 'marceo -sco' 'mulgeo' 'muteo -sco' 'molleo -sco' 'miteo' 'maceo -sco' 'mordeo' 'maturio'. 'Niteo -sco' 'nequeo' 'nigreo -sco' 'neo'. 'Occuleo' 'oleo -sco' 'obtineo' 'obmu-teo' 'opuleo' 'obtereo'. 'Palleo -sco' 'putreo -sco' 'pubeo -sco' 'pa-reo' 'prandeo' 'polleo -sco' 'placeo' 'purgeo' 'paueo' 'puteo' 'pel-liceo' 'pedeo' 'prohibeo' 'prouideo' 'presedeo' 'prebeo'. 'Rareo' 'rideo' 'rudeo' 'risbeo' 'resedeo' 'reluceo' 'refulgeo' 'reteneo' 're-moueo' 'repareo' 'remaneo' 'remiteo' 'rehibeo' 'respondeo' 'redo-leo -sco'. 'Seneo -sco' 'sorbeo -sco' 'strideo' uel 'do' 'strigeo' 'sileo' 'soleo' 'splendeo' 'scareo' 'stupeo -sco' 'studeo' 'sudeo' 'spondeo' [meo] -sco' 'susteneo'. 'Timeo' 'teneo' 'taceo' 'terreo' 'torqueo -sco' 'tremeo -sco' 'tergeo' 'tineo' 'torpeo -sco' 'tipeo' 'tondeo'. 'Voueo' 'uideo' 'ualeo' 'uerreo' 'uigeo -sco' 'urgeo' 'uergeo'. K Q X Y Z: non anteceditur uerbum in tali ordine his litteris.

63. 'Doceor' uerbum passiuum indicatiuo modo dictum tem-pore presenti numero singulari figurae simplicis personae primae

---

1033/1059 (*exempla quaedam*) CHAR. 475, 12–476, 16

Loc. par.: 1033/1060 cfr *Coni. Corb.* fol. 48rb; *Coni. Paris.* fol. 7r-v; MALS. 220, 24–221, 16

63, 1061/1064 cfr MALS. 222, 25-223, 1

1038 cohibeo $P^{p.c.}$] chohibeo $P^{a.c.}$ 1046 latepateo *Mals.*] lateo pateo *P*
1054 repareo $P^{p.c.}$] *non leg.* $P^{a.c.}$ 1057 meo sco $P^{a.c.}$] *delendum indi-cau.* $P^{p.c.}$ susteneo $P^{p.c.}$] subteneo *uel* sustteneo $P^{a.c.}$ 1058 tineo $P^{a.c.}$] tinneo $P^{p.c.}$

214   LIBER DE VERBO 63-64

coiugationis secundae quod declinabitur sic: 'doceor -ris -tur do-
cemur -mini docentur' et reliqua. Sic declinantur alia uerba pas-
1065 siua ut 'admoneor' 'conteneor' 'deleor' 'exerceor' 'moneor' 'prohi-
beor', sic communia et deponentia, 'uereor' 'tueor in- con-' 'fateor'
['confeteor'] 'confiteor' 'profeteor' 'pulliceor' 'liqueor' 'medeor'
'mereor' – sed 'medi' et 'merui' et 'meretus sum' facit. Nisi quod
commonia ha|bent impersonalia et gerendi uerba et quattuor par-   99vb
1070 ticipia ut presens 'hic' et 'haec' et 'hoc uerens', futurum 'uereturus
-a -m', 'ueretus -a -m', futurum 'uerendus -a -m'. A deponentibus
autem III participia: presens 'hic' et 'haec' et 'hoc confitens', preteritum 'confessus -a -m', futurum 'confessurus -a -m'. Sed si tran-
seant in formam actiue declinationis, preterito perfecto duo par-
1075 ticipia habebunt ut 'medeor medens' et 'mediturus', 'mereor
merens' et 'meriturus': non enim faciunt 'meditus' et 'meretus'. Et
si in alis deponentibus futurum participium in 'dus' inuenias ut
'sequor' 'luctor' 'detestor', 'sequendus' 'luctandus' 'detestandus',
figuram dicito – sed non sunt secundae coiugationis.

1080   **64.** In hoc ordine obseruandum est quod omnia participia
actiua et passiua declinatione prima persona deteriora sunt una
syllaba: 'doceo docens' 'uereor uerens' et similia, cum in ceteris
ordinibus pares fiunt. Item, quod semper in 'eo' uel in 'or' dissinit
sine nulla exceptione ut 'sedeo doceor'. Item, quod secunda et
1085 tertia persona actiua declinatione una syllaba deterior est ut 'doceo sedeo doces' et 'sedes'; passiua uero declinatione similis est
numero syllabarum ut 'doceor doceris' et similia; sicut in quarto
hoc euenit ut 'audio audis audit' et tertio in 'io' desinente ut 'rapio
facio' 'rapis rapit' 'facis facit'; cum in primo et tertio personas

---

63, **1066/1068** communia – mereor] EVTYCH. 449, 32–450, 1   uereor –
mereor] cfr CHAR. 466, 17-26

Loc. par.: **1064/1068** cfr MALS. 223, 22-25; cfr CLEM. SCOT. 121, 11-13
    1066/1068 cfr TATV. 3, 809-811   **1068/1071** cfr MALS. 223, 26-28   **1071/
1073** cfr MALS. 223, 28-30   **1073/1076** MALS. 223, 30–224, 3   **1076/
1079** cfr MALS. 224, 3-5

63, **1064** et reliqua $P^{p.c.}$] om. $P^{a.c.}$ **1066** con fateor *scrispi secundum
Mals.*] confateor P **1067** confeteor $P^{p.c.}$] confiteor $P^{a.c.}$ **1074/1075** par-
ticip $P^{p.c.}$] partes *ut uid.* $P^{a.c.}$ **1076** meretus $P^{a.c.}$] mereretus $P^{p.c.}$

64, **1080** hoc ordine *scripsi*] hordine P **1081** actiua $P^{p.c.}$] et actiua $P^{a.c.}$

LIBER DE VERBO 64-66

1090 uidemus congruentibus sillabis ut 'amo -as | -at' 'nuntio -as -at' 100ra
'lego -is -it' – aliter in passiua declinatione. Item, quod non potest
dissillabum uerbum in secundo ordine habere absque his uerbis:
'neo nes net' 'fleo fles flet' 'geo ges get'; unde 'beo creo meo
screo' primae sunt; 'eo' uero et 'queo' quartae sunt.

1095 ## 65. DE TERTIA COIVGATIONE

Tertiae coiugationis haec est agnitio: cuius prima persona in
actiuis et neutralibus uerbis in 'o' dissinit, in communibus uero et
deponentibus et passiuis in 'or' terminatur, antecedentibus 'i' et
'u' duabus uocalibus et his consonantibus: 'b' 'c' 'd' 'g' 'l' 'm' 'n'
1100 'p' 'q' 'r' 's' 'x' et 'u' pro consonante possita.

66. Ea uero quae 'i' ante 'o' habent sex formis in preterito per-
hibentur fieri. Prima, quae regulam quartae coiugationis sequitur
et indicatiui modi regulam in productionem uertit 'ui' ultima syllaba adsumpta et 'o' primae personae ablata ut 'cupio cupiui' 'sa-
1105 pio sapiui'. Sed aliquando in preterito 'i' geminat ut 'cupii' quam
litteram motat in 'e' correptam in plusquam ut 'cupieram'. Secunda est quae instanti tempore prima syllaba corripit et eandem
in preterito producit, 'o' primae personae deposito ut 'facio feci'
'fugio fugi' 'iecio ieci'. Tertia, quae 'i' et 'o' in 'u' et 'i' conuertit ut
1110 'eliceo elicui' 'rapio rapui'. Quarta, quae depossitis 'i' et 'o' litteris
et preunte consonante per geminum 's' conuerso, addito 'i', enuntiatur ut 'percutio percussi'. Quinta, quae per 'x' enuntiatur ut 'aspicio aspexi'. Sexta, quae geminat sillabam ut 'pario peperi'.

64, **1091/1094** EVTYCH. 467, 6-10 (*paene ad lit.*)

66/68, **1101/1137** MART. CAP., *Nupt.* 3, 317-319 (*paene ad lit.*)

Loc. par.: 64, **1091/1094** cfr MALS. 224, 6-9

66, **1101/1102** cfr *Ad Cuimn.* 18, 148-149; cfr TATV., *Append.* 82-83   1102/
1113 *Ad Cuimn.* 18, 149-156 (*paene ad lit.*); cfr TATV., *Append.* 85-106

1091 potest $P^{p.c.}$] postet *uel* portest $P^{a.c.}$

66, **1108** facio $P^{p.c.}$] facito *ut uid.* $P^{a.c.}$ **1113** sillabam] sill P peperi
$P^{p.c.}$] peper $P^{a.c.}$

216 LIBER DE VERBO 67-69

67. Quae autem in 'uo' terminantur binos ostendunt modos:
1115 primus, qui motat 'o' | primae personae in 'i' ut 'induo indui'   100rb
'metuo metui' 'minuo' 'statuo' 'arguo argui' 'diruo dirui' 'acuo'
'exuo'; secundus, qui per 'x' enuntiatur ut 'fluo fluxi' 'instruo instruxi', additis prepossitionibus 'in-' 'con-' 'ad-'.

68. Verba igitur consonantes ante 'o' habentia dudenis deferunt
1120 uarietatibus. Prima, quae quartae est ut 'peto petiui' uel 'petii'. II,
quae motat ⟨o⟩ in 'i' et preuntem syllabam, siue motata uocali seu
perseuerante, producit ut 'ago egi' 'emo emi'. Tertia, quae similiter 'o' in 'i' uertit, depossitaque media consonante in qua prima
uocalis dissinit, producit uocalem ut 'frango fregi'. Quarta, quae
1125 et ipsa 'o' in 'i' conuertit et, deposita 'n' [ea] consonante, corripit
uocalem ut 'findo fidi' 'scindo scidi'. Quinta, quae, deposita 'o' littera, adsumit 'u' et 'i' ut 'colo colui' 'molo molui'. VI, quae, deposita 'o', adsumit 's' et 'i' ut 'scribo scripsi' 'carpo carpsi'. VII, quae,
deposita 't' et 'o', adsumptis 'u' et 'i' litteris, per geminum 'ss'
1130 enuntiatur ut 'meto messui'. VIII, quae simili correptione per
unum 's', preunte uocali producta, declinatur ut 'trudo trusi'. VIIII,
quae per geminationem primae sillabae profertur ut 'pungo popungi' 'curro cucurri'. X, quae uerborum conpositorum ultimam
geminat sillabam ut 'perdo perdidi' 'trado tradidi' 'reddo reddidi'
1135 'indo' 'addo' 'credo' 'prodo' 'abdo' 'condo'. XI, quae in formam
passiuorum resoluitur ut 'fido fissus sum' 'confido' 'difido'. XII,
quae per 'x' enuntiatur ut 'expugno | expunxi'.   100va

69. Per has formas declinabuntur haec uerba. Abago ago addero abdo addo abiecio arguo adiecio acuo adsumo aspergo ac-

---

69, 1138/1177 (*exempla quaedam*) CHAR. 476, 18–478, 11

Loc. par.: 67, 1114/1118 cfr *Ad Cuimn*. 18, 156-159; cfr TATV., *Append*. 107-114

68, 1119/1137 cfr TATV., *Append*. 115-155   1119/1137 *Ad Cuimn*. 18, 159-177
(*paene ad lit.*)   1122/1126 MALS. 228, 7-10   1133/1135 cfr MALS. 227, 10-11
1135/1136 MALS. 228, 10-11

69, 1138/1177 MALS. 225, 16–226, 26; cfr *Coni. Corb*. fol. 49ra   1138/
1164 cfr *Coni. Paris*. fol. 7v.9r

67, **1114** in uo *scripsi*] in o P   **1116** acuo *scripsi*] actuo P[a.c.] auctuo P[p.c.]

68, **1121** motat -o *scripsi*] motat e P[p.c.], motato *uel* motata P[a.c.]
1124 quarta] -rta *in ras*. P   **1125** o. in i. P[p.c.]] in .o.i. P[a.c.]   **1127** u et i
P[p.c.]] *om*. P[a.c.]   **1132/1133** popungi P[p.c.]] pungi P[a.c.]   cucurri P[p.c.]]
curri P[a.c.]   **1135** condo *scripsi*] tondo P

LIBER DE VERBO 69

1140 cido abigo – arcessio enim et arcesio ab alio repudiantur, sed tamen in ussu sunt – abnuo admitto afficio uel adficio adminuo
ascendo abluo adnuo aufugo ambigo arripio aspero uel adsero
alo et adfligo ango aspicio. Bibo buo barro bobo. Cano cado
credo cido cudo cumbo curro cresco cerno carpo cerpo capio ca
1145 pisso cupio cludo coniecto coniungo conpono consigno conpago
confingo confugio conperio construo constituo concludo conduco conspicuo contero conterio conruo congruo concedo concido concado concludo contingo congero confido consuo corrego corripio collego cognosco concutio conrapio condo confluo
1150 conperio coniecio constringo conclaudo. Dico dispono diminuo
depono derego dilego diluo distruo diduco deduco dicipio dificio distracho discribo distingo dispango discingo difigo difingo
dispergo discedo difido dissero dessero detero dedo demo disco
dehisco deiecio diglutino detego depello duco depondo distendo
1155 discendo discutio diuido discerno discio dissentio disiungo dissipisco difundo disino. Emitto emo edo aego effundo educuo eludo
erego effugio eiecio ego elido emergo excedo exsurgo extruo extrudo exuo expromo expono existo explodo expello excutio exusio extollo exprimo excedo. | Fugio facio fido fudo fodio frango   100vb
1160 fatesco fallo fello facessio fingo fluo flecto. Gero gigno uel geno
glesco. Iuno induco incipio inficio inpello insero iecio ignosco
inluo inbuo induo ingruo inruo influo insuo instruo inlido intendo
inpingo insisto inpertio innotesco incurro incumbo indo inrumpo
inuisso intellego incedo infringo impendo inuecho insurgo. Ledo
1165 luo ludo laquesso lacesco lanasco linquo linguo ligurrio. Minuo
mando meto mitto. Nubo necto negresco nosco. Obiecio obnubo
occido occupio obtego obmotesco obstupesco obstruo obficio
obprimo orgo ostendo. Parco pario protego pubesco pono posco
pango pungo pingo patesco perpendo perlego percutio pecto
1170 patefatio peto plaudo plodo portendo porrigo pretendo prepono
prospicio prodigo profundo procubo prodo. Quero quaero quatio. Radio rapio rapesco rudo rodo reprobo ruo rego reto reiectio
restruo renudo reficio resisto repello refello recedo rescio respuo.

69, **1140** arcesio $P^{a.c.}$] arcessio $P^{p.c.}$ **1140/1141** tamen *scripsi*] tantum
$P^{a.c.}$, tan $P^{p.c.}$ **1144** cresco $P^{p.c.}$] *om.* $P^{a.c.}$ **1146** concludo $P^{a.c.}$] conclaudo $P^{p.c.}$ **1150** diminuo $P^{p.c.}$] diminu $P^{a.c.}$ **1155** disiungo $P^{p.c.}$] dissiungo $P^{a.c.}$ **1170** portendo $P^{p.c.}$] portento $P^{a.c.}$ **1172** *post* rodo ruo
add. $P^{p.c.}$ **1173** restruo $P^{p.c.}$] restuo $P^{a.c.}$ refello recedo *in textu om. in
marg. restit.*

218   LIBER DE VERBO 69-71

Surgo sterno sungo scando seco sero struo serto sisto spargo
1175 strigo suscipio succipio suspendo susco succendo subdo. sub-
necto subterfugio scoto sterno strido. Turpesco trudo tego. Vngo
uendo uinco uado uoluo uagurro uergo uerto | uecho. His au-   101ra
tem omnibus prepositiones iungimus ut 'de' uel 'di' 'dis' 'ex' 'per'
'pro' 'pre' 'sub' 'super' 'supra' 'subter' 'ad' 're' 'circum' 'con' 'in':
1180 hae sunt prepositiones quae iunguntur uerbis.

   70. 'Rapio' uerbum actiuum indicatiuo modo dictum tempore
presenti numero singulari figurae simplicis personae primae coiugationis tertiae quod declinabitur sic: 'rapio -pis -pit -mus -tis ra-
piunt'; preterito perfecto 'rapui' et reliqua. Impersonali genere:
1185 tempore presenti 'rapitur a me a te' et reliqua, 'rapiebatur' 'raptum est fuit erat fuerat' 'rapietur'; 'rapiatur' 'rapiatur'; 'utinam ra-
peretur raptum esset fuisset rapiatur'; 'cum rapiatur' 'cum rape-
retur raptum sit fuit esset fuisset raptum erit fuerit'; 'rapi' 'raptum
esse' 'raptum fuisse iri'. Participia: presens 'hic' et 'haec' et 'hoc
1190 rapiens', tempore futuro 'hic rapturus' 'haec raptura' 'hoc raptu-
rum'. Participalia: 'rapiendi -do -dum' 'raptum raptu'. Sic declinabuntur aliae sex species, hoc est 'aspicio aspexi' 'interficio interfeci' 'sapio sapiui' 'fugio fugi' 'concutio concussi' 'pario peperi'.
Item in 'uo' ut 'tribuo tribui' 'induo indui' 'arguo' 'inbuo' 'accuo'
1195 'metuo' 'ruo' 'conruo' 'inruo' 'fatuo' 'statuo' 'diruo' 'exuo' 'minuo'
'pluo'; item 'instruo instruxi' 'fluo fluxi' 'adluo adluxi' 'struo
struxi'.

   71. Item alia uerba sunt quae consonantibus ante 'o' uel 'or'
terminantur, quorum in preteritis XI uel XII sunt species; haec per
1200 singula longum est declinare. Prima species haec est: 'peto pe-
tiui' 'repeto' 'expeto' 'quero | quaesiui' 'require' 'exquiro' 'con-   101rb

---

70, **1194/1197** (*exempla*) EVTYCH. 450, 5-6

71, **1198/1227** cfr MART. CAP., *Nupt.* 3, 319   **1200/1202** (*exempla*) CHAR.
320, 14-17; DIOM. 370, 1

Loc. par.: 71, **1200/1228** cfr CLEM. SCOT. 122, 3-13   **1200/1226** cfr *Ambi.*
406, 16–408, 14   **1200/1202** peto – triui] MALS. 228, 2-3

1177 uagurro $P^{p.c.}$] uagur $P^{a.c.}$

70, **1188** rapi *scripsi*] rapitur P **1189** raptum fuisse $P^{p.c.}$] raptum fuisset $P^{a.c.}$ **1192/1193** interfeci $P^{a.c.}$] interfici $P^{p.c.}$

LIBER DE VERBO 71   219

quero' 'tero triui' 'contero' 'appeto' 'conpeto'. Item 'lego legi'
'rumpo rumpi' 'cudo cudi' 'emo emi' 'uerro uerri' 'satago sategi'.
Item 'sperno spreui' 'cerno creui' 'cresco creui' 'discerno discreui'
1205 'uinco uinci' 'fundo fundi' 'sino sini' 'lino lini' uel 'linui' 'frango
fregi'. Item 'findo fidi' 'scindo scidi'. Item 'colo colui' 'molo molui'
'alo alui' 'texo texui' 'uomo uomui' 'tremo tremui' 'fremo fremui'.
Item 'scribo scripsi' 'nubo nupsi' 'sumo sumsi' 'mito misi' 'lambo
lambsi' 'ledo lesi' [incubo incubui] 'mergo mersi' 'parco parsi'
1210 'spargo sparsi' 'rodo rossi' 'sculpo sculpsi' 'carpo carpsi' 'scalpo
scalpsi' 'euado euassi' 'trudo re- detrussi' 'ludo lussi' 'labo lapsi'
'plaudo plausi' 'gero gessi' 'uro ussi' 'premo presi' 'caedo caessi'.
Item 'pono possui' 'conpono' 're-' 'appono' 'de-', 'meto messui'.
Item 'dico dixi' 'duco duxi' – sed imperatiuae auctoritate poeta-
1215 rum 'dic' et 'duc' faciunt, ratione uero 'face' 'duce' – 'rego rexi'
'pingo pinxi' 'pungo punxi' 'lingo linxi' 'frigo frixi' 'meio mixi'
'stringo strinxi' 'adfligo adflixi' 'tingo tinxi' 'pergo perrexi' 'polingo
polinxi' 'cingo cinxi' 'dilego dilexi' 'texo texi' 'cocco coxi' 'nexo
nexi' 'pecto pexi' 'surgo surrexi' 'uiuo uixi' 'uecho uexi' 'tracho
1220 traxi' 're-' 'dis-'. Item 'curro cucurri' 'psallo psissilli' 'cano cicini'
'pungo pupungi' 'tango tetigi' 'tondo totondi' 'pendo pependi'
'disco didici' 'tendo tetendi' 'pello pepulli' | 'pedo pepedi' 'fallo   101va
fefelli' 'cado cecidi' 'tollo tetulli'. Item, modico distamine, 'credo
credidi' 'trado tradidi' 'addidi' 'condidi' 'abdo redo redidi abdidi'
1225 'prodo prodidi'. Item 'pasco paui' 'sterno straui' 'prosterno' et si

---

1202/1206 (*exempla*) Char. 320, 6-12   1204/1206 (*exempla*) Diom.
370, 4-6   1206/1207 (*exempla*) Char. 318, 8-18 ; Diom. 367, 22-25   1208/
1212 (*exempla*) Char. 319, 19–320, 5 ; Diom. 369, 2-5   1214/1220 (*exempla*)
Diom. 369, 10-15   1215/1220 (*exempla*) Char. 319, 7-18   1220/1223 (*exempla*) Char. 318, 20–319, 1 ; Diom. 367, 31–368, 2 ; 368, 22-23 ; 370, 14-15   1223/
1225 (*exempla*) Char. 319, 3-5   1225/1226 (*exempla*) Char. 320, 19 ; Diom.
367, 21

Loc. par.: 1202/1206 cfr Mals. 227, 21-23   1206/1207 cfr Mals. 227, 2-3
1208/1212 cfr Mals. 227, 16-19   1214/1220 cfr Mals. 227, 12-16   1220/
1223 cfr Mals. 227, 5-9   1223/1225 cfr Mals. 227, 10-11   1225/1226 Mals.
227, 4–228, 1

71, 1202 tero – conpeto *in textu om. in marg. sup. restit.*   1211 trudo
re- *P*^p.c.] trudo *P*^a.c.   1216 lingo *P*^p.c.] ligo *P*^a.c.   mixi *P*^p.c.] mexi *P*^a.c.
1220 curro *P*^p.c.] curo *P*^a.c.   1221 tetigi *P*^a.c.] titigi *P*^p.c.   1123 modico *P*^p.c.] moddico *P*^a.c.

220   LIBER DE VERBO 71-72

alia. Item neutra passiua 'fido fissus sum fui eram', sic 'difido' 'confido' – sed his uerbis trea sunt participia ut 'fidens fissus fissurus'.

72. Item scias quae genera et quot species in preteritis perfectis in unaquaque consonante ante 'o' uel 'or' possita inueniri potuerint. Primo in 'bo' actiua ut 'scribo lambo', neutra 'incumbo' et reliqua: tres autem habet preteriti ut 'scripsi' 'incubui' 'lambi' uel 'labi'. In 'co' actiua, 'didico' 'duco -xi' 'quoco -xi'; neutra ut 'pasco paui' 'quiesco quieui' 'cresco creui' 'adolesco adoleui' item 'conspico conspicui' item 'parco peperci' 'posco poposci'. In 'do' actiua 'ledo lessi' 'rodo rossi' 'rado rassi' 'trudo trussi' item 'incendo incendi' item 'reddo reddidi' 'trado tradidi' 're-' 'addo' 'credo'; neutra ut 'cado cicidi'. In 'go' actiua, 'lego relego tego legi', item 'tango titigi' 'pungo pupugi' 'tendo tetendi' 'tondo totondi' item 'dilego dilexi' 'tingo tinxi' 'polingo polinxi' 'figo fixi' item 'frango fregi' 'ago egi' item 'spargo sparsi' item neutra, 'pergo perrexi' 'surgo surrexi'. In 'lo' actiua ut 'colo colui' 'alo alui' item 'pello pepulli' 'fallo fefelli', neutra minus. In 'mo' actiua, 'emo emi' 'premo premi' 'dirimo' 'conprimo' 'interemo'; item neutra, 'tremo tremui' 'uomo uomui'. In 'no' actiua, 'pono possui' 'lino linui' item 'cano cecini' item 'sperno spreui' 'cerno creui' 'discerno' item 'sterno | straui'. In 'po' actiua, 'scalpo scalpsi' 'sculpo', reliqua. In   101vb 'ho' actiua ut 'uecho'. In 'quo' actiua ut 'linquo linqui' 're-' et alia. In 'so' actiua, 'uiso uisi' 'pinso pinsi' et alia [et alia]. In 'ro' actiua, 'quero quesiui' et alia. In 'to' actiua, 'mito misi' item 'meto metui' uel 'messui' 'pecto pexui' 'necto nexui'; item neutra 'sterto stertui' item 'sisto sistii'. In 'xo' actiua 'texo texui' 'nexo nexui' et alia. In 'uo' actiua 'soluo solui' 'caluo calui'.

72, **1233/1235** (*exempla quaedam*) Evtych. 470, 10-13

Loc. par.: **1226/1228** cfr Mals. 228, 10-11

1226 fid *ante* difido *scripsit* P^{a.c.} *del.* P^{p.c.}

72, **1231** incumbo *scripsi*] incubo P   **1233** didico P^{p.c.}] didiico P^{a.c.} **1235** conspico P^{p.c.}] conspicio P^{a.c.}   **1238** neutra P^{p.c.}] intra P^{a.c.} **1239** pungo pupugi *scripsi*] pango pupungi P   tendo *scripsi*] tetendo P **1244** interemo *ex Eut. 478, 18 scripsi*] itemo P   **1249** et alia *del.* P^{p.c.}

LIBER DE VERBO 73-74 221

73. In declinatione huius ordinis animaduerti debet quod, in
1255 actiua declinatione, prima et secunda et tertia persona similibus
sillabis constent ut 'lego -is -it'; passiua uero declinatione una sillaba crescunt ut 'legor legeris'. Sed tamen, quotiens in duas uocales dissinit, una sillaba deperit ut 'facio facis -it'; et in hac forma
passiua declinatio similibus conspicitur ut 'morior moreris' 'ad-
1260 gredior adgrederis' – interdum 'orior' et 'potior' 'oreris' et 'poteris'
faciunt. Item in hoc ordine prima et nouissima parte geminan-
tur ut 'parco peperci' 'curro' 'credo' 'reddo' et, additis prepossitionibus, dissinunt iterari, duobus exceptis 'curro' et 'posco'. Item
consuetudo deprauat breuitatis gratia ut 'fac dic duc': anologia
1265 enim exigit ut 'face dice duce' dicatur. Imperatiua enim in omni
coiugatione a saecunda persona diriuatur amisa 's' littera semiuo-
cali ut 'amas ama' 'doces doce' 'audis audi'; sed in hoc ordine 'i'
correpta in 'e' correpta conuertitur ratione temporis | ut 'legis   102ra
lege'. Additaque 're' sillaba infinitiuus efficitur ut 'amare' 'do-
1270 cere' 'legere' 'audire'; itaque, nisi 'dice duce face' declinetur, infinitiuum esse non poterit 'dicere' 'ducere' 'facere'. Hinc imperatiua
VII litteris finiuntur, id est 'a' 'e' utraque 'i' 'o' 'r' 's' 'c', ut 'ama'
'doce' 'lege' 'audi' 'cedo' 'aufer' 'es' uel 'sis' 'dic' – sed 'fatio' in
conpositione redit ad analogiam ut 'perficio perfice' – sicut et in-
1275 dicatiua uerba V litteris terminantur, id est 'o' 'r' 't' 'm' 'i', ut 'doceo' 'doceor' 'tedet' 'sum' 'memini'.

74. DE DICLINATIONE INCHOATIVA

Verbum inchoatiuum sic declinatur: 'feruesco' uerbum neutrale, indicatiuo modo dictum, tempore praesenti, numero singu-
1280 lari, figurae simplicis, personae primae, coiugationis tertiae correptae, quod declinabitur sic: 'feruesco -is -cit -mus -tis -cunt'
'feruescebam -as -at' reliqua, futuro 'feruescam -ces -cet' reliqua;
'feruesce -at' 'feruescamus feruescite' uel 'feruescatis feruescant'

Loc. par.: 73, 1263/1271 MALS. 229, 17-25   1271/1276 MALS. 229, 27–230, 2

74, 1277/1301 MALS. 230, 3-25

73, **1257** tamen *scripsi*] tantum *P*   **1259** declinatio *P*$^{p.c.}$] declinationibus *P*$^{a.c.}$ **1264** analogia *scripsi*] anolo *P*   **1266/1267** semiuocali] semi-
uocalis *P*   **1269** sillaba *scripsi*] sillabam *P*   **1272** utraque *scripsi*] utrã *P*
ut uid.

74, **1279** indicatiuo *P*$^{p.c.}$] incatiuo *P*$^{a.c.}$

222 LIBER DE VERBO 74-75

futuro 'feruescito' uel 'feruescas feruescat feruescamus feruesci-
1285 tote' uel 'feruescatis feruescant' uel 'feruescunto'; optatiuo modo
tempore presenti et imperfecto, 'utinam feruescerem -es -et' et reliqua, futuro 'utinam feruescam -cas -cat'; 'cum feruescam -cas
-cat' 'cum feruescerem -es -et', reliqua; 'feruescere' tantum. Impersonali genere: 'feruescitur feruescebatur feruescetur', reliqua.
1290 'Feruescendi -do -dum' tantum. Participia: praesens 'hic' et 'haec'
et 'hoc feruescens'. Sic declinanda sunt: 'albesco' 'pallesco'
'habesco' 'calbesco' 'pertimesco' 'euanesco' 'terresco' 'horresco'
'lauesco' 'miseresco' 'dormesco' 'delitesco'; item a nominae 'ig-
nesco' 'herbesco' | 'uesperasco' 'purporasco' 'senesco' 'iuue- 102rb
1295 nesco' 'gelisco'; a proprio 'antonesco'. Haec omnia perfecta non
habent quia quo inchoantur preteritum non habent. Vnde quidam
solent declinanda inchoatiua preteritis perfectorum uerborum uti,
quamuis inchoatiuae declinetur, ueluti 'horresco horrui' quod est
ab 'horreo', 'turpesco turpui', quod est a 'torpeo', et his similia.
1300 Quae uero a nomine ueniunt siue a proprio uel appellatiuo, perfecta non habebunt.

75. DE PASSIVA ET COMMVNI ET DEPONENTI
DECLINATIONE

'Rapior' uerbum passiuum, indicatiuo modo dictum, tempore
1305 presenti, numero singulari, reliqua: 'rapior raperis rapitur rapimur
rapimini rapiuntur'; inperfecto 'rapiebar', reliqua; perfecto 'rap-
tus sum est'; futuro 'rapiar rapieris rapietur', reliqua. Imperatiuo
modo: 'rapere rapiatur'; futuro 'raperis rapiatur rapiamur rapia-
mini rapiuntor'. Optatiui modi: 'utinam raperer' et reliqua. Sic de-

---

74, **1291/1295** (*exempla quaedam*) EVTYCH. 448, 28–449, 2   **1295/**
1296 CHAR. 329, 30-31 (*paene ad lit.*)   **1296/1299** CHAR. 330, 1-4 (*paene ad lit.*)

Loc. par.: 1291/1295 (*exempla*) TATV. 3, 885-889

75, **1309/1315** cfr CLEM. SCOT. 122, 15

1288 cum feruescerem -es -et] c. f. ces cet *P*   **1292** calbesco *P*] caluesco
Eutychis codd. nonnulli   **1294** uesperasco *P^{p.c.}*] uesperascho *P^{a.c.}*
1295 *ante* perfecta *super lin.* preterita *add. P^{p.c.}*   **1297/1298** uti quamuis *Mals.*] utiq uis *P*   **1298** declinetur *P^{a.c.}*] declinentur *P^{p.c.}*   horrui
quod *P^{p.c.}*] h. quia *P^{a.c.}*

75, **1303** declinatione *scripsi*] declina *P*

LIBER DE VERBO 75

1310 clinabuntur alia: 'elicior electus sum' 'eripior ereptus sum' 'percutior percussus sum'; item deponentia 'morior mortuus sum' 'patior passus sum'; interdum 'orior' et 'potior', 'ortus sum' et 'potitus sum'. Item 'induor indutus sum' 'arguor argutus sum' 'acuor acutus sum' 'inbuor inbutus sum'; item deponentia 'fruor fruitus sum'

1315 'liquor licitus sum' 'sequor sequutus sum'. Item 'petor petitus sum' 'queror quesitus sum re- ex-' 'terror territus sum con-' 'ponor positus sum' 'legor lectus sum' 'rumpor ruptus sum' 'emor emtus sum' 'uersor uersus sum' 'frangor fractus sum' 'spernor spretus sum' 'uincor uictus sum' 'findor fissus sum' | 'scindor scissus sum'   102va

1320 'color cultus sum' 'texor textus sum' 'cognoscor cognitus sum' 'scribor scriptus sum' 'sumor sumptus sum' 'mitor missus sum' 'ledor lessus sum' 'mergor mersus sum' 'cedor cessus sum' 'trudor trussus sum re- de-' 'dicor dictus sum' 'regor rectus sum' 'pungor punctus sum' 'credor creditus sum' 'trador traditus sum' 'reddor

1325 redditus sum' 'pascor pastus sum' 'sternor stratus sum pro-'. Sciendum est hoc quia non inueniuntur communia uel deponentia tertiae coiugationis correptae in hoc scemate, exceptis nouem, ut 'loquor' 'sequor' 'queror questus sum' 'nitor nisus sum' 'utor usus sum' 'labor lapsus sum' 'uertor uersus sum' 'fungor functus

1330 sum' et 'plector plectus sum'. Et illis exceptis quae ante 'cor' 'as' uel 'es' uel 'is' habent ut 'irascor iratus sum' 'nascor natus sum' 'uescor uescui' 'ulciscor ultus sum' 'nanciscor nanctus sum' 'paciscor pactus sum' 'comminiscor comminutus sum' 'aedipiscor adaeptus sum' 'obliuiscor oblitus sum' 'expergiscor experectus

1335 sum' 'expergiscor expergefactus sum'. Horum impersonalia et gerendi uerba, qui legat procurat.

75, **1330/1335** Evtych. 470, 31-34

Loc. par. : 1326/1335 *Ambi.* 412, 3-12 ; Clem. Scot. 122, 16 ; (*exempla*) Tatv. 3, 940-944

1310 eripior *scripsi*] eripor *P*   1314 fruor *scripsi*] fuor *P*   1315 petitus *scripsi*] tetitus *ut uid. P*   1316 terror *P*$^{p.c.}$] teror *P*$^{a.c.}$ 1331 is *scripsi*] his *P*   1332 nanctus *P*$^{p.c.}$] nanetus *P*$^{a.c.}$ 1335/1336 gerendi *P*$^{p.c.}$] gerendi *P*$^{a.c.}$ 1336 procurat *P*$^{p.c.}$] procurrat *P*$^{a.c.}$

224   LIBER DE VERBO 76-77

76. DE QVARTA COIVGATIONE

Quartae coiugationis haec est agnitio: cuius prima persona, 'o'
uel 'or' terminata, duabus tantum anteceditur uocalibus, 'e' 'i' ut
1340 'queo -is -it' 'audio -is -it' 'audior -iris' 'mentior -iris' 'mecior meti-
ris'. Futurum uero eiusdem modi in 'am' et in 'ar', in 'bo' et in 'bor'
dissinit: 'audiam' 'audiar' 'ueniam' 'mentiar' 'metiar' 'seruiam' | et   102vb
'seruibor' 'uinciar' et 'uintibor' 'sciam' et 'scibo' – sed hoc poeta-
rum libertas est. Verba tamen quae 'e' ante 'o' habent iure in 'bo'
1345 futurum mittunt ut 'eo ibo' 'queo quibo' 'queor quibor'; sed pre-
dicta libertas 'eam' 'queam' 'quear' facit. Sic sunt conposita: 'ue-
neo' 'nequeo' 'prodeo' 'redeo' 'in' 'ex' 'ad' 'pre' 'con' 'sub' 'per'
'ante' 'circum' 'intro' 'trans' 'preter': haec omnia in 'bo' futurum
mittunt similitudinem secundae coiugationis et in 'am' futurum;
1350 ideo terminant 'eo' quod in secunda persona motant 'e' in 'i' ut
'eo is it'.

77. Preterito uero tempus huius coiugationis in V uel VI formas
habet. Prima, que 'ui' sillabam ad imperatiuum addit; sed consuetudo, breuitatem apetens, 'u' litteram subtrachit et 'i' geminat ut
1355 'audio -ui' uel '-ii' 'salio -ui' uel '-ii' 'seruio -ui' uel '-ii' 'senio -ui'
uel '-ii' 'laenio -ui' uel '-ii' 'garrio -ui' uel '-ii' 'gestio -ui' uel '-ii'
'insanio -ui' uel '-ii' 'essurio -ui' uel '-ii' 'ligurrio -ui' uel '-ii' 'parturio -ui' uel '-ii' 'uestio -ui' uel '-ii' 'presagio -ui' uel '-ii' 'hirio -ui'
uel '-ii' 'hinnio -ui' uel '-ii' 'mugio -ui' uel '-ii' 'malio -ui' uel '-ii'
1360 'polio' 'sepelio' 'reperio' 'grunnio'. Huic similis est ille modus qui
ab alis separatur, cum prima persona in similitudinem secundi ordinis cadit et tempus preteritum per 'ii' duplici uel in 'iui' terminatur ut 'eo ii' uel '-ui' 'queo quii' uel 'quiui'. Et omnia conposita
sic declinantur: XX enim et duae prepositiones huic uerbo con-

---

77, **1353/1360** (exempla) CHAR. 321, 1-13; DIOM. 370, 27–371, 3 (paene ad lit.)

Loc. par.: 76, 1340/1341 audio – metiris] cfr MALS. 231, 1-2   1341/
1351 cfr MALS. 231, 4-17; cfr Coni. Corb. fol. 50ra

77, **1352/1375** MALS. 233, 9-234, 1   1352/1367 cfr CLEM. SCOT. 123, 3-5
1353/1367 (exempla) cfr Ambi. 417, 18-22; 418, 9-15

76, **1343** uinciar $P^{p.c.}$] unciar $P^{a.c.}$ **1350** terminant $P^{p.c.}$] terminantur $P^{a.c.}$

77, **1362** per $P^{p.c.}$] prae $P^{a.c.}$ ii duplici $P^{p.c.}$] d uel uplici $P^{a.c.}$ ut uid.
1364 huic $P^{p.c.}$] hic $P^{a.c.}$

LIBER DE VERBO 77

1365 ponuntur ut 'nequeo ueneo transeo introeo anteeo | subeo ineo   103ra
adeo exeo redeo prodeo pereo abeo depereo coeo' – 'pro' et 're'
admittunt unam litteram 'd'. Omnia haec sine 'e' preterito imperfecto declinantur ut 'ibam' et futurum in 'bo' mittunt et, cum hoc
uerbum, id est 'eo', similitudinem secundi ordinis prima persona
1370 obteneat, in participio tamen distant ab uerbo 'eo': in secundo
enim ordine participia una sillaba deteriora sunt uerbis; 'eo' uero
'iens' facit non 'ens', quoniam genitiuum facit 'iuntis' et omnia ab
eo conpossita. Secunda forma est quando in 'i' uocalem dissinit
nulla duce consonante, 'io' litterae motatae in 'ui' ut 'aperio
1375 aperui' 'operio operui': sic 'uolo uolui' 'nolo nolui' 'malo malui'.
Da hac forma. 'Salio salui' quod tamen non ratione. Tertia forma
est quae in 'si' dissinit depossita 'o' uel 'io' et precedente consonante in 's' conuersa ut 'farcio farsi' 'sarcio sarsi' 'fulcio -si' 'sepio
sepsi' 'sentio sensi' 'aurio ausi' 'cambio cambsi' – haec VII sunt.
1380 Quarta est que in 'xi' cadit, 'o' deposita et 'c' in 'x' uerso: 'sancio
sanxi' 'uincio uinxi'. Quinta est, 'o' amisa et sillaba precedens
producta, declinetur uerbum ut 'uenio ueni' et plusquam 'ueneram'. Sunt et in hoc ordine mixta uerba que instanti tempore
actiuam habent declinationem et in preterito passiuam ut 'fio fis
1385 factus sum fui eram fueram' et ab eo conposita: 'madefio' 'calefio'
'patefio' 'adsuefio' 'arefio' et si qua sunt. Et communia | actiua   103rb
declinatio infinitiuo 'e' finiuntur; haec uero per 'i'; et in actiuis
duo participia, in his autem III ut 'fiens factus facturus'. Sed omnia uerba quarti ordinis quae preterito inperfecto 'i' ante 'e' ha-
1390 bent secundum antiquos 'ui' syllabam amittunt et circumflectun-
tur ut 'munî' 'punî', qualiter in tertio ordine ut 'cupî' 'petî', et
libenter consuetudo 'ui' sillabam uetat.

1373/1375 CHAR. 321, 13-16; DIOM. 371, 3-4 *(paene ad lit.)*   **1378/
1379** CHAR. 321, 25; DIOM. 371, 13-15   **1380/1381** CHAR. 321, 21-23; DIOM.
371, 15-16   **1385/1386** madefio – qua sunt] *(exempla quaedam)* CHAR.
327, 26-31

Loc. par.: 1373/1375 cfr *Ambi.* 417, 23; cfr CLEM. SCOT. 123, 4-6   **1376/
1388** MALS. 234, 1-12; cfr *Ambi.* 418, 1-9; CLEM. SCOT. 123, 5-6   **1383/
1386** cfr CLEM. SCOT. 123, 10   **1388/1392** cfr MALS. 234, 13-18

1366 pro et re $P^{p.c.}$] pro re $P^{a.c.}$ **1368** ut ibam *Mals.*] utinam *P*
1380 deposita $P^{a.c.}$] deposito $P^{p.c.}$ **1382/1383** ueneram $P^{p.c.}$] ueram $P^{a.c.}$
1392 libenter $P^{p.c.}$] libetntetr $P^{a.c.}$

226   LIBER DE VERBO 78-79

78. 'Queo' uerbum actiuum, indicatiuo modo dictum, tempore presenti, numero singulari, figurae simplicis, personae primae, coiugationis quartae, quod declinabitur sic: 'queo quis quit -mus -tis -unt', inperfecto 'quibam', perfecto 'quiui', preterito plusquam 'quiueram', futuro 'quibo'; imperatiui modi 'qui queat -mus quite -ant', futuro 'quito'; optatiui modi 'utinam quirem' reliqua, 'utinam quiuissem' reliqua, futuro 'utinam queam' reliqua; coniunctatiui 'cum queam', imperfecto 'cum quirem' reliqua, perfecto 'quiuerim' reliqua, plusquam 'quiuissem' reliqua, futuro 'quiuero' reliqua; infinitiui 'quire' reliqua. Impersonali modo, tempore presenti 'quitur', 'quiebatur', 'quitum est' uel 'fuit' 'quitum erat' et 'fuerat', 'quibitur'; imperatiuum †eat† 'queatur', 'queatur'; optatiuum 'utinam queretur quitum esset' uel 'fuisset', futuro 'utinam queatur'; coniunctatiuum 'queatur' 'quiretur' 'quitum sit' uel 'fuerit' 'quitum esset' uel 'fuisset' 'quitum erit' uel 'fuerit'; infinitiuum presens 'quiri', preteritum 'quitum esse' uel 'fuisse', futurum 'quitum iri'. Participium presens 'hic' et 'hec' et 'hoc quiens', futurum 'hic quieturus' 'haec -ra' 'hoc -rum'; participalia autem 'huius quiendi -do -dum -tum -tu'.

79. Item per neutra, 'eo' uerbum quod declinabitur sic: 'eo is it imus itis eunt'; preterito 'ii iisti iit iimus | iitis iierunt' uel '-re', uel   103va 'iui iuisti iuit iuimus iuistis iuerunt' uel '-re'; 'ieram -as -at' reliqua; 'ibo -is -it -mus -tis -bunt' uel 'eam ees -et eemus -etis eent'. Imperatiuo: 'i eat eamus ite eant'; futuro 'ito eat eamus itote eant uel eunto'. Optatiuo: 'utinam irem', reliqua; 'utinam iissem' uel 'iuissem -es -set', reliqua; 'eam eas eat -us -tis -ant'. Coniunctatiuo: 'cum eam' reliqua; 'cum irem' reliqua; 'cum ierim'; 'cum iuissem -es -et'; 'iero -is -it -mus -tis -int'. 'Ire' uel 'iisse' 'itum ire' uel 'iturum esse' 'iens' 'iturus -ra -rum'. 'Itur' 'iebatur' 'itum est fuit erat fuerat' 'ibitur' 'ibatur'; 'itum esset' et 'fuisset' 'eatur'; 'cum eatur' 'iretur' 'itum sit' et 'fuerit' 'itum esset' et 'fuisset' 'itum erit' et

---

78, **1396** unt $P^{a.c.}$] queunt $P^{p.c.}$ *post* quibam] as at *add.* $P^{p.c.}$ *post* quiui] quiuisti quiuit *add.* $P^{p.c.}$ preterito *scripsi*] p&erito P **1397** *post* quiueram] as at *add.* $P^{p.c.}$ *post* quibo] bis it uel queam quies quiet mus etis ent *add.* $P^{p.c.}$ mus $P^{a.c.}$] queamus $P^{p.c.}$ **1398** *post* quito] queat amus quetote uel queatis queant uel unto *add.* $P^{p.c.}$ **1400/1401** *post* quiuerim] reliqua *om.* $P^{a.c.}$ *suppl.* $P^{p.c.}$ **1407** fuerit *scripsi*] fuit P **1408** fuisse $P^{p.c.}$] fuisset $P^{a.c.}$

79, **1412** per P] *fortasse* personalia *legendum*   **1413** preterito *scripsi*] p&ert P **1422** *ante* esset₁ est *scrips.* $P^{a.c.}$] *del.* $P^{p.c.}$

LIBER DE VERBO 79-81　　　　227

'fuerit'; 'iri' 'itum esse' uel 'fuisse'. Participalia: 'eundi -do -dum'
1425 'itum' 'itu'. Et conposita 'ineo' 'adeo'; sed nonnulla ex his accepta
conpositione actiua sunt ut 'pretereo' et 'pretereor'.

80. Actiua in 'io' haec sunt: 'custodio -is -dit -mus -tis -unt' et
'reliqua'. Et sic declinantur alia uerba: 'munio munii' uel '-ui' 'garrio' 'uestio' 'audio' 'mallio' 'pollio' 'repperio' 'lanio' 'hinnio' 'estio'
1430 'sepelio'; item 'operio operui'; item 'haurio hausi' 'sepio sepsi'
'fulcio fulsi' 'sentio senti'; item 'sancio sanxi'; item 'salio salui'.
Item ordo alfabeti intimandus: aperio aduenio abortio amitio
adeo abeo ambio arcio adsuio anteo; bullio balbutio; conuenio
consentio conperio contraio condio circumeo calefio coeo cio;
1435 dormio dormiturio difinio discutio discio disentio diseruio depereo; eo essurio erudio efutio exinanio exario excutio exeo; ferio
finio farcio fastudio fulcio furio – sed prima persona defecit; glu-
tio gestio garrio grunnio – quod et grundio; hirrio hinnio | harrio　　103vb
hostio; inpedio inuenio inperitio ineo introeo inretio insanio in-
1440 signio ineptio interio; linio ligurrio labessio lasciuio; moenio mic-
turio mollio madefio mansuefio mugio mallio malo; nutrio nescio
nequeo nolo; operio obsedio obeo; pretereo pereo prodeo pereo punio patefio prurio presagio parturio polio; queo; redimio
repperio resarcio redeo rescio; sancio sarcio scio seruio salio
1445 sopio sentio sitio superbio sepelio stabilio sepio sagio; trio tin-
nio; uenio uestio ungio uincio uolo.

81. Horum passiua sic declinantur. 'Queor -ris -tur -mur -mini
queuntur', 'quiebar -ris -tur -mur -mini -tur', 'quitus sum fui eram
fueram', futuro 'quibor quibiris quibitur quibimur quiebamini

---

80, **1432/1446** (*exempla quaedam*) CHAR. 478, 13-32; EVTYCH. 451, 8-14

Loc. par.: 80, **1427/1428** cfr *Coni. Corb.* fol. 49vb　　**1432/1446** MALS.
232, 23–233, 8

1425 itu $P^{p.c.}$] itum $P^{a.c.}$　　sed *conieci*] sunt P　　**1426** pretereor *scripsi*]
preter eos P

80, **1428** *post* reliqua] custodiui uel custodii *super lin. add.* $P^{p.c.}$
1430 haurio $P^{p.c.}$] aurio $P^{a.c.}$　　**1434** contraio] *fortasse* contraeo *legendum*　　**1436** exinanio $P^{p.c.}$] exanio $P^{a.c.}$　　**1438** grunnio $P^{p.c.}$] grunio $P^{a.c.}$
1439 insanio $P^{p.c.}$] inanio $P^{a.c.}$

228 LIBER DE VERBO 81-83

1450 quiebuntur'; 'quire queatur quiemur quiemini quentur', 'quitor'
uel 'quearis queator queamur queamini queantor'; optatiuo 'utinam quirerer', reliqua. 'Custodior -ris -tur -mur -ni -tur', 'custodie-
bar -aris -tur -mur -ni -tur', 'custoditus sum', 'custodiar -eris -etur
-ur -ni -entur'; imperatiuo modo, 'custodire -atur -mur -mini -tur',
1455 futuro 'custoditor -atur -amur -mini -tur'; 'utinam custodirer' et
cetera qsc. Alia passiua: 'aperior operior condior difinior inuenior
nutrior repperior sancior uincior seruior'; item 'mentior dimetior
blandior amicitior absentior largior ordior sortior partior biper-
tior | tripertior quadripercior conpertior inrecior mollior operior';   104ra
1460 interdum 'orior' et 'patior'.

82. Deponentia sic declinabuntur. 'Blandior -is -tur -mur -mini
-tur' 'blandebar -ris -tur -mur -mini -tur' 'blanditus sum', futuro
'blandiar blandieris -etur -mur -emini -tur'; imperatiuo modo,
'blandire -atur -mur -amini -antur', futuro 'blanditor blandiator
1465 -mur -iamini -antor'; optatiuo modo 'utinam -rer et reliqua'. 'Blan-
ditur' 'blandiebatur' 'blanditum est' 'fuit' 'erat' 'fuerat' 'blandietur',
reliqua.

83. Hic ordo in preterito imperfecto diuerse refertur: nam ea
quae habent 'e' ante 'o' adiecta ad imperatiuum modum 'bam'
1470 syllaba ⟨faciunt⟩ preteritum imperfectum ut 'eo ibam' 'adeo adi
adibam'; ea uero quae 'i' ante 'o' habuerint non solum imperatiuo
'bam' addunt sed etiam 'e' productam preponunt ut 'audebam
nutriebam leniebam'. 'Fio' uerbum passiuum productae coiugationis quod declinabitur sic: 'fio fis fit -mus -tis -unt' '-bam -as -at

---

81, **1456/1460** (*exempla quaedam*) Char. 467, 25-34; Evtych. 451, 14-15

83, **1468/1473** Consent. 384, 1-6 (*paene ad lit.*)

Loc. par.: 81, **1456/1460** Mals. 235, 12-16; cfr *Ambi.* 420, 3-6; 14-19;
cfr Clem. Scot. 123, 12-13

83, **1468/1473** cfr Mals. 235, 25-27; 236, 1-3

81, **1450** *post* quiebuntur] uel quear aris atur amur emini quientur *supra lin. add.* P^{p.c.}   **1451** *post* queantor] *supra lin.* uel tor *add.* P^{p.c.}
1456 qsc P] quae secuntur *intellege*   **1457** sancior *scripsi*] sancor P

82, **1463** blandiar *scripsi*] bandiar P

83, **1468** imperfecto *Mals.*] perfecto P   **1470** syllaba *Cons.*] syllabam P
faciunt *ex Mals. restitui*

LIBER DE VERBO 83-84   229

1475 -mus -tis -ant' 'factus sum es est facti sumus estis sunt' futuro 'fiem
es -et'; imperatiuo 'fi -at -mus fite -ant' futuro 'fito -at -mus -tote
fiunto'; optatiuo modo 'fierem' reliqua, futuro 'fiam' et reliqua. Sic
declinantur alia uerba: 'expergefio calefio adsuefio mansuefio liquefio tepefio'; sed hec uerba tertiae coiugationis similitudinem
1480 habent in preterito perfecto et plusquam perfecto et futuro coniunctatiui modi, ut 'expergefatio expergefeci' et reliqua.

84. DE CORRVPTIS ET ANOMALIBVS

'Sum' uerbum neutrale corruptum, in primis anomale, in sonis
difectatiuum, essentiam naturae significans, quod Dei solius spe-
1485 ciale est, declinatur sic: 'sum es est sumus estis sunt'; | partici-   104rb
pium presens non habens 'futurus -a -m'. Fere sic declinanda sunt
quae conponantur ab eo ut 'possum presum ab- de- ob- in-'; item
'contentus sum' 'securus' 'ratus' 'fretus' 'detentus' 'notus' 'certus' –
et alia nomina adiecta. Sed 'possum' in declinatione adiecit lit-
1490 teram 't' ut 'potes' et commotat preteritum ut 'potui', sed secundum alios legitur 'possum possis possit', infinitiuum futurum et
participia non habens quia 'potens' est nomen non participium.
Et hoc uerbum passiua significatione secundum ueteres dicebatur
ut 'potestur' et 'possuntur'. Item 'prosum' litteram 'd' adiecit ut
1495 'prodes prodest'; et hoc participio presenti defecit et facit 'profu-
turus -a -m'. Ab eo autem quod est 'presum' et 'absum' 'presens'
et 'absens' facit; secundum alios, ut nomina sunt.

1478/1479 CHAR. 327, 36-38

84, 1493/1494 DIOM. 385, 15-17 (*paene ad lit.*)

Loc. par.: 84, 1483/1486 cfr MALS. 236, 13-25   1486/1489 MALS. 236, 25–
237, 2 (*paene ad lit.*)   1486/1488 *Ambi.* 424, 19-24   1489/1492 cfr
MALS. 237, 2-8   1494/1497 cfr MALS. 237, 10-12   1496/1497 cfr CLEM.
SCOT. 126, 9

1478/1479 liquefio *scripsi*] liqueofio P

84, 1484 quod dei $P^{p.c.}$] quia dei $P^{a.c.}$ 1485 sunt sic declinatur $P^{a.c.}$]
sic declinatur *del.* $P^{p.c.}$ 1486 habens *scripsi*] habent P   1492 habens
scripsi] habent $P^{a.c.}$ habet $P^{p.c.}$ participium $P^{p.c.}$] participia $P^{a.c.}$
1493 hoc $P^{p.c.}$] haec $P^{a.c.}$ *ut uid.*   1494 possuntur *Diom.*] possunt P
1496 quod $P^{p.c.}$] quia $P^{a.c.}$

230 LIBER DE VERBO 85-87

85. 'Fero' uerbum inaequale cuius binus sensus diuersus copo-
lat sonos, quod actiuae declinabitur sic: 'fero fers fert ferimus fertis ferunt', inperfecto 'ferebam', perfecto 'tuli', plusquam 'tuleram',
futuro 'feram -res -ret', reliqua; imperatiuo modo 'fer ferat feramus ferte ferant', futuro 'ferto ferat feramus', reliqua; optatiuo
'utinam ferem -res -ret' 'utinam tulissem' reliqua; infinitiuo modo
'ferre' 'tulisse' 'latum ire' uel 'laturum esse'; 'ferendi -do -dum' latum latu' 'ferens laturus'. Sic ex eo conposita ut 'aufero abstuli'
'effero' 'con-' 'ad-' 'in-' 'pre-' 'ex-' 'offero' 'affero' 'circumfero'
'ante-' 'trans-' 'difero' 're-'. Impersonale: 'fertur' 'ferebatur' 'latum
est fuit erat fuerat' 'feretur' et reliqua. 'Feror' uerbum passiuum
quod declinabitur sic: 'feror fereris fertur ferimur ferimini ferun-
tur' 'ferebar -ris -tur -mur -mini -tur' | 'latus sum fui eram fueram' 104va
'ferar -eris -tur feremur ferimini -entur'; imperatiuo modo 'ferre
feratur feramur ferimini ferantur', futuro 'fertor -atur feramur fera-
minor ferantor'; optatiuo 'ferrer', 'latus essem', futuro 'ferar' et reliqua. Sic conposita 'deferor adferor'. 'Fero' significat 'uecho' uel
'nuntio'. Haec tamen omnia maximae signa sunt tertiae coiugationis.

86. 'Tollo' quod significat 'susteneo' uel 'eleuo': 'tollo -lis -lit
-mus -tis -lunt', 'tollebam' reliqua, 'sustuli' reliqua; 'tollens' 'subla-
turus'.

87. 'Possum potes potest posumus -tis -sunt', 'poteram' reliqua,
'potui' reliqua, 'potueram' reliqua, 'potero' reliqua; 'possis' reliqua, 'potesto possit possimus potestote -sint' uel 'posunto'; optatiuo 'utinam possem -es -et' reliqua, 'utinam potuissem' reliqua,
futuro 'possim' reliqua; 'cum possem' reliqua, 'potuerim' uel
'potuissem' reliqua, futuro 'potuero' reliqua; 'posse potuisse' et
futurum non habet. 'Potens' autem dicunt alii quod nomen non
participium.

Loc. par.: 85, 1499/1508 cfr Mals. 237, 14-26   **1514** Mals. 237, 28
1514/1515 Mals. 238, 2 (*paene ad. lit.*)

85, **1499** quod $P^{p.c.}$] quia $P^{a.c.}$ **1501** post fer] uel feras *supra lin. add.*
$P^{p.c.}$ **1502** ferant *Mals.*] ferunt P

86, **1517** eleuo $P^{a.c.}$] eliuo $P^{p.c.}$, euello *fortasse scribendum*

87, **1526/1527** nomen non particium *scripsi*] nom non participii P

LIBER DE VERBO 88-90   231

88. 'Edo' uerbum corruptum actiuae significationis: 'edo es est -mus estis edunt', 'edebam' reliqua, 'edi -ti -it -us -tis -runt' uel
1530 '-re', 'ederam -as -at' reliqua, 'edam -es -et' reliqua; 'es edat [reliqua] edamus este edant', 'esto edat -mus' reliqua; 'essem -ses -set' reliqua, 'edam' reliqua, 'ederim' reliqua, 'edero' reliqua; 'esse' 'edisse' 'essum ire'; 'edens essurus'; 'edendi -do -dum essum essu'; 'estur' 'edebatur' 'essum est fuit erat fuerat' 'edetur'. Sic 'co-
1535 medo ambedo circumedo abedo'. Horum passiua secundum analogiam declinantur ut 'edor' reliqua.

89. 'Volo' uerbum neutrum quod prima sillaba declinatur: 'uolo uis uult uolumus uultis uolunt', 'uolebam', 'uolui' reliqua, 'uolueram', 'uolam -es -et'; 'uellis uellit -mus -tis -lint', futuro 'uellito
1540 -lit -mus uellitote -lint' uel ⟨-nto⟩; 'uellem' reliqua, 'uoluissem' reliqua; | 'uellim -is -it' 'uellem -es -et' 'uolluerim -is -it' 'uoluissem   104vb
-es -et'; 'uelle' 'uoluisse' – futurum infinitiuum non habet – 'uolens' tantum, 'uolendi -do -dum' tantum. Sic et 'nolo', nisi quod imperatiuo 'noli' facit, sed melius legitur nobis ut 'uolo uellis' facit.
1545 Sic 'mauolo mauis mauult', hoc est 'magis uolo', quod 'mauellis' aut 'malis' facit. Haec habent signa quartae coiugationis, quamuis 'i' ante 'o' non habent.

90. DE CONFVSIS TEMPORIBVS
QVAE PER 'I' TERMINANTVR VT EST 'ODI NOVI MEMINI PEPIGI' –
1550   SED VETERES 'NOSCO' ET 'ODIO' DICEBANT

Presens tempus: 'odi odisti odit odimus odistis oderunt' uel 'odere'; 'oderim' uel 'oderam -is -it -mus -tis -nt'; preterito per-

---

90, **1548/1549** CHAR. 337, 15-16

Loc. par.: 88, **1528/1536** cfr MALS. 238, 3-22   **1534/1536** *Ambi.* 436, 15-18

89, **1537/1547** cfr MALS. 238, 23–239, 14   **1543/1544** sic et – noli facit] cfr CLEM. SCOT. 128, 5

90, **1548/1550** MALS. 239, 15-16 (*paene ad. lit.*)   **1550/1561** cfr MALS. 239, 17-24

88, **1528** edo es *scripsi*] eo es *P*   **1535** circumedo *scripsi*] circumeo *P* secundum *P^{p.c.}*] om. *P^{a.c.}*

89, **1537** *ante* prima] de *supra lin. add. P^{p.c.}*   **1543** quod *P^{p.c.}*] quia *P^{a.c.}* **1547** i *conieci*] l *P*   habent *P^{a.c.}*] habaent *P^{p.c.}*

90, **1552** preterito *scripsi*] p&erito *P*

LIBER DE VERBO 90

fecto 'odi odisti odit'; 'oderam as at' – alii dicebant, discernendi temporis gratia, 'exossus sum illum' et 'exosus fueram illum' –
1555 'odero -is -it -us -tis -nt'. Imperatiuum secundum alios non habet; dicunt tamen quidam 'oderis -it -mus -tis -int'. 'Vtinam odirem odires -et', 'odissem', futurum 'oderim' uel 'exosus essem' uel 'fuissem'. 'Cum oderim -is -it', 'cum oderam -as -at'; 'cum oderim -is -it', 'cum odissem -es -et', 'cum odero' uel 'exosus sim' 'fuerim'
1560 'essem' 'fuissem' 'ero' 'fuero'. Presens 'osse', preteritum 'odisse'; infinitiuum futurum et participia non habet. Sic est 'noui nouisti nouit nouimus nouistis nouerunt' uel 'nouere', 'noueram -as -at -us -tis -ant', preterito 'noui nouisti nouit' – alii conantur dicere 'notum | habui illum' – plusquam 'noueram -as -at' 'nouero -ris   105ra
1565 -it -mus -tis -int'; 'utinam nouerem -es -et' 'nouissem -es -et', futurum 'nouerim -is -it'; 'cum nouerim -is -it' 'noueram -as -at' 'cum nouerim -is -it' 'nouissem -es -et' 'nouero' uel 'notum habuissem' reliqua; presens 'nosse', preteritum 'nouisse' uel 'notum habuisse', futurum 'notum habiturum'; participia 'notum habens'
1570 uel 'notum habiturus'. 'Memini -ti -it -mus -tis -runt' uel '-re'; 'memineram -as -at' reliqua; 'memini -ti -it -mus -tis -runt'; 'memineram -as -at' reliqua uel 'memor sum illius' 'fui' 'eram' 'fueram'; 'meminero -is -it'. Imperatiuum non habet, aut secundum quosdam 'memineris -it meminerimus -ritis rint'; 'memento tu' uel 'ille',
1575 'mementote'. 'Vtinam meminerem -res -ret'; 'meminissem' uel 'memor essem'; 'utinam meminerim'. 'Cum meminerim -is -it'; 'cum memineram -as -at'; 'cum meminerim -is -it'; 'cum meminissem'; 'cum meminero' uel 'cum memor sim' uel 'fuerim' 'essem' uel 'fuissem' 'ero' 'fuero'. 'Meminisse' 'memor esse'; futurum infi-
1580 nitiui et participia non habet. Sic est 'pepigi'.

1561/1570 Char. 338, 28–339, 15 (*paene ad lit.*)   1570/1580 Char. 339, 15–340, 28 (*paene ad lit.*)

Loc. par.: 1561/1570 cfr Mals. 240, 1-3   1570/1573 cfr Mals. 240, 4-8
1579/1580 cfr Mals. 240, 9-10

1555 secundum $P^{p.c.}$] *om.* $P^{a.c.}$ *ut uid.*   1559 exosus sim $P^{a.c.}$] cum *supra lin. add.* $P^{p.c.}$ 1573 secundum *super lin. add.* $P^{p.c.}$] *om.* $P^{a.c.}$
1577 memineram *scripsi*] memiram P   meminerim *scripsi*] minerim P
1578 memor sim $P^{p.c.}$] mersim $P^{a.c.}$

LIBER DE VERBO 91 233

91. DE HIS QVAE NON DECLINANTVR RITE VT 'CEDO AVE SALVE FORE INFIT SIS SODES FERIT INQUAM AIO MEIO QUESO CESSO COEPI FAXO PANDO SISTO SOLEO VESCOR MEDIOR' ET ALIA SIMILIA

1585 'Cedo' enim secunda tantum persone est imperatiui, ut 'cedo illi' id ⟨est⟩ 'dic illi'. Et plurale inuenitur in Plauto: "cedite patri meo", id ⟨est⟩ 'dicite'. Et alii dicunt 'cedo aliud', neutri generis, quod significat 'recedo', secundam non habere | personam ut 105rb 'cedo cedit'; hoc tamen non est credibile. 'Caedo -is -it' quod sig-
1590 nificat 'uerbero'. 'Salue aue saluete auete' secundae personae sunt tantum; dicunt tamen 'salueto' et 'aueto tu ille', et infinitiuo 'sal-uere auere', et aduerbialiter 'salue'. Haec de fragmentis secunde coiugationis sunt. 'Fore' pro 'esse', 'forent' pro 'essent', 'foret' pro 'esset' legitur, et amplius non habet. 'Infit' tertia tantum persona
1595 est, id est 'dicere incipit'. 'Sis' secunda tantum persona est, id est 'si uis' uel 'si'. 'Sodes' similiter secunda tantum persona est, id est 'si audis'. 'Ferit' tertia tantum persona, id est 'percutit'; et 'ferio -is -it' legitur. 'Amabo' prima persona est, blandimenti sensum habet. Et haec omnia temporibus, personis, coiugationibus numerisque
1600 deficiunt. 'Inquam' prima est persona quarti ordinis ut 'inquo' 'in-quam -is -it inquimus inquitis inquiunt' – et imperatiuum 'inque' legitur. 'Aio' et 'meio' uerba defectiua, tertiae coiugationis signa habentia: 'meio' enim 'meiere' facit infinitiuum. 'Aio ais ait aimus aitis aiunt'; 'aiebam -as -at -mus -tis -ant'; 'ai aisti ait', quod non
1605 adfirmo; 'aiam' aut 'aibo', incertum est. De imperatiuo ambiguitur utrum 'aiui' an 'ai'; Consentius tamen adfirmat hoc uerbum impe-ratiuum non habere. 'Aiens' legitur. 'Quesso -is' defectiuum est,

---

91, **1602/1603** cfr Evtych. 476, 21-24 (*paene ad lit.*) **1607/1608** Consent. 377, 12

Loc. par.: 91, **1581/1625** cfr Mals. 241, 22–243, 23 **1585/1587** cfr Clem. Scot. 126, 5-6 **1593/1594** cfr Clem. Scot. 128, 6 **1594/1597** cfr Clem. Scot. 128, 8 **1607/1608** cfr Clem. Scot. 126, 19

91, **1583** queso $P^{p.c.}$] quesso $P^{a.c.}$ **1589** tamen $P^{p.c.}$] tantum $P^{a.c.}$ **1597** est *supra lin. add.* $P^{p.c.}$] *om.* $P^{a.c.}$ **1598** blandimenti *scripsi*] blandimentis P **1600** deficiunt $P^{p.c.}$] defectunt $P^{a.c.}$ **1601** et *supra lin. add.* $P^{p.c.}$] *om.* $P^{a.c.}$ **1602** defectiua $P^{a.c.}$] difectiua $P^{p.c.}$ **1603** aitis $P^{p.c.}$] atis $P^{a.c.}$ **1604** ant $P^{p.c.}$] unt $P^{a.c.}$ **1607** defectiuum $P^{a.c.}$] defec-tatiuum $P^{p.c.}$

234 LIBER DE VERBO 91-92

unde 'quessimus' et infinitiuum 'quessere', et si inuenitur aliud. 'Cesso -at' non 'cessas' facit. 'Coepi' preterito tantum legitur; dicunt tamen alii: "incipio preterito facit coepi". Sed sicut legitur 'coepi' preterito actiuo, ita passiua 'ceptus sum', unde 'cepta sit' legitur. | 'Faxo faxis', producta secunda, 'faxit' – 'faximus' nemo 105va dicit – 'faxitis' 'faxiunt' pro 'faciunt', ut "haec ego foedera faxo firma manu". 'Pando -is -it' modo indicatiuo, inperfectum non habet. Sic et 'edo ederam' plusquam non habet, ut Consentius ait, licet Flauianus dicit. 'Sisto' preteritum perfectum et plusquam non habet, sed de eiusdem soni uerbo 'steti' aut 'statui' facit et futurum participia caret. 'Soleo' non facit 'solebo' et 'soliturus' quia hoc uerbum sensum futurum non sumit. 'Vescor' non 'uescitus sum' facit sed 'pastus sum', quod a 'pascor' uenit. 'Medior' facit 'medi' 'merior merii'. Donatus dicit: "sunt uerba defectiua per modos ut 'cedo', per formas ut 'facesso', per coiugationes ut 'adsum', per genera ut 'soleo', per numeros ut 'faxo', per figuras ut 'impleo', per tempora ut 'fero', per personas ut 'cedo'". Sed in his multiplex sensus latet.

92. DE HIS QVAE BINAS CONTENENT COIVGATIONES VEL TERNAS VT 'DICO -IS' ET '-AS'

Sic 'indico -as' 'predico -as' 'educo -is' et '-as' 'mando -is -as' 'fundo -is -as' 'pando -is -as' *** ex quo 'dissero insero prosero' 'lego -is -as' 'pello -as', unde 'conpello -as', 'pello -is', unde 'impello', 'uolo -as' et 'uis' 'pinso -is -as' et 'pinseo -es'. Item, manente eadem significatione, 'iugo -is -as' 'fugio -is -as' 'sedeo -es' 'sedo

---

1613/1614 haec – manu] cfr VERG., *Aen.* 12, 316-317   1615/1616 CONSENT. 382, 31-33   1621/1624 sunt uerba – ut cedo] DON., *Mai.* 639, 8-10

92, 1628/1631 (*exempla*) CHAR. 336, 10-17; EVTYCH. 486, 10-20

Loc. par.: 1612/1614 CLEM. SCOT. 126, 12   1615/1616 cfr CLEM. SCOT. 126, 18   1621/1624 *Ambi.* 441, 5-13

92, 1626/1635 MALS. 244, 1-9 (*paene ad lit.*)

1608 inuenitur $P^{a.c.}$] inueniatur $P^{p.c.}$ 1613 faxiunt *Mals.*] faxunt *P* 1617 de *supra lin. add.* $P^{p.c.}$] om. $P^{a.c.}$ 1618 quia $P^{p.c.}$] quae $P^{a.c.}$

92, 1626 contenent *scripsi*] contenet *P*   1629 pando *P*] fundo *Eut.* 1632 significatione $P^{p.c.}$] significationem $P^{a.c.}$

LIBER DE VERBO 92-93

-as'. Sunt que aliter actiuum et aliter passiuum declinatur ut 'lauo
-as'; 'lauor' uero deponens 'lauaris' facit; 'lauo -as' et 'lauor -aris'
1635 'labo -is' et 'labor -eris'. 'Sono -as -is' 'crepo -as -is' 'fulgeo -es'
'fulgo -is' 'ferueo' et 'feruo' 'strideo' et 'strido' 'albo -as' 'albeo -es'.
Sed hoc ius non ratione sed poetice custoditur. Sunt alia quae di-
uersos sortiuntur ordines, addita uel dempta littera, | ut 'metor   105vb
-aris' 'metior -iris' 'pendo -is' 'pendeo -es' 'seruo -as' 'seruio -is'
1640 'sano -as' 'insanio -is' 'apto -as' 'ineptio -is' 'duro -as' 'dureo -es'
'maturo -as' et 'matureo -es' 'denso -as' 'denseo -es'. Conposita
uero, siue cum uerbis siue cum prepositionibus, simplicium seruant coiugationem ut 'facio tepefacio calefacio madefacio inficio
deficio perficio'. Omnis conpositio cum nominae, uel diriuatiuo a
1645 nomine consonantem ante 'o' uel 'or' finialem habens, primae
coiugationis erit; nisi tantum 'as' uel 'es' uel 'is' ante 'cor' habuerint: tunc enim tertiae sunt, siue primitiua siue diriuatiua sint, ut
'irascor'. Sunt incerta inter binas coiugationes ut 'orior' et 'potior':
incertum est utrum 'oreris' an 'oriris', utrum 'oritur' an 'orîtur' fa-
1650 cit; imperatiua 'orere' tamen specie tertii ordinis sunt; infinitiua
uero quarti. Sic et 'morior'.

93. De difectione primae personae: ut 'ouas -at' 'furis -it' 'faris
fatur' – sed in conpositione et 'for' legitur – 'pluis pluit' – 'pluo'
enim proprium Dei est – 'daris datur' 'inquis inquit' – quoniam
1655 'inquam' dissimile est. Sunt quae dificiunt secunda ut 'cesso faxo
amabo inquam infit'. Participiis dificientia: ut 'timeo' non facit
'timiturus', 'meo' non facit 'meaturus', 'fio' non facit 'futurus'

1633/1635 cfr CONSENT. 382, 5-8   1635/1636 (*exempla*) EVTYCH. 486, 21-25
1637/1641 (*exempla*) EVTYCH. 463, 24-30; 464, 20-21   1637/1639 sunt
alia – metiris] DIOM. 378, 7-9   1641/1644 EVTYCH. 485, 24-29 (*paene ad lit.*)

93, 1655/1656 CONSENT. 382, 12-14 (*paene ad lit.*)

Loc. par.: 1637/1644 MALS. 244, 9-17   1644/1648 MALS. 245, 7-10
1648/1651 cfr MALS. 245, 14-21

93, 1652/1655 cfr MALS. 245, 22–246, 2; cfr CLEM. SCOT. 128, 1-2   1655/
1656 MALS. 246, 4-5 (*paene ad lit.*)   1656/1661 cfr MALS. 246, 7-13; 17-18

1637 hoc $P^{p.c.}$] haec $P^{a.c.}$ non *supra lin. add.* $P^{p.c.}$] *om.* $P^{a.c.}$
1641 maturo $P^{p.c.}$] matoro $P^{a.c.}$ 1644/1645 a nomine $P^{p.c.}$] aut nomine $P^{a.c.}$ 1651 morior $P^{p.c.}$] memorior $P^{a.c.}$

93, 1656 participiis $P^{p.c.}$] -pias $P^{a.c.}$

236 LIBER DE VERBO 93-94

– quod est ab 'sum' – 'studeo' non facit 'studiturus'; item 'uolo' et
ex eo conposita futura participia non habent; inchoatiua presen-
1660 tia | tantum habent participia; 'odi noui memini' nulla participia   106ra
habent. 'Scrutor' duodecim habet quorum partes CXLIIII consequuntur.

94. Sunt sine tempore presenti ut 'odi noui memini'. Sunt sine
preterito ut 'uerto meto uerso'. Sunt qui ex uicinis preteritum
1665 habent ut 'ferio percusssi' 'furis -it insanii' 'sisto statui' 'fero tuli'
'tollo sustuli'; item 'reminiscor recordatus sum' 'uescor pastus
sum' 'arguor conuictus sum'. Sunt bina in uno preterito ut 'aceo
accuo acui' 'luceo lugeo luxi' 'fulceo fulgeo fulsi' 'caueo cauo caui'
'cerno cresco creui'; sic 'discerno dicresco' 'sto sisto steti'; sic
1670 'resto resisto' 'consto consisto' 'absto absisto' 'tullo fero tuli' uel
'sustuli' 'pendo pando pependi' 'iacto iacio iacui' 'retico reticio
reticui' 'pandor patior passus sum' 'uetor uersor uersus sum'. Sunt
quae duplicia habent: 'pungo pupungi pungxi' ut 'pango pepegi
pangxi' 'parco peperci parsi' – unde et 'parsimonia' dicitur – 'uello
1675 uelli uulsi' 'sorbeo sorbsi sorbui' 'fero tuli tetuli' 'tullo tulli sustulli'
'teneo tenui tetenui' 'necto nexi nectui'; item 'hereo hersi hersus
sum' 'caleo calui calidus sum' 'sancio sanci sanxi sancitus est' 'salio saliui salii salui' 'sino siniui siui' 'explico explicui explicaui'
'neglego neglexi negelgi' 'neco necui necaui' – unde 'necem' ce-
1680 dem appellamus – et 'nectus' et 'necatus' 'purgeo purxi pursi'
'cado cicidi cecidi cersi' 'incipio coepi incipi' uel 'cospi' 'metior

---

94, **1664/1667** (*exempla*) Diom. 380, 8-15; 24-28   **1667/1672** (*exempla*)
Char. 322, 11-27; Diom. 371, 27–372, 10   **1672/1676** Char. 323, 1-7 (*paene ad
lit.*); cfr Diom. 372, 11-21

Loc. par.: **1661/1662** cfr Mals. 246, 18-19

94, **1663/1664** Mals. 247, 2-5 (*paene ad lit.*)   **1664/1667** cfr Mals.
247, 8-16   **1667/1689** cfr *Ambi.* 421, 3-24   **1667/1672** cfr Mals. 247, 20–
248, 5   **1672/1683** cfr Mals. 248, 7–249, 2

1661 habet $P^{p.c.}$] habent $P^{a.c.}$ **1661/1662** consequuntur $P^{p.c.}$] consequi-
tur $P^{a.c.}$

94, 1668 accuo $P^{a.c.}$] aucuo $P^{p.c.}$ **1669** dicresco $P^{p.c.}$] discresco $P^{a.c.}$
1671 retico $P^{p.c.}$] reticio $P^{a.c.}$ **1674** pangxi $P^{p.c.}$] panxi $P^{a.c.}$ uello
$P^{p.c.}$] uelleo $P^{a.c.}$ **1676** hereo hersi hersus sum $P^{a.c.}$] er- *ter posuit* $P^{p.c.}$
1677 sancitus $P^{a.c.}$] -tum $P^{p.c.}$ **1680** necatus $P^{p.c.}$] catus $P^{a.c.}$

LIBER DE VERBO 94-95

messus sum' non 'metitus sum' – 'mensura' enim non 'metio' –
'metor' uero 'metatus' facit 'emo emi emsi'. 'Alor alitus sum' et 'al-
tus sum', 'fruor fretus sum' et 'fruitus sum', 'fatigor fatigatus' non
1685 'fessus', quod est appellatiuum – 'fatigatus' enim | ab alio ut las-   106rb
satus, 'fessus' uero per se – 'fungor fixus et 'fictus', 'sallior salsus'
et 'sallitus sum', 'abscondor absconditus' et 'absconsus' – melius
tamen 'absconditus' quia 'condor conditus' facit – 'deleor delitus
deletus' 'ostentor ostentus ostensus' – tamen 'tentor tentus' facit.
1690 Haec uerba preterita passiua a futuro participio actiui uerbi sepe
regulantur

95. DEFERENTIA IIII COIVGATIONVM

Omnia uerba 'eo' terminata secundae sunt, exceptis quae primae sunt ut 'beo creo meo comeo nauseo nucleo laqueo inlaqueo
1695 galeo screo calceo', exceptis que quartae : 'eo queo' et ex his conposita. Verba uero 'uo' terminata, si sint primitiua, tertiae coiugationis sunt ut 'inbuo tribuo acuo induo arguo fluo pulluo innuo
spuo ruo suo metuo' – sic in '-uor'; si autem a nominibus diriuata
sint, primae coiugationis sunt ut 'uacuo fatuo fiduo sinuo tenuo
1700 genuo fluctuo' 'uacuus fatuus uiduus sinuus tenuis' et similia, una
sillaba crescentia – secus nomina quartae declinationis, ut 'u' non
amittant. Verba autem 'io' finita primae et tertiae et quartae sunt.
Sed illa primae sunt quae a nominibus non minus trissillabis 'i'
puram peneultimam habentibus semper nulla sequente conso-
1705 nante in omni genere ueniunt ut 'nuntius nuntii nuntio -as' 'radius
-ii radio -as' 'lanius -ii lanio -as' 'socius' 'saucius' ; item 'rabies ra-
biei rabio as' 'luxories' 'glacies' minus una sillaba ; item 'curia cu-
riae curio' 'lania lanio' uel de 'furia' 'furio', 'fiducia fiducior -aris'
'repudium repudio' 'consilium | consilior' 'folium folio' uel de   106va
1710 'spolium' 'spolior', 'somnium somnio' 'corium corio' 'bassium bas-

---

95, **1693/1730** EVTYCH. 449, 24–450, 9 ; 462, 27-32 ; 450, 9-10 ; 450, 12-18 ;
451, 1-3 ; 459, 9-10 ; 450, 16-23 ; 466, 5 ; 450, 25-28 ; 457, 28 ; 463, 17-20 ; 451, 3-7 ;
451, 8-15 ; 465, 27-29 ; 451, 17-23

Loc. par.: **1683/1691** cfr MALS. 249, 3-11

1682 enim $P^{a.c.}$] enim est $P^{p.c.}$
95, **1697** innuo $P^{p.c.}$] innu $P^{a.c.}$

238 LIBER DE VERBO 95-96

sio' 'pretium -or' 'initium -or' 'uitium uitio' 'auxilium -or' 'negotium
-or' 'gratia -or'. Excipiuntur 'hio -as' 'pio -as' 'amplio' 'satio' 'crucio' 'calcio': 'hio' enim primitiuum est; 'pio' a dissillabo, id ⟨est⟩
'pius', uenit; 'amplio' ab 'amplior' nomine uel 'amplius' aduerbio;
1715 'satio' a nomine 'satias' uel 'sacietas'; 'crucio' a nomine quod est
'crux'; 'calcio' a nomine 'calcens'. Alia uero in 'io' finita quartae
sunt si primitiua uel diriuatiua sint, sed non a nominibus cum supra dictis obseruationibus: primitiua ut 'ambio uenio redimio sancio salio sepelio dormio'; et innumerabilia diriuatiua ut 'superbio
1720 insanio uagio sedio custodio' et similia. Item 'mentior metior de-
metior partior': haec a nomine uenientia una sillaba crescunt ut
secunda a nomine ueniens. Notatur pauca primitiua quae cum
debuerint esse quartae ad tertiam tamen pertinent. Sunt autem 'a'
uel 'i' breuem ante 'cio' solum habentia et 'a' et 'u' similiter ante
1725 'pio' ut 'iacio facio aspicio electio interficio pellicio officio'; item
'capio sapio cupio'; et preterea 'fodio fingo effugio reffugio pario
quatio concutio coniecio adiecio ob- sub- in- incipio reficio'; item
'morior patior gradior'; interdum 'orior' et 'potior'. Haec autem
secunda persona indicatiui et imperatiui et media sillaba infinitiui
1730 a quarta coiugatione distinguntur.

96. Omnia uerba consonantes ante 'o' uel 'or' habentia pri-
mae | et tertiae sunt tantum; horum discrimina non in hoc loco 106vb
[quod] curranda sunt, nisi quod prima coiugatio habet primitiua ut
'amo', diriuatiua ut 'dono'. Omnia tamen diriuatiua consonantem
1735 ante 'o' uel 'or' habentia, nisi que in 'sco' uel in 'scor' dissinant, a
quacumque parte orationis ueniant, siue a quacumque termina-
tione in V declinationibus, exceptis paucis, primae tantum sunt
coiugationis. Veniunt enim ab aduerbio 'intro intras'; a uerbo ut
'uello -is uellico -as'; item a nominibus in ordine consonantium
1740 positis 'turba ae turbo as' 'spica ae inspicio as' 'probus bi probo

---

96, **1731/1757** EVTYCH. 451, 24-30; 462, 14-15; 457, 14-16; 26-27; 458, 1; 6; 11-
15; 30; 459, 7-9; 464, 5-12; 465, 5-8; 462, 6-9; 456, 35–457, 9; 486, 8-10

Loc. par.: 96, **1731/1734** cfr MALS. 252, 21-22; 253, 3-4 **1734/1745** MALS.
253, 8-19

1715 satias $P^{p.c.}$] satis $P^{a.c.}$ **1723** tamen $P^{p.c.}$] tantum $P^{a.c.}$ pertinent
$P^{p.c.}$] pertinet $P^{a.c.}$

96, **1738** intras *Mals.*] in as P

LIBER DE VERBO 96-98

as' 'amicus amici amico as'; ab fixis, 'locus ci loco as' 'libum bi
libo as' 'sacer ri sacro as' 'satur ri saturo as' – 'ir' et 'eus' deest; a
tertia, 'os oro as' 'ros roro as' et innumerabilia alia; a quarta ut
'fluctus us fluctuo as' 'gelu gelu gelo as'; a quinta ut 'rabies ei ra-
1745 bio as'. Haec genitiui sillabas seruant, nisi a quarta declinatione et
a quinta ueniant, et nisi in his tantum terminationibus fiant qualia
sunt in 'co' uel 'to' uel 'tor' uel 'lo' uel 'lor' uel 'cinor' uel 'cito': a
quarta ut 'fodio fodico' 'nutrio nutrico' 'albus albico' 'claudus claudico' 'faber fabrico' 'alter alterco' 'frons frondico' 'debilis debilito'
1750 'oscitis oscito' 'periclitor' 'uentilor' 'gratulor' 'latrocinor' 'febricitor'
'estus us aestuo'. Haec autem omnia et his similia diriuatiua ab
omnibus tam declinationibus quam clausulis, exceptis tribus re-
bus, hoc est | si propria, greca, et si romana et sunt incorporalia   107ra
ab adiectis nominibus corporalibus uenientia, ut 'iustus iusticia',
1755 primam solam coiugationem generali regula, sicut conposita cum
nominae ut 'manduco as' idonea obseruatione meruerunt – et nisi
quae obtenuit forma inchoatiua uel frequentatiua.

97. Sunt uerba eodem sono et nomina ut 'formido caligo propago indago palpo commedo cupido'. Sed haec merito uidentur
1760 de uerbis esse quoniam sillabis genitiui nominum non respondent. 'Libo' autem et 'uerbero' si a nominibus 'libum' et 'uerber'
uenerint respondent genetiuis.

98. DE VARIA SIGNIFICATIONE

ut 'grassor' uerbum deponens primae coiugationis: significat
1765 'latrocinor' et 'incedo'. 'Asculto' pro eo quod est 'pareo' et 'audio'.

97, **1758/1761** Evtych. 459, 31-36 (*paene ad lit.*)   **1758/1759** Evtych.
454, 25-27

Loc. par.: **1745/1756** genitiui – meruerunt] Mals. 253, 21–254, 3

97, **1758/1762** cfr Mals. 254, 8-13   **1758/1761** cfr Clem. Scot. 131, 1-2

98, **1763** Mals. 256, 5   **1764/1765** Mals. 256, 7-8   **1765** Mals. 256, 14-15

1747 lor $P^{p.c.}$] tor $P^{a.c.}$ **1748** albico *Mals.*] abbico $P^{a.c.}$ abico $P^{p.c.}$
1749 alterco *P Eutychis cod. P*] altercor *Eut. Mals.*   **1751** diriuatiua $P^{p.c.}$]
driuatiua $P^{a.c.}$ **1754** ab adiectis $P^{p.c.}$] abiectis $P^{a.c.}$ **1757** quae *scripsi*]
q. *P fortasse* quod *scribendum*

97, **1762** uenerint $P^{p.c.}$] uenerit $P^{a.c.}$

240   LIBER DE VERBO 98-101

'Arceso' pro 'accusso' et 'inuito' et 'uoco' dicitur, ut Marcus "arcessito centorione". 'Lacesso' et 'facesso' a 'lacero' et 'facio'; 'lacessere' tamen concitare est, 'facessere' discessere est. 'Sis' pro 'si uis', pro 'ipsum', pro 'suus', pro 'suis', pro 'suas', pro 'his', pro 'eos', pro
1770 'eas', pro 'eum', pro imperatiuo et optatiuo et coniunctatiuo modo.

99. DE PARTICIPIO

Participia sane dicuntur appellationem et uim ex greco trachentia quoniam duarum partium quae sunt in toto sermone eximiae
1775 sibi uendicant leges, uerbi scilicet et nominis. Habent enim ex nomine genera et casus, a uerbo tempus et significationem, ab utroque numerum et figuram. Participio enim accidunt VI.

100. Omne participium presentis temporis in 'ans' uel in 'ens' dissinit: in prima quidem et se|cunda coiugatione interposita 'n'   107rb
1780 secundae personae singularis temporis presentis indicatiui ut 'amas amans' 'doces docens'; in tertia et quarta, primae personae o finalis in 'ens' conuersa sit ut 'lego legens' 'audio audiens'. Excipitur 'eo' et 'queo' quod effoniae causa pro 'ens' et 'quens' 'iens' et 'quiens' faciunt et coiugationis litteram genetiuo sumunt ut
1785 'euntis'.

101. Omne participium preteriti perfecti in 'tus' uel in 'sus' uel in 'xus' dissinit ut 'amatus' 'lesus' 'amplexus' excepto uno

---

98, **1766** cfr Char. 336, 1-2   **1766/1767** Marc. 15, 44   **1767/1768** Char. 335, 18-19

Loc. par.: 1767/1771 cfr Mals. 256, 16-23

99, **1773/1777** Mals. 258, 13-17   **1773/1774** participia – eximiae] *Ad Cuimn.* 21, 6-8   **1775/1777** cfr Clem. Scot. 139, 1

100, **1778/1785** Mals. 258, 18-24   **1778/1782** omne – dissinit] Clem. Scot. 141, 4   **1779/1782** *Ad Cuimn.* 21, 52-56   **1782/1785** *Ad Cuimn.* 21, 57-60 (*paene ad lit.*)

101, **1786/1788** Mals. 259, 1-3 (quia *Mals.*); cfr *Ad Cuimn.* 21, 61-62; cfr Clem. Scot. 150, 2

99, **1774** partium *scripsi*] participium $P^{a.c.}$ particium $P^{p.c.}$ sermone $P^{a.c.}$] -ni $P^{p.c.}$

100, **1783** quod *P*] quae *Mals.*   ens et quens *P*] eens et queens *Mals.*

LIBER DE VERBO 101-103

'mortuus' quia 'u' ante 'us' habet. Et sit conuersa 's' littera preteriti participii in 'rus' syllabam ut 'amatus amaturus' 'doctus -rus' 'lae-
1790 tus -rus' 'auditus -rus'; item 'lessus -rus' 'amplexus -rus'; exceptis his: 'mortuus' et 'natus' et aliis huius modi, que non 'moritus' et 'nascitus' faciunt sed 'moriturus' et 'nasciturus'.

102. Omne participium futuri actiui et neutri in 'rus' ut dixi; sunt autem nomina his similia ut 'hilarus ignarus'; sed deferunt
1795 haec in origine. Omne participium passiuum futuri in 'dus' dissi-nit et sit a presentis temporis participio in duobus generibus: per-dita 's' littera et accepta 'dus' fit ut 'amans amandus' reliqua.

103. Inueniunt quibus non instat origo ut 'sequendus luctandus detestandus uigilandus', quoniam eorum uerba deponentia et
1800 neutralia sunt. Multa tamen deponentia neutralia esse primo iudi-cio reperta sunt; hinc remensere haec in ussu. Sunt nomina his similia: 'moribundus furibundus uitabundus saltabundus canta-bundus ludibundus'; in his non est ueritas: sunt similitudo. | Ideo   107va
participia non sunt quia tempora non habent. Sunt participia pas-
1805 siua que originem non habent, uel nomina, ut 'iratus coenatus pransus potus tonicatus togatus galeatus hastatus', et hoc ita legi-tur: si 'prandeor' non inueniatur, tamen 'prandio' legitur et simi-lia. Scias esse participia pura ut 'legens docens'; scias nomina pura ut 'potens'; scias continentia participia id et nomina V modis
1810 deferre, hoc est: conparatione significatione tempore seruitute ablatiuo. Apud grecos actiua et passiua participia III tempora te-

---

103, **1805/1806** coenatus – potus] CHAR. 346, 14

Loc. par.: 1788/1792 cfr MALS. 259, 3-7 ; 9-13

102, **1793/1795** cfr MALS. 259, 8.14-15   **1795/1797** MALS. 259, 17-19

103, **1798/1800** cfr MALS. 259, 19-22   **1801/1803** cfr MALS. 259, 22-25
1802 moribundus – uitabundus] CLEM. SCOT. 148, 6   **1803/1804** MALS.
259, 27-28   **1804/1806** cfr MALS. 260, 1-3   **1806/1808** cfr MALS. 260, 3-4
1808/1811 cfr CLEM. SCOT. 148, 1-2   **1808/1809** cfr MALS. 260, 10-11   **1811/
1812** cfr MALS. 260, 14-16 ; *Ad Cuimn.* 21, 27-28

101, **1788** littera *scripsi*] litteram *P*   **1791** natus *P$^{p.c.}$*] natutus *P$^{a.c.}$*

102, **1793** participium futuri *Mals.*] participia fut *P*   **1795** participium
P$^{p.c.}$ Mals.] participia *P$^{a.c.}$*   **1796** participio *scripsi*] participia *P*

103, **1798** *ante* quibus] alia *inter lineas add. P$^{p.c.}$ fortasse* inueniuntur
legendum

242   LIBER DE VERBO 103-104

nent; apud nos uero bina in utraque sunt. Hoc quid sit, scribat qui sciat.

104. DE IMPERSONALIBVS INDICATIVA

1815   Inpersonale, presens 'iuuat me te illum' 'iuuabat me' reliqua, 'iuuit me' reliqua, 'iuuerat me' reliqua, 'iuuabit me' reliqua; imperatiua 'iuuet me'; optatiua 'iuuaret me' 'iuuisset' reliqua, 'iuuet me'; 'cum iuuet me' 'iuueret me' 'iuuerit me' 'iuuisset me' 'iuuerit me' reliqua; 'iuuare iuuisse'. 'Pudet me' 'pudebat' 'puduit' 'pud-
1820   uerat' 'pudebit'; 'pudeat'; 'utinam puderet' 'puduisset' 'pudeat'; 'cum pudeat' 'puderet' 'puduerit' 'puduisset' 'puduerit'; 'pudere' 'puduisse'. 'Contigit mihi' 'contingebat' 'contigit' 'contingerat' 'continget'; 'contingat'; 'utinam contingeret' 'continguisset' 'contingat'; 'cum contingat' 'cum contingeret' 'continguerit' 'contin-
1825   guisset' 'continguerit'; 'contingere' 'continguisse mihi tibi illi nobis uobis illis'. Finit.

AMEN. FINIT.

104, **1819/1822** Char. 333, 19–334, 2

1812/1813 *fortasse ultima sententia ut glossa delenda*
104, **1815** iuuabat *scripsi*] iubat P*a.c.* iubabat P*p.c.*

INDICES

INDEX LOCORVM S. SCRIPTVRAE

INDEX FONTIVM ET LOCORVM PARALLELORVM

INDEX LOCORVM SACRAE SCRIPTVRAE

	Cap., lin.	pag.
Exodus		
23, 24	25, 436	189
Prouerbia		
6, 3	1, 16/17	171
Osee		
1, 2	19, 327/328	185
Marcus		
8, 2	43, 666	199
15, 44	98, 1766/1767	240
Iohannes		
10, 15	19, 326/327	185
10,18	19, 326/327	185
Ad Romanos		
8, 18	40, 637/638	198

INDEX FONTIVM
ET LOCORVM PARALLELORVM

	Cap., lin.	pag.

ANONYMVS AD CVIMNANVM

Expossitio latinitatis

12, 14-15		1, 22	171
12, 25-26		1, 15/16	171
12, 25		1, 18	171
12, 32-39		2, 37/44	172
12, 75-84		2, 52/56	173
12, 90-92		2, 27/28	172
12, 120-122		33, 543/545	194
12, 127-129		33, 534/537	194
12, 134-135		3, 58/59	173
13, 2		3, 65	173
13, 17-18		9, 158/159	177
13, 18-20		9, 162/165	177
13, 24-25		9, 153/156	177
13, 30-32		9, 159/161	177
13, 33-34		11, 174/176	178
13, 52-53		12, 184/185	179
13, 55-56		12, 197	179
13, 58-61		12, 188/191	179
13, 61-65		12, 198/201	179
13, 73-78		12, 194/196	179
13, 83		13, 202/203	180
13, 95-99		13, 204/208	180
13, 106-112		14, 215/219	180
13, 119-120		13, 211/213	180
13, 128-129		15, 253/254	182
13, 130-132		15, 236/240	181
13, 141-142		15, 240/242	181
13, 172-177		16, 260/262	182
13, 183		16, 276/278	183
13, 203-207		17, 293/301	183
13, 227-230		25, 433/435	189
13, 245-246		22, 386/387	187
13, 246-247		22, 388	187
13, 247-248	cfr	23, 415/416	188
13, 251-257		22, 376/381	187
13, 261-263		14, 233/235	181
13, 290		3, 65	173
13, 301-309		4, 70/75	173
13, 308		5, 76/77	174
13, 330-331		7, 111/113	175
13, 334	cfr	8, 128/130	176
13, 342-344		8, 123/125	176

INDEX FONTIVM ET LOCORVM PARALLELORVM

		Cap., lin.	pag.
13, 348-349		6, 87/88	174
13, 393		8, 136/137	176
13, 416/417		8, 137/141	176
13, 423/424		8, 137/141	176
14, 5-7		26, 443/444	190
15, 6-9		28, 477/480	191
15, 198-199		29, 488/492	192
15, 202-203		30, 494/495	192
15, 207		30, 497/498	192
15, 229-237		31, 500/505	192
16, 2-13		34, 548/552	194
17, 8-17		35, 565/571	195
17, 30-33		34, 553/555	194
17, 39-43		35, 571/575	195
18, 9-10		36, 586/588	196
18, 14-20		36, 591/596	196
18, 21-22		40, 637/639	198
18, 23-25		40, 639/641	198
18, 29-34		37, 602/607	197
18, 37-41		37, 609/612	197
18, 50-53		37, 612/616	197
18, 123-129		48, 744/759	202
18, 130-144	cfr	60, 972/1003	210
18, 148-149	cfr	66, 1101/1102	215
18, 149-156		66, 1102/1113	215
18, 156-159	cfr	67, 1114/1118	216
18, 159-177		68, 1119/1137	216
19, 2		41, 643/644	198
19, 3-9		41, 648/653	198
19, 160-164		24, 426/430	189
19, 169-172		19, 331/334	185
19, 276-281		16, 279/283	183
21, 6-8		99, 1773/1775	240
21, 27-28	cfr	103, 1811/1812	241
21, 52-56		100, 1779/1782	240
21, 57-60		100, 1782/1785	240
21, 61-62	cfr	101, 1786/1788	240

Ars Ambianensis

374		7, 110/111	175
383, 1-13	cfr	54, 828/851	205
383, 5-6	cfr	53, 824/826	205
383, 19–384, 11	cfr	48, 741/744	202
386, 18–387, 1	cfr	55, 852/872	206
389, 4-21	cfr	57, 928/946	209
396, 7-9	cfr	60, 975/979	210
396, 9-12	cfr	60, 979/983	211
396, 17-18	cfr	60, 983/987	211
396, 20-22	cfr	60, 987/990	211
396, 24–397, 1	cfr	60, 990/992	211
406, 16–408, 14	cfr	71, 1200/1226	218

248   INDEX FOTIVM ET LOCORVM PARALLELORVM

		Cap., lin.	*pag.*
412, 3-12		75, 1326/1335	223
417, 18-22	cfr	77, 1353/1367	224
417, 23	cfr	77, 1373/1375	225
418, 1-9	cfr	77, 1376/1386	225
418, 9-15	cfr	77, 1353/1367	224
420, 3-6	cfr	81, 1456/1460	228
420, 14-19	cfr	81, 1456/1460	228
421, 3-24	cfr	94, 1667/1689	236
424, 19-24		84, 1486/1488	229
436, 15-18		88, 1534/1536	231
441, 5-13		91, 1621/1624	234

Ars Ambrosiana

92, 6-9	cfr	1, 12/4	171
92, 12		1, 15/17	171
92, 32–93, 47	cfr	2, 44/50	172
92, 34–93, 40	cfr	15, 243/249	181
93, 47-51		15, 249/252	181
94, 92-93		10, 157	177
94, 94–95, 103	cfr	10, 158/159	178
94, 100–95, 103	cfr	10, 162/165	178
95, 125-131	cfr	12, 196/197	179
95, 128-130		12, 187/189	179
96, 136-138		12, 198/201	179
96, 140-142		12, 194/196	179
96, 147-151	cfr	12, 185/187	179
97, 163-172	cfr	11, 180/183	178
98, 201-205		13, 204/208	180
98, 214-215		14, 216/218	180
99, 229-232		14, 219/223	180
99, 233-239		15, 236/242	181
100, 288-290		16, 274/276	183
102, 343-346		38, 621/627	197
102, 356-358	cfr	8, 128/130	176
103, 363-368		6, 102/106	175
104, 425-426		26, 443/444	190
104, 426-427		26, 450/451	190
107, 540		30, 494	192
108, 565-573		32, 511/516	193
112, 678-685		32, 518/524	193
115, 786-793		37, 602/609	197
116, 812-814		37, 613/615	197
122, 1023-1030		35, 580/583	196
124, 1097		44, 689/690	200

Ars Lauresbamensis

83, 3		41, 645/646	198
106, 3-4		41, 645/646	198

Ars Malsachani

194, 21-22		2, 28/30	172

INDEX FONTIVM ET LOCORVM PARALLELORVM

	Cap., lin.	*pag.*
194, 22–195, 4	2, 52/56	173
195, 6-8	2, 42/44	172
195, 15-17	2, 48/51	172
196, 7-10	1, 15/17	171
196, 12-13	3, 58/59	173
196, 14-17	3, 65/68	173
196, 19	4, 69	173
196, 24–197, 1	5, 77/78	174
197, 1-3	6, 87/90	174
197, 3-4	7, 110/111	175
197, 4-5	8, 122	176
197, 7-15	7, 111/112	175
197, 17-18	5, 84/85	174
197, 18-20	5, 79/81	174
197, 21–198, 2	6, 90/98	174
198, 9-14	6, 102/106	175
198, 11-12	6, 100	175
198, 14-15	6, 106/108	175
198, 18-21	6, 108/109	175
198, 23-25	8, 128/130	176
198, 24–199, 4	8, 132/136	176
198, 25	8, 139/140	177
199, 4-5	8, 137/138	176
199, 5-6	8, 140/141	177
199, 6-10	8, 142/146	177
199, 11-12	9, 11/12	177
199, 15-16	10, 154/156	177
199, 18-19	11, 171/172	178
199, 21-22	12, 196/197	179
199, 26-27	13, 211/213	180
200, 7-12	15, 255/258	182
200, 12	25, 432	189
200, 13-14	16, 260/262	182
200, 15-17	16, 262/264	182
200, 19-27	16, 266/274	182
200, 27–201, 5	16, 278/286	183
201, 6-8	17, 287/289	183
201, 12-13	17, 299/300	184
202, 3-5	21, 367/369	186
202, 3	cfr 21, 362/363	186
202, 8-9	19, 331/334	185
202, 11	24, 430/431	189
202, 18-20	19, 326/328	185
203, 3-4	25, 433/435	189
203, 26-28	25, 435/437	189
204, 3-4	25, 437/439	189
204, 9-10	28, 484/485	191
204, 9	28, 477/480	191
204, 24-205, 1	32, 510/511	193
205, 2.4-6	32, 511/516	193
205, 6-8	32, 516/518	193
205, 8-14	32, 518/524	193

INDEX FOTIVM ET LOCORVM PARALLELORVM

	Cap., lin.	pag.
205, 15-16		31, 499/500	192
205, 18-22		31, 500/505	192
206, 21-24		34, 548/552	194
206, 25-207, 1		34, 553/554	194
207, 2-5		34, 555/557	194
207, 8-13		35, 562/566	195
208, 10		39, 631/632	198
208, 21-22		41, 646/649	198
208, 24	cfr	41, 649/650	199
209, 1-2		42, 655/656	199
209, 3-4		42, 658/659	199
209, 6		43, 665/666	199
209, 16		43, 681	200
209, 17-19		44, 684/686	200
209, 19-22		44, 689/690	200
209, 23-24		41, 643/644	198
209, 26		41, 645/646	198
210, 1-2		26, 443/444	190
210, 2-6		26, 448/450	190
210, 7-11		27, 468/473	191
210, 19-20		27, 466/468	190
211, 1		27, 454/455	190
211, 5.9		27, 461/464	190
212, 26-27		47, 731	202
212, 30–214, 21		56, 873/925	207
215, 3-23		48, 744/768	202
217, 22–218, 15		57, 926/946	209
218, 16-21		57, 946/951	209
218, 23–219, 4		58, 952/960	209
219, 4-7		58, 962/965	210
219, 12-13		59, 967/971	210
219, 15-17		62, 1019/1021	212
220, 13-24	cfr	62, 1021/1033	212
220, 24–221, 16		62, 1033/1060	213
221, 18-23	cfr	60, 975/979	210
221, 23-27		60, 979/983	211
221, 27–222, 3	cfr	60, 983/987	211
222, 3-5	cfr	60, 987/990	211
222, 5-7		60, 990/992	211
222, 7-15		60, 992/1000	211
222, 21-23		60, 1001/1003	211
222, 25-223, 1	cfr	63, 1061/1064	213
223, 22-25	cfr	63, 1064/1068	214
223, 26-28	cfr	63, 1068/1071	214
223, 28-30	cfr	63, 1071/1073	214
223, 30–224, 3		63, 1073/1076	214
224, 3-5	cfr	63, 1076/1079	214
224, 6-9	cfr	64, 1091/1094	215
225, 16–226, 26		69, 1138/1139	216
227, 2-3	cfr	71, 1206/1207	219
227, 5-9	cfr	71, 1220/1223	219
227, 4–228, 1		71, 1225/1226	219

INDEX FONTIVM ET LOCORVM PARALLELORVM

		Cap., lin.	*pag.*
227, 10-11	cfr	68, 1133/1135	216
	cfr	71, 1223/1225	219
227, 12-16	cfr	71, 1214/1220	219
227, 16-19	cfr	71, 1208/1212	219
227, 21-23	cfr	71, 1202/1206	219
228, 2-3		71, 1200/1202	219
228, 7-10		68, 1122/1126	216
228, 10-11		68, 1135/1136	216
	cfr	71, 1226/1228	220
229, 17-25		73, 1263/1271	221
229, 27–230, 2		73, 1271/1276	211
230, 3-25		74, 1277/1301	221
231, 1-2	cfr	76, 1338/1341	224
231, 4-17	cfr	76, 1341/1351	224
232, 23–233, 8		80, 1432/1446	227
233, 9–234, 1		77, 1352/1375	224
234, 1-12		77, 1376/1388	225
234, 13-18	cfr	77, 1388/1392	225
235, 12-16		81, 1456/1460	228
235, 25-27	cfr	83, 1468/1473	228
236, 1-3	cfr	83, 1468/1473	228
236, 13-25	cfr	84, 1483/1486	229
236, 25–237, 2		84, 1486/1489	229
237, 2-8	cfr	84, 1489/1492	229
237, 10-12	cfr	84, 1494/1497	229
237, 14-26	cfr	85, 1499/1508	230
237, 28		85, 1514	230
238, 2		85, 1514/1515	230
238, 3-22	cfr	88, 1528/1536	231
238, 23–239, 14	cfr	89, 1537/1547	231
239, 15-16		90, 1548/1550	231
239, 17-24	cfr	90, 1550/1561	231
240, 1-3	cfr	90, 1561/1570	232
240, 4-8	cfr	90, 1570/1573	232
240, 9-10	cfr	90, 1579/1580	232
241, 22–243, 23	cfr	91, 1581/1625	233
244, 1-9		92, 1626/1635	234
244, 9-17		92, 1637/1644	235
245, 7-10		92, 1644/1648	235
245, 14-21	cfr	92, 1648/1651	235
245, 22–246, 2	cfr	93, 1652/1655	235
246, 4-5		93, 1655/1656	235
246, 7-13	cfr	93, 1656/1661	235
246, 17-18	cfr	93, 1656/1661	235
246, 18-19	cfr	93, 1661/1662	236
247, 2-5		94, 1663/1664	236
247, 8-16	cfr	94, 1664/1667	236
247, 20–248, 5	cfr	94, 1667/1689	236
248, 7–249, 2	cfr	94, 1672/1683	236
249, 3-11	cfr	94, 1683/1691	237
252, 21-22	cfr	96, 1731/1734	238
253, 3-4	cfr	96, 1731/1734	238

INDEX FOTIVM ET LOCORVM PARALLELORVM

		Cap., lin.	pag.
253, 8-19		96, 1734/1745	238
253, 21–254, 3		96, 1745/1757	239
254, 8-13	cfr	97, 1758/1762	239
256, 5		98, 1763	239
256, 7-8		98, 1764/1765	239
256, 14-15		98, 1765	239
256, 16-23	cfr	98, 1767/1771	240
258, 13-17		99, 1773/1777	240
258, 18-24		100, 1778/1785	240
259, 1-3		101, 1786/1788	240
259, 3-7	cfr	101, 1788/1792	241
259, 8	cfr	102, 1793/1795	241
259, 9-13		101, 1788/1792	241
259, 14-15		102, 1793/1795	241
259, 17-19		102, 1795/1797	241
259, 19-22	cfr	103, 1798/1800	241
259, 22-25	cfr	103, 1801/1803	241
259, 27-28		103, 1803/1804	241
260, 1-3	cfr	103, 1804/1806	241
260, 3-4	cfr	103, 1806/1808	241
260, 10-11	cfr	103, 1808/1809	241
260, 14-16	cfr	103, 1811/1812	241

Ars Tatuini

3, 447-449		42, 658/659	199
3, 590-592		48, 741/744	202
3, 593-595		53, 824/827	205
3, 596-597		50, 788/789	204
3, 598-634	cfr	54, 828/851	205
3, 688-702	cfr	55, 852/872	206
3, 809-811	cfr	63, 1066/1068	214
3, 885-889		74, 1291/1295	222
3, 940-944		75, 1326/1335	223
3, 971-974		19, 331/334	185
Append. 82-83	cfr	66, 1101/1102	215
Append. 85-106	cfr	66, 1102/1113	215
Append. 107-114	cfr	67, 1114/1118	216
Append. 115-155	cfr	68, 1119/1137	216

Asper (Ps.)

Ars grammatica

47, 14	cfr	41, 646/647	198
48, 23		8, 122	176

Avdax

Excerpta

321, 6		19, 327	185

Avgvstinvs

Ars breuiata

103, 1		43, 664/668	199

INDEX FONTIVM ET LOCORVM PARALLELORVM · 253

	Cap., lin.	*pag.*
103, 2	43, 673/676	200
103, 4	43, 668/671	199
103, 5	43, 676/677	200
103, 6	43, 680/681	200

CHARISIVS

Artis grammaticae libri V

		Cap., lin.	*pag.*
209, 28-29		10, 158/159	178
316, 9-16		48, 747/753	202
316, 17-22		48, 756/759	203
317, 2–318, 5		60, 975/992	210
318, 8-18		71, 1206/1207	219
318, 20–319, 1		71, 1220/1223	219
319, 3-5		71, 1223/1225	219
319, 7-18		71, 1215/1250	219
319, 19–320, 5		71, 1208/1212	219
320, 6-12		71, 1202/1206	219
320, 14-17		71, 1200/1202	219
320, 19		71, 1225/1226	219
321, 1-13		77, 1353/1360	224
321, 13-16		77, 1373/1375	225
321, 21-23		77, 1380/1381	225
321, 25		77, 1378/1379	225
322, 11-27		94, 1667/1672	236
323, 1-7		94, 1672/1676	236
327, 26-31		77, 1385/1386	225
327, 36-38		83, 1478/1479	229
329, 30-31		74, 1295/1296	222
330, 1-4		74, 1296/1299	222
333, 19–334, 2		104, 1819/1822	242
335, 18-19		98, 1767/1768	240
336, 1-2	cfr	98, 1766	240
336, 10-17		92, 1628/1631	234
337, 15-16		90, 1548/1570	231
338, 28–339, 15		90, 1561/1570	232
339, 15–340, 28		90, 1570/1580	232
346, 14		103, 1805/1806	241
464, 4–466, 11	cfr	57, 928/946	209
466, 17-26	cfr	63, 1066/1068	214
467, 25-34		81, 1456/1660	228
470, 24–475, 9	cfr	56, 874/924	207
475, 12–476, 16		62, 1028/1029	212
476, 18–478, 11		69, 1138/1177	216
478, 13-32		80, 1432/1446	227

CLEDONIVS

Ars grammatica

		Cap., lin.	*pag.*
19, 31		20, 338/341	185

INDEX FOTIVM ET LOCORVM PARALLELORVM

		Cap., lin.	pag.
CLEMENS SCOTVS			
Ars grammatica			
101, 3		1, 15/17	171
102, 2		2, 28/30	172
102, 3		2, 52/56	173
102, 5		2, 42/44	172
102, 7		2, 48/51	172
104, 1		10, 154/156	177
104, 6	cfr	12, 190/191	179
	cfr	25, 437/439	189
105, 1		15, 257/258	182
106, 2	cfr	5, 77/78	174
106, 3	cfr	6, 87/90	174
106, 4	cfr	7, 110/111	175
106, 5	cfr	8, 122	176
107, 1-4	cfr	7, 111/121	175
108, 1	cfr	5, 81/85	174
108, 2		5, 79/81	174
109, 1-3	cfr	6, 90/98	174
109, 1	cfr	6, 106/108	175
109, 3-4	cfr	6, 100	175
109, 4		6, 106	175
110, 1	cfr	8, 126/130	176
110, 13-15	cfr	8, 142/146	177
111, 3-4	cfr	8, 137/141	176
111, 6	cfr	6, 108/109	175
112, 1		28, 477/480	191
112, 23		28, 475/476	191
114, 1-4	cfr	34, 548/553	194
115, 5-7	cfr	35, 562/566	195
115, 11-13	cfr	35, 577/580	195
116, 2		37, 602/604	197
117, 10-11	cfr	42, 655/659	199
117, 13	cfr	43, 665/666	199
119, 1-6	cfr	48, 744/768	202
120, 3	cfr	54, 828/851	205
121, 4	cfr	60, 975/979	210
121, 5	cfr	60, 979/983	211
121, 6	cfr	60, 983/987	211
121, 7	cfr	60, 987/990	211
121, 8	cfr	60, 990/992	211
121, 10	cfr	60, 1001/1003	211
121, 11-13	cfr	63, 1064/1068	214
122, 3-13	cfr	71, 1200/1228	219
122, 15	cfr	75, 1309/1315	222
122, 16		75, 1326/1335	223
123, 3-5	cfr	77, 1352/1367	224
123, 4-6	cfr	77, 1373/1375	225
123, 5-6		77, 1376/1388	225
123, 10	cfr	77, 1383/1392	225
123, 12-13	cfr	81, 1456/1460	228

INDEX FONTIVM ET LOCORVM PARALLELORVM

		Cap., lin.	pag.
126, 5-6	cfr	91, 1585/1587	233
126, 9	cfr	84, 1496/1497	229
128, 5	cfr	89, 1543/1544	231
128, 6	cfr	91, 1593/1594	233
128, 8	cfr	91, 1594/1597	233
126, 12		91, 1612/1614	234
126, 18	cfr	91, 1615/1616	234
126, 19	cfr	91, 1607/1608	233
128, 1-2	cfr	93, 1652/1655	235
131, 1-2	cfr	97, 1758/1761	239
139, 1	cfr	99, 1775/1777	240
141, 4		100, 1778/1782	240
148, 1-2	cfr	103, 1808/1811	241
148, 6		103, 1802	241
150, 2	cfr	101, 1786/1788	240

Coniugationes Corbienses (cod. lat. Paris. 13025)

fol. 47ra-va	cfr	56, 873/925	207
fol. 47vb-48ra	cfr	57, 928/946	209
fol. 48rb	cfr	62, 1033/1060	213
fol. 49ra	cfr	69, 1138/1177	216
fol. 49vb	cfr	80, 1427/1428	227
fol. 50ra	cfr	76, 1341/1351	224

Coniugationes Parisinae (cod. lat. Paris. 7490)

fol. 5r-6r		56, 873/925	207
fol. 6r-v		57, 926/946	209
fol. 7r-v		62, 1033/1060	213
fol. 7v.9r	cfr	69, 1138/1164	216

CONSENTIVS

Ars

338, 6-7		1, 23/24	171
365, 29		2, 27/28	172
366, 5-6		33, 527/528	193
366, 6-11		33, 528/532	193
366, 16-18		33, 532/533	193
366, 22-23		33, 533/535	193
366, 24-26	cfr	33, 534/537	194
366, 29-32		33, 543/545	194
367, 4	cfr	1, 15/17	171
367, 17		26, 486	190
367, 20-21		32, 516/518	193
367, 28-29		32, 510/511	193
367, 30-31		31, 499/500	192
368, 3		32, 516/518	193
368, 5		32, 516/518	193
368, 8-14		32, 518/524	193
370, 27-28	cfr	16, 263/264	182
371, 6-17		16, 270	183
371, 26-27		16, 270/271	183

256   INDEX FOTIVM ET LOCORVM PARALLELORVM

		Cap., lin.	pag.
372, 6-7		16, 274/275	183
373, 3-9		17, 296/301	184
373, 13-15		17, 303/304	184
373, 15-18		17, 305/307	184
374, 1-3		10, 162/165	178
374, 1		10, 158/159	178
374, 3-5		15, 237/240	181
374, 6-7	cfr	15, 236/237	181
374, 12-13		10, 154/156	177
374, 16		11, 171	178
374, 29-30		11, 182	179
374, 35−375, 2		12, 199/201	179
375, 7-8		13, 210/211	180
375, 16-18		15, 240/242	181
375, 30-31		4, 69/70	173
375, 31-32		9, 147/148	177
376, 1-4		4, 72/75	173
376, 4		5, 76/77	174
376, 16		6, 100	175
376, 22-23		8, 139/140	177
376, 30-31		8, 136/137	176
377, 12		91, 1607/1608	233
377, 17	cfr	37, 599/600	196
377, 19-20	cfr	37, 617/618	197
377, 22	cfr	37, 599/600	196
377, 29-30		12, 195	179
377, 36	cfr	39, 632/633	198
378, 2	cfr	39, 632/633	198
378, 5-27		39, 637/639	198
379, 3-5		34, 548/551	194
379, 4-20		35, 560/566	195
379, 7-8		34, 551/552	194
379, 10-11		34, 553/554	194
379, 11-13		34, 554/555	194
379, 23-26		35, 380/583	196
379, 30-31		41, 648/649	198
380, 4-6		42, 655/656	199
380, 6-7		42, 659	199
380, 7-9		42, 657/658	199
380, 11-13.15-23		16, 276/286	183
380, 23-28		17, 287/291	183
380, 29-30		26, 443/444	190
382, 5-8		92, 1633/1635	235
382, 12-14		93, 1655/1656	235
382, 31-33		91, 1615/1616	234
384, 1-6		83, 1468/1473	228
385, 2		43, 668/673	199
385, 6		43, 682/683	200
385, 11-16		44, 684/688	200

INDEX FONTIVM ET LOCORVM PARALLELORVM

		Cap., lin.	*pag.*
De uerbo ad Seuerum			
45-46	cfr	21, 369/370	187
DIOMEDES			
Ars grammatica			
310, 32		42, 661/663	199
310, 34–311, 1		43, 676/677	200
311, 1		43, 677/678	200
315, 30-32		43, 681/683	200
334, 7-8		2, 40/42	172
334, 9-10		2, 43	172
334, 9		2, 42	172
335, 15-16		36, 585/586	196
335, 21-22		37, 603/604	197
335, 22-26		37, 604/607	197
335, 28-30		37, 609/612	197
335, 34-35		37, 614	197
336, 12-14		37, 614/616	197
336, 12.15-16		37, 609/612	197
336, 26		29, 488/489	192
336, 32		29, 490/491	192
338, 2-3		16, 259/260	182
338, 17-19		10, 159/161	178
338, 18		11, 175/176	178
338, 20-23		14, 218/219	180
338, 27-28		12, 184	179
338, 31-34		12, 187/191	179
339, 13-16		12, 191/194	179
340, 4-5		13, 202/203	180
340, 18-22		13, 204/208	180
340, 24-25		14, 215/216	180
340, 25-26		14, 217/218	180
340, 29-32		14, 219/223	180
340, 34.37.38		15, 253/254	182
342, 4-5		20, 353/354	185
343, 2.24		6, 87	174
344, 28-30		8, 123/125	176
345, 22-23		8, 137/139	176
355, 1-3		60, 992/994	211
366, 1-3		48, 750/751	203
366, 6-7		48, 752/753	203
366, 7-10		48, 756/759	203
366, 22-31		60, 976/979	210
366, 31-33		60, 979/983	211
367, 2-3		60, 991/992	211
367, 5-9		60, 984/987	211
367, 10-12		60, 988/990	211
367, 15-17		60, 992/994	211
367, 21		71, 1225/1226	219
367, 22-25		71, 1206/1207	219
367, 31–368, 2		71, 1220/1223	219

INDEX FOTIVM ET LOCORVM PARALLELORVM

	Cap., lin.	pag.
368, 22-23	71, 1220/1223	219
369, 2-5	71, 1208/1212	219
369, 10-15	71, 1214/1220	219
370, 1	71, 1200/1202	219
370, 4-6	71, 1204/1206	219
370, 14-15	71, 1220/1223	219
370, 27–371, 3	77, 1353/1360	224
371, 3-4	77, 1373/1375	225
371, 13-15	77, 1378/1379	225
371, 15-16	77, 1380/1381	225
371, 27–372, 10	94, 1667/1672	236
372, 11-21	94, 1672/1676	236
378, 7-9	92, 1637/1639	235
380, 8-15	94, 1664/1668	235
380, 24-28	94, 1664/1668	235
385, 15-17	84, 1493/1494	229
395, 17	14, 226/227	181
395, 23-24	14, 228/229	181
395, 30–396, 1	22, 385/387	187
396, 1-2	22, 388	187
396, 5-9	24, 417/423	188
396, 9-13	22, 376/381	187
396, 16-18	14, 233/235	181
397, 16-20	18, 308/312	184
398, 31-35	18, 313/315	184

Disticha Catonis

84	2, 50/51	172

DONATVS

Ars maior

632, 6-7		3, 58/59	173
632, 7-8		2, 28/30	172
632, 9		11, 171	178
632, 12		16, 265/266	182
633, 2-3		16, 270/273	183
633, 2		16, 269/270	182
633, 3		16, 276/286	183
633, 5		3, 65	173
633, 6		4, 69	173
633, 9-10		6, 100	175
633, 11-13	cfr	8, 137/139	176
635, 5-6		28, 484/485	191
635, 5		28, 477	191
635, 7		29, 486	191
635, 11		30, 493	192
636, 1		32, 510/511	193
636, 3-4		31, 499/500	192
637, 4		34, 548/549	194
637, 6		35, 560	195
638, 4-5		41, 648/649	198

INDEX FONTIVM ET LOCORVM PARALLELORVM 259

	Cap., lin.	*pag.*
638, 4	41, 646/649	198
638, 5-6	42, 655/656	199
638, 6-7	42, 657/658	199
638, 7-8	42, 658/659	199
638, 10-12	16, 276/286	183
639, 6	7, 121	176
639, 8-10	91, 1621/1624	234

Ars minor

594, 12	62, 1028/1029	212

DONATVS ORTIGRAPHVS

Ars grammatica

136, 423-424		19, 323	185
136, 424–137, 426	cfr	20, 338/344	185
140, 523-526		20, 344/348	186
140, 532-535		20, 350/353	186
142, 587-597	cfr	23, 400/403	188
142, 600-601	cfr	23, 400/403	188
145, 655-656		22, 386/387	187
145, 656-657		22, 387	187
145, 657	cfr	23, 415/416	188
145, 661-662		24, 417/420	188
145, 663-664	cfr	24, 421/422	189
197, 19–198, 1	cfr	21, 355/356	186
198, 40–199, 46	cfr	21, 356/357	186
199, 61-67		22, 376/381	187

EVTYCHES

Ars de uerbo

448, 28–449, 2		74, 1291/1295	222
449, 5-7		8, 128/130	176
449, 7-15		8, 130/132	176
449, 18-23	cfr	7, 117/118	176
449, 24–450, 9		95, 1693/1730	237
449, 32–450, 1		63, 1066/1068	214
450, 5-6		70, 1194/1197	218
450, 8-9		50	204
450, 9-10		95, 1693/1730	237
450, 10-12		27, 459/461	190
450, 12-18		95, 1693/1730	237
450, 15-23		53, 824/827	205
450, 16-23		95, 1693/1730	237
450, 17–485, 9		55	206
450, 25-28		95, 1693/1730	237
451, 1-3		95, 1693/1730	237
451, 3-7		95, 1693/1730	237
451, 8-15		95, 1693/1730	237
451, 8-14		80, 1432/1446	227
451, 14-15		81, 1456/1460	228
451, 17-23		95, 1693/1730	237
451, 24-30		96, 1731/1757	238

260 INDEX FOTIVM ET LOCORVM PARALLELORVM

	Cap., lin.	pag.
452, 7	19, 335	185
454, 25-27	97, 1758/1759	239
456, 35–457, 9	96, 1731/1757	238
457, 14-16	96, 1731/1757	238
457, 26-27	96, 1731/1757	238
457, 28	95, 1693/1730	237
458, 1	96, 1731/1757	238
458, 3	96, 1731/1757	238
458, 6	96, 1731/1757	238
458, 11-15	96, 1731/1757	238
458, 30	96, 1731/1757	238
459, 7-9	96, 1731/1757	238
459, 9-10	95, 1693/1730	237
459, 31-36	97, 1758/1761	239
462, 6-9	96, 1731/1757	238
462, 14-15	96, 1731/1757	238
462, 27-32	95, 1693/1730	237
463, 17-20	95, 1693/1730	237
463, 24-30	92, 1637/1641	235
464, 5-12	96, 1731/1757	238
464, 20-21	92, 1637/1641	235
465, 5-8	96, 1731/1757	238
465, 27-29	95, 1693/1730	237
466, 5	95, 1693/1730	237
467, 6-10	64, 1091/1094	215
467, 18–485, 18	54	205
470, 10-13	72, 1233/1235	220
470, 31-34	75, 1330/1335	223
473, 26–474, 1	48, 760/764	203
476, 21-24	91, 1602/1603	233
485, 24-29	92, 1641/1644	235
486, 8-10	96, 1731/1757	238
486, 10-20	91, 1628/1631	234
486, 21-25	92, 1635/1636	235

Explanationes in artem Donati

		Cap., lin.	pag.
502, 32–503, 2		2, 47/49	172
556, 21	cfr	43, 673/676	200
556, 27-29		43, 680/681	200
556, 30-32		43, 681/683	200

ISIDORVS HISPALENSIS

Etymologiarum siue Originum libri XX

		Cap., lin.	pag.
1, 6, 1		1, 27/28	171
1, 9, 1		28, 481/482	191
1, 9, 3		3, 65/68	173
	cfr	9, 148/149	177
		9, 151	177
1, 9, 4		10, 153/154	177
1, 9, 6		26, 445/448	190
1, 9, 7		28, 475/476	191

INDEX FONTIVM ET LOCORVM PARALLELORVM   261

		Cap., lin.	pag.
3, 3, 1		34, 547/548	194
	cfr	34, 557/558	195
5, 35, 1	cfr	36, 587/588	196
		36, 589/591	196

MARIVS VICTORINVS (PS.)

Ars
188, 1		19, 327	185

MARTIANVS CAPELLA

De nuptiis Philologiae et Mercurii
3, 311		7, 119	176
3, 317-319		66/68, 1101/1137	215
3, 319	cfr	71, 1198/1197	218

MVRETHACH (MVRIDAC)

In Donati 'Artem maiorem'
128, 75		41, 645/646	198

POMPEIVS GRAMMATICVS

Commentum Artis Donati
97, 10-12		1, 15/17	171
213, 12-16		15, 249/252	182
216, 6-7		15, 238	181
218, 19-24	cfr	21, 365/369	186
218, 35–219, 4		24, 417/423	188

PRISCIANVS CAESARIENSIS

Institutiones grammaticae
2, 409, 5-8	cfr	24, 426/430	189
2, 412, 16-18	cfr	20, 338/341	185
3, 277, 3		43, 674/675	200

Institutio de nomine pronomine et uerbo
34, 1-2		22, 397/399	188
34, 2-4		19, 331/334	185
34, 4-6		19, 334/337	185

Partitiones duodecim versuum Aeneidos
108, 12		41, 653	199

REMIGIVS AVTISSIODORENSIS

In Artem Donati minorem
33, 13		41, 645/646	198
47, 8	cfr	8, 122	176

Sapientia ex sapore (cod. lat. Monac. 6415)
fol. 28v		5, 81/85	174
fol. 36v		24, 430/431	189
fol. 37r		20, 344/348	186

262 INDEX FOTIVM ET LOCORVM PARALLELORVM

	Cap., lin.	pag.
	20, 349/350	186
fol. 38r	24, 417/420	188
	24, 421/422	189
fol. 38v	22, 386/387	187
	22, 388	187
fol. 39v	19, 324/326	185

SEDVLIVS SCOTTVS

In Donati 'Artem maiorem'

187, 28		41, 645/646	198
229, 3		41, 645/646	198
230, 18		41, 645/646	198

SERGIVS (PS. CASSIODORVS)

Commentarium

91, 5-6		3, 6	173
91, 11-17	cfr	6, 102/105	175

Commentarius in artem Donati

412, 21-26		21, 365/369	186

SMARAGDVS

Liber in partibus Donati

8, 18	cfr	41, 646/647	198
112, 66		2, 48	172
112, 82–113, 86		2, 52/56	173

TERENTIVS AFER

Phormio

28		17, 290	183

VERGILIVS MARO

Aeneis

4, 117-118	19, 324/325	185
	22, 391/393	187
12, 316-317	91, 1613/1614	234

Bucolica

3, 25	21, 369	187
8, 71	21, 367/368	186

VIRGILIVS GRAMMATICVS

Epitomae

VII, 95	2, 27/31	172

CONSPECTVS MATERIAE

INTRODUCTION   5-158

CHAPITRE PREMIER : DU MANUSCRIT AU TRAITÉ   7-20
    A. Le manuscrit Paris, BnF, latin 7491   7-15
    B. L'écriture du texte   15-17
    C. Un texte qui a circulé   18-20

CHAPITRE II : ANALYSE DU TRAITÉ   21-87
    A. Les parties   21-25
    B. Caractéristiques du verbe   25-37
        1. Prolégomènes   25-27
        2. Définitions   27-30
        3. Le nom du verbe   30-34
        4. La nature du verbe   34-36
        5. Annonce du plan   36-37
    C. Accidentia   37-68
        1. Taxinomie   38-41
        2. Règles de formation   42-45
        3. Exemples   45-50
        4. Présence des débats de fond   50-61
        5. Aspects chrétiens   62-68
    D. Formes verbales   68-87
        1. Conjugaisons   68-81
        2. Participes et impersonnel   81-82
        3. Le latin de la conjugaison   82-87

CHAPITRE III : LES SOURCES ET PARALLÈLES   88-156
    A. L'environnement : traités alto-médiévaux   90-124
        1. Malsachanus et les traités proches   91-109
        2. *Ars Ambrosiana*   109-111
        3. Anonyme *ad Cuimnanum*   112-122
        4. Clément Scot   122-124
    B. Autorités et sources ultimes   125-155
        1. Quelles sources derrière les autorités?   125-130
        2. Base du traitement des *accidentia*   130-137
        3. Approfondissements du traitement des
           accidentia   138-140

264 CONSPECTVS MATERIAE

4. Traitement des flexions 141-155
C. Synthèse 156

CHAPITRE IV : PRINCIPES D'ÉDITION 157-158

REMERCIEMENTS 159

BIBLIOGRAPHIE 161-167
1. Sources 161-163
2. Littérature secondaire 164-167

TEXTVS 169-242

INDICES 243-262

Index locorum S. Scripturae 245
Index fontium 246-262

CORPVS CHRISTIANORVM
CONTINVATIO MEDIAEVALIS

ONOMASTICON

Adalboldus Traiectensis 171
Adelmannus Leodiensis 171
Ademarus Cabannensis 129, 245, 245A
Adso Dervensis 45, 198
Aelredus Rievallensis 1, 2A, 2B, 2C, 2D, 3, 3A
Agnellus Ravennas 199
Agobardus Lugdunensis 52
Alcuinus Eboracensis 249
Alexander Essebiensis 188, 188A
Alexander Neckam 221, 227
Ambrosius Autpertus 27, 27A, 27B
Andreas a S. Victore 53, 53A, 53B, 53E, 53F, 53G
Anonymus Bonnensis 171
Anonymus Einsiedlensis 171
Anonymus Erfurtensis 171
Anonymus in Matthaeum 159
Anselmus Laudunensis 267
Arnoldus Gheyloven Roterdamus 212
Arnoldus Leodiensis 160
Ars Lauresbamensis 40A
Ascelinus Carnotensis 171

Balduinus de Forda 99
Bartholomaeus Exoniensis 157
Beatus Liebanensis 58
Benedictus Anianensis 168, 168A
Beringerius Turonensis 84, 84A, 171
Bernoldus Constantiensis 171
Bovo Corbeiensis 171
Burchardus abbas Bellevallis 62

Caesarius Heisterbacensis 171
Carmen Campidoctoris 71
Christanus Campililiensis 19A, 19B
Christianus Stabulensis 224
Chronica Adefonsi imperatoris 71
Chronica Adephonsi III 65
Chronica Albeldensis 65
Chronica Byzantia Arabica 65
Chronica Hispana 65, 71, 71A, 73
Chronica Latina Regum Castellae 73
Chronica Muzarabica 65
Chronica Naierensis 71A
Claudius Taurinensis 263

Collectaneum exemplorum et uisionum Clarevallense 208
Collectio canonum in V libris 6
Collectio exemplorum Cisterciensis 243
Commentaria in Ruth 81
Conradus Eberbacensis 138
Conradus de Mure 210
Constitutiones canonicorum regularium ordinis Arroasiensis 20
Consuetudines canonicorum regularium Springiersbacenses-Rodenses 48
Constitutiones quae uocantur Ordinis Praemonstratensis 216

Dionysius Cartusiensis 121, 121A
Donatus ortigraphus 40D

Eterius Oxomensis 59
Excerpta isagogarum et categoriarum 120
Excidii Aconis gestorum collectio 202
Explanationes fidei aevi Carolini 254
Expositiones Pauli epistularum ad Romanos, Galathas et Ephesios 151
Expositiones Psalmorum duae sicut in codice Rothomagensi 24 *asseruantur* 256

Florus Lugdunensis 193, 193A, 193B, 220B, 260
Folchinus de Borfonibus 201
Frechulfus Lexoviensis 169, 169A
Frowinus abbas Montis Angelorum 134

Galbertus notarius Brugensis 131
Galterus a S. Victore 30
Garnerius de Rupeforti 232
Gerardus Cameracensis 270
Gerardus Magnus 172, 192, 235, 235A
Gerardus Moresenus seu Csanadensis 49
Gerlacus Peters 155
Germanus Parisiensis episcopus 187
Gesta abbatum Trudonensium 257, 257A
Gillebertus 171A

Giraldus Floriacensis 171A
Gislebertus Trudonensis 257A
Glosa super Graecismum Eberhardi Bethuniensis 225
Glosae in regula Sancti Benedicti abbatis ad ususm Smaragdi abbatis Sancti Michaelis 282
Glossa ordinaria in Canticum Canticorum 170.22
Glossae aeui Carolini in libros I-II Martiani Capellae De nuptiis Philologiae et Mercurii 237
Glossae biblicae 189A, 189B
Gozechinus 62
Grammatici Hibernici Carolini aevi 40, 40A, 40B, 40C, 40D, 40E
Magister Gregorius 171
Guibertus Gemblacensis 66, 66A
Guibertus Tornacensis 242
Guillelmus Alvernus 230, 230A, 230B, 230C
Guillelmus de Conchis 152, 158, 203
Guillelmus Durantus 140, 140A, 140B
Guillelmus de Luxi 219
Guillelmus Petrus de Calciata 73
Guillelmus a S. Theodorico 86, 87, 88, 89, 89A, 89B
Guitbertus abbas Novigenti 127, 127A, 171

Haymo Autissiodorensis 135C, 135E
Heiricus Autissiodorensis 116, 116A, 116B
Henricus a S. Victore 30
Herbertus Turritanus 277
Herimannus abbas 236
Hermannus de Runa 64
Hermannus Werdinensis 204
Hermes Trismegistus 142, 143A, 144, 144C
Hieronymus de Moravia 250
Hieronymus de Praga 222
Hildebertus Cenomanensis 209
Hildegardis Bingensis 43, 43A, 90, 91, 91A, 91B, 92, 226, 226A
Historia Compostellana 70
Historia translationis S. Isidori 73
Historia Roderici vel Gesta Roderici Campidocti 71
Homiletica Vadstenensia 229
Homiliarium Veronense 186
Hugo Pictaviensis 42
Hugo de Miromari 234
Hugo de Sancto Victore 176, 176A, 177, 178, 269, 276
Humbertus de Romanis 218, 279

Iacobus de Vitriaco 171, 252, 255
Iohannes Beleth 41, 41A
Iohannes de Caulibus 153
Iohannes de Forda 17, 18
Iohannes Duns Scotus 287
Iohannes Hus 205, 211, 222, 238, 239, 239A, 253, 261, 271, 274
Iohannes Rusbrochius 101, 102, 103, 104, 105, 106, 107, 107A, 108, 109, 110, 172, 207
Iohannes Saresberiensis 98, 118
Iohannes Scottus (Eriugena) 31, 50, 161, 162, 163, 164, 165, 166
Iohannes Soreth 259
Iohannes Wirziburgensis 139

Lanfrancus 171
Liber de gratia Noui Testamenti 195 + suppl.
Liber de uerbo 40E
Liber ordinis S. Victoris Parisiensis 61
Liber prefigurationum Christi et Ecclesie 195 + suppl.
Liber Quare 60
Liber sacramentorum excarsus 47
Liber sacramentorum Romane ecclesiae ordine exscarpsus 47
Liudprandus Cremonensis 156
Logica antiquioris mediae aetatis 120
Lucas Tudensis 74, 74A

Magister Cunestabulus 272
Margareta Porete 69
Martianus Capella 237
Metamorphosis Golie 171A
Metrum de vita et miraculis et obitu S. Martini 171A
Monumenta Arroasiensia 175
Monumenta Vizeliacensia 42 + suppl.
Muretach 40

Nicolaus Maniacoria 262

Opera de computo s. XII 272
Oratio S. Brandani 47
Oswaldus de Corda 179
Otfridus Wizemburgensis 200

Pascasius Radbertus 16, 56, 56A, 56B, 56C, 85, 94, 96, 97
Paulinus Aquileiensis 95
Petrus Abaelardus 11, 12, 13, 14, 15, 190, 206, 206A
Petrus de Alliaco 258
Petrus Blesensis 128, 171, 194
Petrus Cantor 196, 196A, 196B

Petrus Cellensis 54
Petrus Comestor 191
Petrus Damiani 57
Petrus Iohannis Oliui 233, 275
Petrus Marsilii 273
Petrus Pictaviensis 51
Petrus Pictor 25
Petrus de S. Audemaro 25
Petrus Venerabilis 10, 58, 83
Polythecon 93
Prefatio de Almaria 71
Psalterium adbreviatum Vercellense 47
Psalterium Suthantoniense 240

Rabanus Maurus 44, 100, 174, 174A
Radulfus Ardens 241
Radulfus phisicus 171A
Radulphus Cadomensis 231
Raimundus Lullus 32, 33, 34, 35, 36, 37, 38, 39, 75, 76, 77, 78, 79, 80, 111, 112, 113, 114, 115, 180A, 180B, 180C, 181, 182, 183, 184, 185, 213, 214, 215, 246, 247, 248, 264, 265, 266
Rainherus Paderbornensis 272
Ratherius Veronensis 46, 46A
Reference Bible – Das Bibelwerk 173
Reimbaldus Leodiensis 4
Remigius Autissiodorensis 136, 171
Reynardus Vulpes 171A
Robertus Grosseteste 130, 268
Rodericus Ximenius de Rada 72, 72A, 72B, 72C
Rodulfus Trudonensis 257, 257A
Rogerus Herefordensis 272
Rudolfus de Liebegg 55
Rupertus Tuitiensis 7, 9, 21, 22, 23, 24, 26, 28, 29

Saewulf 139
Salimbene de Adam 125, 125A
Scripta medii aeui de uita Isidori Hispalensis episcopi 281
Scriptores Ordinis Grandimontensis 8
Sedulius Scottus 40B, 40C, 67 + suppl., 117
Sermones anonymi codd. S. Vict. Paris. exarati 30
Sermones in dormitionem Mariae 154
Sicardus Cremonensis 228
Sigo abbas 171
Smaragdus 68
Speculum virginum 5
Stephanus de Borbone 124, 124A, 124B

Testimonia orationis christianae antiquioris 47
Teterius Nivernensis 171
Thadeus 202
Theodericus 139
Thiofridus Epternacensis 133
Thomas de Chobham 82, 82A, 82B
Thomas Gallus 223, 223A
Thomas Migerius 77

Vincentius Belvacensis 137
Vitae S. Katharinae 119, 119A
Vita S. Arnulfi ep. Suessionensis 285
Vita S. Hildegardis 126

Walterus Tervanensis 217
Wilhelmus Iordani 207
Willelmus Meldunensis 244
Willelmus Tyrensis 63, 63A

June 2018